LE FANTASTIQUE DANS LES NOUVELLES DE JULIO CORTÁZAR

Rites, jeux et passages

Recherches & Documents
AMERIQUES LATINES

Collection dirigée par Denis Rolland N.G

BOURDE G., *La classe ouvrière argentine (1929-1969)*, 1987.
BRENOT A.-M., *Pouvoirs et profits au Pérou colonial, XVIIIe Siècle*, 1989.
CHONCHOL J., MARTINIERE G., *L'Amérique Latine et le latino-américanisme en France*, 1985.
DELVAL R., *Les musulmans en Amérique latine et aux Caraïbes*, 1991.
DURANT-FOREST (de) J., tome 1 : *L'histoire de la vallée de Mexico selon Chimalpahin Quauhtlehuanitzin (du XIe au XVIe Siècle)*, 1987 ; tome 2 : *Troisième relation de Chimalpahin Quauhtlehuanitzin*, 1988.
DUCLAS R., *La vie quotidienne au Mexique au milieu du XIXème siècle.*, 1993.
EZRAN M., *Une colonisation douce : les missions du Paraguay, les lendemains qui ont chanté*, 1989.
GRUNBERG B., *L'Univers des conquistadores. Les hommes et leur conquête dans le Mexique du XVIème siècle*, 1993.
GUERRA F.-X., *Le Mexique de l'Ancien Régime à la Révolution*, 2 volumes, 1985.
GUICHARNAUD-TOLLIS M., *L'émergence du Noir dans le roman cubain du XIXe siècle*, 1991.
LAFAGE F., *L'Argentine des dictatures (1930-1983), pouvoir militaire et idéologie contre-révolutionnaire*, 1991.
LAMORE J., *José Marti et l'Amérique*, tome 1 : *Pour une Amérique unie et métisse*, 1986 ; tome 2 : *Les expériences hispano-américaines*, 1988.
LAVAUD J.-P., *L'instabilité de l'Amérique latine : le cas bolivien*, 1991.
LEMPERIERE A., *Les intellectuels, Etat et Société au Mexique*, 1991.
MATTHIEU G., *Une ambition sud-américaine, politique culturelle de la France (1914-1940)*, 1991.
MAURO F. (dir.), *Transports et commerce en Amérique latine*, 1990.
NOUHAUD D., *Miguel Angel Asturias*, 1991
NOUHAUD D., *Étude sur* Maladron, *de Miguel Angel Asturias*, 1993.

(Suite en fin d'ouvrage)

ISBN : 2-7384-2387-6

Collection Recherches et Documents Amériques latines

Bernard **TERRAMORSI**

LE FANTASTIQUE DANS LES NOUVELLES DE JULIO CORTÁZAR

Rites, jeux et passages

Éditions L'Harmattan
5-7, rue de L'École Polytechnique
75005 Paris

SOMMAIRE

"Je sais que ce que suis en train d'écrire ne peut s'écrire"

Julio CORTÁZAR,
"Là mais où, comment"

"Cela n'est pas possible, mais pourtant cela est"

Jorge Louis BORGES,
Le livre de sable

PRÉLUDES

"Heureux celui qui peut pénétrer les causes des choses, fouler aux pieds toutes les craintes, la croyance en l'inexorable destin et tout le bruit qu'on fait autour de l'avare Achéron ; heureux celui qui connaît les Dieux champêtres, et Pan, et le vieillard Sylvain et les Nymphes..."

VIRGILE, *Géorgiques II*, 490.

"Le mot chose a pour racine le mot cause [...] La police remonte vers les causes ou la critique vers les conditions [...] Rien de plus ordinaire qu'une cause, rien de plus rare comme une chose [...] Des causes descendent des choses, parfois".

Michel SERRES, *L'Hermaphrodite*.

RITES, JEUX ET PASSAGES

Avant d'être le titre de cette étude, *Rites, jeux et passages* désigne trois tomes des *Relatos* de Julio Cortázar parus à Buenos Aires en 1970, puis repris en 1976 par l'éditeur madrilène Alianza : *Ritos* (1), *Juegos* (2), *Pasajes* (3). Trente ans après la publication argentine de *Bestiario*, son premier recueil de nouvelles, Cortázar a ainsi procédé — à la manière du nord-américain Henry James avec "l'Edition de New York", mais sans modifier les textes ni y ajouter de préfaces — à la compilation de ses nouvelles distribuées jusque là en cinq recueils : *Bestiario* (1951), *Final del juego* (1954), *Las armas secretas* (1959), *Todos los fuegos el fuego* (1966), *Octaedro* (1974).

En 1985, un an après sa mort, la maison d'édition Alianza fera paraître *Ahí y ahora* ("Ici et maintenant"), ce quatrième tome des *Relatos* réunissant les derniers recueils : *Alguien que anda por ahí* (1977), *Queremos tanto a Glenda* (1980), *Deshoras* (1982)[1]. Cortázar précisait sur la quatrième de couverture de cette édition complète que la compilation tenait à :

> "certaines affinités indépendantes de l'ordre chronologique ; les titres de chacun des trois volumes [...] pointant obliquement et parfois ironiquement les lignes de force qui organisent ces textes en une nouvelle structure significative".

Ainsi le titre de cette étude du fantastique dans les nouvelles de Julio Cortázar — *Rites, jeux et passages* — désigne à la fois un corpus d'une soixantaine de nouvelles publiées en espagnol puis traduites en français entre 1951 et 1982 ; une édition réalisée par l'auteur lui-même à la fin des années 70 ; et de là, un agencement thématique valorisant obliquement une anthropologie littéraire. En effet, la référence délibérée aux rites, aux jeux et aux passages souligne suggestivement ce que Jean Molino appelle "l'enracinement et la signification anthropologique du fantastique"[2] : la notion de fantastique induite par Cortázar noue, une catégorie littéraire — le genre fantastique —, une catégorie sémantique — le fantastique —, et une catégorie anthropologique — la fantastique comme

---

1   La bibliographie cortázarienne placée à la fin de cette étude présente l'itinéraire des nouvelles étudiées, des éditions originales (sudaméricaine et espagnole) à l'édition française traduite, sauf rares exceptions, par Laure Bataillon.
2   MOLINO, J. "Trois modèles d'analyse du fantastique", *Europe* (611), mars 1980, p. 26.

expérience humaine fondamentale. De fait, on constatera que les références itératives aux mythes aztèques et helléniques, l'importance accordée à la mentalité archaïque et à la causalité magique, signalent un gisement littéraire aux strates culturelles profondes.

De nombreux propos de Cortázar poussent encore le lecteur à relier ces récits à la culture mythologico-littéraire et à une expérience ontologique :

> "Tout enfant [...] est essentiellement gothique [...] l'enfant Julio Cortázar [...] fut enhardi par une mère très gothique dans ses goûts littéraires [...]. Ma maison déjà, était un décor typiquement gothique non seulement par son architecture, mais aussi par l'accumulation des terreurs issues des objets et des croyances, des couloirs ténébreux et des conversations de table des adultes [...] depuis ma plus tendre enfance j'ai su que le loup garou sortait à la pleine lune, que la mandragore était une plante mortelle, qu'il arrivait des choses terribles et hideuses dans les cimetières [...], je ne tardai pas à dévorer toute la littérature fantastique laissée à ma portée. [...] Il y a des instants dans ma vie [...] où je cesse d'être celui que je suis habituellement, pour me transformer en une sorte de passerelle. [...] La réalité devient poreuse comme une éponge [...] et sur ce terrain où pour tenter d'exprimer ce qui ne peut l'être les mots sont toujours décalés et grossiers, tout est possible et tout peut se plier. La diversité des irruptions du fantastique est inépuisable. [...] Beaucoup de mes récits fantastiques ont pris naissance dans un espace onirique [...] leur dimension fantastique renvoie à des pôles archétypaux que nous partageons d'une manière ou d'une autre"[1].

La mort, le revenant, les métamorphoses de la femme maléfique, la Chose, le cauchemar, et la terreur historique (dans les récits contemporains de la dictature militaire argentine de 1976-1983), constituent la sémantique du fantastique cortázarien. Liminairement, les rites, jeux et passages annoncés, ne réduisent pas les nouvelles à une unité sémantique convenue ; ils avertissent plutôt de la recherche d'un paganisme perdu.

Nous sommes au seuil d'un espace-temps hors de tout système méthodique ; l'annonce de "rites, jeux et passages" prélude à l'afflux des sensations fortes et à une matérialité non pacifiée, à des croyances locales en des lieux écartés et de tous les écarts. Voici réapparaître les idoles et les pierres cultuelles, une pensée mythico-rituelle avec ses tabous, ses épreuves, son bestiaire, ses scénarios principiels, l'enthousiasme ou l'horreur des cérémonies sacrificielles. Le corpus cortázarien, dans la seconde moitié du XX^è siècle, sollicite beaucoup plus la mythologie et les cérémonies cultuelles que les corpus fantastiques de Henry James ou de Maupassant à la fin du XIX^è siècle.

Après *Les armes secrètes*, la seconde anthologie de nouvelles de Cortázar publiée en France, en 1968, s'intitulait *Gîtes* : le vieux verbe gésir rappelle le *jacere* latin et le *yacer* espagnol. *Hic jacet, aquí yace*, ici-gît... : le fondement anthropologique du fantastique résiderait dans cette intuition que le ici-gît — trou noir et pierre tumulaire — est le gisement fondamental. Le fantastique nous ramène à la mort, au cadavre, au revenant, *au reste* non fixe, impensable. Chez Cortázar le gisant "boca arriba" et le revenant dressé comme une statue instable hors du ici-gît, sont les figures marquantes du fantastique.

Rites, jeux et passages, prédit le rôle structurel du passage et de la subversion des limites : mais si les cérémonies obituaires chez Heny James

---

1   CORTÁZAR, J. "El estado final de la narrativa en Hispanoamérica" in *La isla final*, J. Alázraki (éd.), Madrid, Ultramar, 1983 (je traduis).

privilégiaient le côté *fascinans* des mystères ; les rites, jeux et passages cortázariens vont accentuer surtout leur côté *tremendum*. L'espace dans ces récits et ces récits comme espace, suggèrent un réseau polymorphe et fluctuant articulé autour de la notion insaisissable de fantastique. Ces nouvelles nous plongent dans des localités — des trous — dont l'inférence au global est toujours angoissante et problématique. Les rites, les jeux et les passages cortázariens témoignent de la perte de familiarité des espaces domestiques : ils insistent sur le jeu entre le local et le global, entre le *pagus* du paganisme et l'univers normé et centralisé, entre la terreur de l'intérieur et la terreur de l'extérieur, du social.

Dans le corpus cortázarien il y a des rites, jeux et passages qui *entraînent à sentir* des choses mais qui défendent de les *savoir*. Notre titre a valeur de *prélude*, autrement dit de préparation au jeu : entendez à la fois un espace interstitiel, une marelle littéraire, des cérémonies ludiques avec des êtres sérieusement joués. Le titre choisi par Cortázar prélude à la distribution d'un espace atomisé, îlotique, où les choses arrivent circonstanciellement, singulièrement en dehors de toute méthode, sans raison. Les rites, les jeux et les passages renvoient à un parcours erratique, exodique, bordé de catastrophes. Cette distribution sporadique de textes insaisissables privilégie les notions d'indétermination (*apeiras*, en grec), de limite (*peiras*), de passage (*poros*), d'aporie. Les connexions informelles des récits cortázariens suggèrent un véritable complexe spatial mobilisant le graphe du labyrinthe.

Rites, jeux et passages désignent une soixantaine d'îlots textuels : un corpus bien plus vaste que le corpus fantastique du nord-américain Henry James (moins d'une vingtaine de récits sur un total de 112 nouvelles) ou du français Maupassant (une trentaine de nouvelles sur un total de 300). Contrairement à ce que l'on observe pour Poe, James ou Maupassant[1], les anthologistes n'ont guère cherché à réunir les nouvelles fantastiques de Cortázar : en conséquence, il n'y a pas cette fois de corpus fantastique préétabli dont on pourrait interroger les présupposés. Le fantastique mord sur la majeure partie des nouvelles de l'écrivain franco-argentin : "presque tous les contes que j'ai écrits appartiennent au genre fantastique"[2] confit-il.

Il n'y a pas non plus de périodisation du fantastique cortázarien : l'écrivain argentin publie des nouvelles fantastiques de1946 — l'année de parution de "Maison occupée" — à 1982 — date de publication du dernier recueil, *Heures indues*. Autrement dit, le fantastique est une constante de l'écriture de Cortázar avant et après la Révolution cubaine qui, de l'aveu même de l'écrivain, constitua un tournant dans sa vie. C'est à l'intérieur même du fantastique cortázarien qu'il faudra repérer une évolution idéologique de l'écrivain.

LE FANTASTIQUE ET L'HORREUR DE LA CHOSE

Roger Caillois a noté que parmi les "impossibilités" qui sont les thèmes du genre (le mort-vivant, le pacte diabolique, la femme spectrale, l'interversion du

---

1   Voir TERRAMORSI, B., "Maupassant, James : les tours du fantastique", *Europe*, n° spécial "Maupassant", 1993.
2   CORTÁZAR, J., "Quelques aspects du conte" (Algunos aspectos del cuento, *Casa de las Américas*, II, n°15-16, 1963). Essai inédit en français, traduit dans notre thèse : TERRAMORSI B., *Rites, jeux et passages, Le fantastique dans les nouvelles de Julio Cortázar*, Université d'Aix I, Thèse de Littérature Comparée, 1986, p. 466.

rêve et de la réalité ...), "la *chose* indéfinissable et invisible, mais qui pèse, qui est présente"[1] demeurait un point fort... De même, les nouvelles de Cortázar touchent au fantastique quand elles provoquent une expérience des limites de la littérature en oeuvrant à la coïncidence du décrit et de "l'impossible à décrire"[2] : la chose dont on n'a pas idée. La tête de Méduse — le masque de terreur bruyant, l'altérité en face — figure chez Cortázar le paradigme de l'in-envisageable et de l'in-articulé.

Le fantastique revient d'abord à être empêché de penser et à ne pas pouvoir s'empêcher de penser. L'apparition problématise la propre effectuation du texte qui veut la parler, la représenter ; il y a un reflux des mots (prétéritions, anacoluthes, onomatopées, silences, blancs ...) et un afflux des choses impossibles à dire. Le narrateur cortázarien de "Là mais, où, comment" lâche : "je sais que ce que je suis en train d'écrire ne peut s'écrire" ; de même l'incipit des "Fils de la Vierge" avertit : "personne ne saura jamais comment il faudrait raconter cette histoire". On se souvient que Poe — omniprésent chez Cortázar qui a traduit l'intégralité des *Tales* — parlait dans "Bérénice" d'une "histoire qui ne veut pas être racontée".

Chez Cortázar le revenant à la figure méduséenne, renvoie à l'abyssale irreprésentabilité du cadavre. Ses nouvelles ne cessent de vouloir parler de (depuis) la mort, de décrire ce passage (ce jeu, ce rite) infigurable de vie à trépas : "Je suis bien obligé d'écrire [...] autant que ce soit moi, je suis mort" dit encore le narrateur des "Fils de la Vierge", proche parent du M. Valdemar de Poe. Ecriture limite, le récit fantastique serait-il une écriture *achevée*, c'est-à-dire à l'article de la mort ? Le fantastique génère un désir de représenter concomitant à une impossible représentation ; il passe les bornes du représentable — ce que Jean Bellemin-Noël nomme un "passage au-delà (*praeter-itio*), au-delà du descriptible"[3] —, et avance l'apparition, la chose singulière et inidentifiable. Dans le fantastique, la chose *est* sans que l'on puisse dire ce qu'elle est : de là, la frayeur c'est-à-dire la rupture (*frangere*, c'est rompre) ; ce qui ne ressemble à rien a lieu pourtant "là mais où comment" et la Représentation en fait les frais (*frangere*). J.-L. Borges : "cela n'est pas possible mais pourtant cela est"[4].
Je ne suis pas effrayé *de* telle chose, je suis effrayé *devant* ; la frayeur c'est l'*être-là* et non telle ou telle caractéristique repoussante. Il n'y a rien de plus effrayant qu'une présence qui est ce qu'elle est, quoiqu'on puisse en penser. Le fantastique à défaut de dire la chose la fait être.
Je pars de cette hypothèse liminaire : le fantastique n'a pas à voir avec l'irréel mais avec le réel, avec la chose (*res*), en somme trois fois rien (*res*). Une chose a lieu, se présente et excède sa re-présentation : réelle, trop même. Approchante mais inapprochable. Une chose indescriptible à force d'être réelle et de ne pouvoir être déduite d'une cause. Le fantastique serait-il la littérature qui, sporadiquement, fait *venir* une cause d'une chose et non l'inverse, comme l'enseigne l'étymologie de nos langues ? Y a-t-il des choses hors langage, hors jugement, et qui *sont*, malgré tout ?

On se rappelle que Sartre, comme par jeu, avançait que

---

1   CAILLOIS R., *Anthologie du Fantastique*, Gallimard, 1966, pp. 8 et 12.
2   BELLEMIN-NOEL J., "Des formes fantastiques aux thèmes fantasmatiques", *Littérature* (2), 1971, p. 113.
3   BELLEMIN-NOEL J., *Ibid.*, p. 113.
4   BORGES, J.-L., *Le livre de sable*, Paris : Gallimard, "Folio", 1960, p. 141.

"ce qu'il y a d'admirable dans le fantastique, c'est qu'il n'y a plus de fantastique : il n'y que du "réel" (et d'évoquer) "la révolte des moyens contre les fins [...] fins aliénées, médusées [...], fins pétrifiées, fins par en-dessous, envahies par la matérialité ; [...] Ces fins immobilisées, ces moyens monstrueux et inefficaces, qu'est-ce donc sinon précisément l'univers fantastique ?"[1].

Je dirai autrement : le fantastique serait-il la révolte des choses contre les causes, la lapidation/dilapidation des causes toujours verbeuses et finalistes par des choses ? Y a-t-il une littérature de la production hors déduction ?

Julio Cortázar remarquait dans un entretien :

"Ma notion du temps et de l'espace qui détermine la causalité, les relations de cause et d'effet dans le temps et l'espace, pour moi ça ne marche pas aussi simplement [...] ; il y a des causes qui déclenchent des effets absolument imprévus dans la logique aristotélicienne, et des soi-disant effets qui peuvent répondre à tout un système de causes qui n'est pas celui qui apparemment aurait déterminé cet effet-là"[2].

Le philosophe Clément Rosset poursuit parallèlement ; le réel n'est pas sûr et c'est son caractère non dédoublable, inintelligible et inéluctable, qui engendre la peur :

"Une thèse courante [voudrait que] la peur soit une forme particulière de crainte consistant en une appréhension insolite à l'égard non du *réel* mais de l'*irréel* : crainte du surnaturel, des ombres, des fantômes [...]. C'est bien toujours — en dernière analyse — le réel qui fait peur. [...] il y a dans la substance du réel quelque chose qu'aucune anticipation ne saurait jamais parfaitement connaître [...] cette imprévisibilité constitutive du réel explique en profondeur le rapport entre l'expérience de la peur et l'expérience de la réalité [...]. De ce que l'épreuve de la peur se confond avec l'appréhension du réel [...] il s'ensuit que la peur intervient toujours de préférence lorsque le réel est très *proche* [...] une réaction de panique à l'égard de quelque chose qui n'est ni loin ni ici, mais loge en une indéterminable proximité"[3].

Chez Julio Cortázar l'approche d'un être-là qui souvent loge, gîte près de nous, est le thème parasite des nouvelles. On lira de près cette tension entre le *proche* et le *lointain*, ces jeux et rituels d'approche d'une matérialité massivement indescriptible et pourtant sur le point d'arriver. De fait l'écrivain argentin s'est nettement situé par rapport aux notions de réel et d'irréel :

"Ce serait faux de dire que je refuse ou que je rejette la réalité. Au contraire [...] je suis très réaliste [...] la réalité, pour moi en tout cas, c'est une espèce d'immense éponge pleine de trous et par ces trous il se glisse tout le temps des éléments [...] qui la font basculer {...}, c'est à ce moment-là où je sens arriver ce qui dans mes contes prend un côté fantastique [...]. Je pense que le fantastique fait partie de la

---

1   SARTRE J.P., "Du fantastique considéré comme un langage" in *Situations* I, Idées/Gallimard, 1947, pp. 156 et 157.
2   CORTÁZAR J., Entretien avec Alain Sicard. Centre de Recherches latino-américaines de l'Université de Poitiers.
3   ROSSET C., "La proximité du réel", *Traverses*, "la Peur",(25), 1982, p. 35 et passim. Cf. du même auteur et dans la même problématique : *Le réel*, Minuit, 1977 ; *L'objet singulier*, Minuit 1979 ; *Le philosophe et les sortilèges*, Minuit 1985 ...

réalité [...] pour moi le fantastique est aussi réel que la soi-disant réalité. Il s'agit seulement de moments interstitiels. [...] Quand il y a une irruption fantastique, soit dans ma vie soit dans un conte que j'écris, le côté fantastique est plus réel que la réalité"[1].

POUR UNE CRITIQUE PAÏENNE

Très tôt, Sartre a exprimé le trouble aporétique du lecteur face au récit fantastique :

"Une image composite et brouillée de fins contradictoires [...] Je ne puis rien penser sinon par notions glissantes et chatoyantes qui se désagrègent sous mon regard"[2].

On a dit que les apories du récit fantastique conduisent à une incertitude sur les fondements mêmes du récit, paradoxalement construit sur l'impossiblité de sa propre effectuation ; on comprendra que le texte critique y affronte une expérience limite similaire. Le fantastique offre "un excellent terrain d'expérimentation pour confronter et valider les multiples approches de la littérature"[3], mais il conduit aussi à une remise en cause des fondements de la critique littéraire.

Comment penser une littérature qui empêche de penser ? Si on admet que la chose fantastique ne peut être l'objet d'aucune identification et apparaît comme un être-là sans raison, le récit fantastique peut-il être ramené à autre chose qu'à lui-même ? Désœuvrement de la critique ! mais de quelle critique ? Critiquer signifie étymologiquement juger, et de fait la critique traditionnellement juge, remonte aux sources, aux causes, puis bien vite à LA source, à LA cause. Les jugements, les accusations, si élaborés soient-ils, tendent nécessairement à faire passer l'idée pour le fait, l'interprétation pour le texte. En multipliant de manière à la fois convenue et sophistiquée des indices équivoques et contradictoires, le récit fantastique réveille les démons de la critique judiciaire qui se nomme érudite[4]. Peut-on lire sans juger, sans mettre en cause la chose littéraire ? Peut-on œuvrer à des études littéraires indépendantes des études juridiques et policières ?[5] Y a-t-il une critique qui lise au lieu de causer ? Une critique de la chose est-elle possible ?
L'enseignement de R. Barthes doit être rappelé aujourd'hui :

"Le critique ne peut prétendre "traduire" l'œuvre, notamment en plus clair (...) le critique dédouble le sens, il fait flotter au-dessus du premier langage de l'œuvre un second langage, c'est-à-dire une cohérence de signes. Il s'agit en somme d'une sorte d'anamorphose (...) qui doit *tout* transformer ; ne transformer que suivant certaines lois ; transformer toujours dans le même sens. Ce sont là les trois contraintes de la critique. (...). Le critique ne peut pas "dire n'importe quoi" (...), s'il est tenu à dire quelque chose (et non n'importe quoi), c'est qu'il accorde à la parole (celle de l'auteur et la sienne) une fonction signifiante et que par conséquent

---

1   CORTÁZAR, J., ibid., pp. 73-75.
2   SARTRE, J.P., op. cit., p. 157.
3   MOLINO, J., op. cit., p. 12.
4.   P. MERIMÉE, dans "La Vénus d'Ille" (1837) thématise cruellement la gratuité de la critique érudite, judiciaire, désemparée par une statue à l'épigraphe illisible.
5   Ces prolégomènes et une bonne part de cette étude doivent beaucoup aux travaux de Michel SERRES concernant la lecture non accusatrice de la chose en littérature, voir particulièrement, *L'Hermaphrodite*, Flammarion 1987 ; "La source et la désertion" (sur *La Vénus d'Ille* de Mérimée) *Patio*, "L'archaïque et la mort", n° 12, 1989 ...

l'anamorphose qu'il imprime à l'œuvre (...) est guidée par les contraintes formelles du sens. On ne fait pas du sens n'importe comment (si vous en doutez, essayez) : *la sanction du critique, ce n'est pas le sens de l'œuvre, c'est le sens de ce qu'il en dit*"[1].

"Rien que le texte, le texte seul" : cette formule a peu de sens, sinon d'intimidation (...) ; le sens d'un texte n'est pas dans telle ou telle de ses "interprétations" mais dans l'ensemble diagrammatique de ses lectures, dans leur système pluriel (...). Le sens d'un texte ne peut être rien d'autre que le pluriel de ses systèmes, sa "transcriptibilité" infinie (circulaire) : un système transcrit l'autre, mais réciproquement : vis à vis du texte, il n'y a pas de langue critique "première", "naturelle", "nationale", "maternelle" : le texte est d'emblée, en naissant, *multilingue* ; il n'y a pour le dictionnaire textuel ni langue d'entrée ni langue de sortie, car le texte a, du dictionnaire, non le pouvoir définitionnel (clos) mais la structure infinie" (...).

"Il n'y a pas d'autre *preuve* d'une lecture que la qualité et l'endurance de sa systématique, autrement dit : que son fonctionnement. (...) Lire c'est trouver des sens, et trouver des sens, c'est les nommer (...) ; le texte est une nomination en devenir, une approxiamation inlassable, un travail métonymique. En regard du texte pluriel, l'oubli du sens ne peut être donc reçu comme une faute. Oublier par rapport à quoi ? quelle est la *somme* du texte ? (...) je passe, je traverse, j'articule, je déclenche, je ne compte pas (...) c'est précisément parce que j'oublie que je lis" (...) "Dans l'écriture même du commentaire, jouer systématiquement de la disgression (forme mal intégrée par le discours du savoir) et observer de la sorte la réversibilité des structures dont est tissé le texte (...) ; éviter de le structurer *de trop*, de lui donner ce supplément de structure qui lui viendrait d'une dissertation et le fermerait : *étoiler* le texte au lieu de le ramasser"...[2]

Le fantastique ne doit pas faire les frais de l'analyse littéraire. Analyser c'est résoudre, délier, défaire. Faut-il défaire une fiction (*fingere*, faire) ? Mais le fantastique y œuvre déjà en dilapidant les causes ! Faut-il analyser un tel récit ? Mais le récit fantastique est déjà une analyse, une atomisation, une décomposition. Pourquoi ne pas œuvrer plutôt à relier, à nouer, à construire ? Penser, lire, n'est-ce pas d'abord opérer des rapprochements ? On peut œuvrer à une analyse qui ne dénoue pas mais relie, répare la dichotomie, travaille *entre* pour rapprocher au lieu d'écarter, pour connecter les trous du réel spongieux. Une étude intitulée *Rites, jeux et passages* privilégie *l'espace entre*, travaille littéralement dans l'*inter-dit*, dans le passage circonstanciel et toujours original entre le local et le global : entre le fragment et la page, la page et le récit, le récit et les récits, les récits et le genre, le genre et les genres ... J'essaie la construction d'une critique circonstanciée, qui soit une localisation de la méthode ; une lecture qui serait fonction de la rareté et du singulier plutôt que de l'invariant et du général ; une critique spéciale, spécialisée, qui refuse les concepts intégraux, et présuppose qu'il n'y a d'explication que locale, rare, spécifique. Une critique païenne qui ne croit à rien et ne fait croire à rien, une critique à même la chose textuelle, si cela se peut : une description qui est aussi une simulation...

Les passages successifs de cette étude — le Mythe, l'Inconscient, l'Histoire —, ne constituent pas trois axes herméneutiques dont la somme finale donnerait LE sens du fantastique cortázarien. Cette étude n'apporte pas de solution, elle ne découvre pas mais explore. Elle n'a pas la vocation de cerner des invariants mais d'explorer des différences pour les faire converger vers d'autres différences : il y a des récits fantastiques cortázariens, mais y a-t-il un fantastique cortázarien ? Il y a des lieux

---

1   BARTHES, R., *Critique et Vérité*, Paris, Seuil, 1966, p. 64.
2   BARTHES, R., *S/Z*, Paris, Seuil, 1970, pp. 17-19.

fantastiques mais y a-t-il un univers fantastique ? La lecture exploratrice est une lecture composée qui descend dans le local, page à page, fragment par fragment. L'inférence au global (le genre fantastique, la théorie de la littérature) sera toujours fonction de conditions rares et locales. Parcours critique allant de Charybde en Scylla : comment éviter, d'une part, l'idéalisme qui impose ses idées (causes) du texte d'abord comme des faits ensuite comme des structures universelles ; d'autre part, l'empirisme qui n'expose que des particularismes coupés ? ... Michel Serres signale ces écueils et rappelle fortement que le seul lieu occupable est l'espace entre, celui de la tension entre le local et le global :

> "Ne cherchez pas comment on voit un paysage, composez le jardin. Connaissez l'erreur esthétique de tout soumettre à une loi : raboter l'événement local enlaidit et ennuie [...] ; otez toutes choses, vous n'y verrez plus [...]. Evitez l'erreur symétrique de vous complaire dans le fragment. [...] Composer demande une tension entre local et global [...] récit et règle [...] monothéisme et paganisme [...] la science et la littérature"[1].

Peut-on décrire le texte comme *il est* — original et inintelligible —, sans y ajouter aucune déduction, aucune cause ? Existe-t-il une lecture matérialiste qui accompagnerait pour l'exposer le travail d'atomisation du texte sans rien y ajouter ? Peut-on lire sans illusion, sans allusion, sans interprétation, et tenter de répercuter l'effectif de la chose textuelle ? Le récit fantastique nous y met au défi. Car la polysémie et la variété du texte fantastique n'engagent pas au relativisme ou au scepticisme, les apories du fantastique ne sauraient provoquer une paralysie intellectuelle, une aporie narcotique ; au contraire, elles sont un aiguillon intellectuel. Face au fantastique, il ne s'agit pas de ramener la forme sous l'informe comme le veut l'esthétique traditionnelle qui réduit la multiplicité plurivoque à l'unité d'un schéma univoque, mais au contraire d'exposer l'informe sous la forme. Je vais pointer des effets, explorer la densité sémantique des fictions, sans chercher à déduire une cause. Ce qui nous intéresse ce n'est pas la somme mais le reste, ce qui nous excède. Jean Molino relève :

> "Je suis convaincu que je ne saurai jamais ce qui se passe dans un texte ou derrière un visage [...] je sens qu'ils signifient trop, qu'ils signifient dans tous les sens et que ni lui ni moi n'arriverons jamais à comprendre ce que nous avons voulu dire [...]. Une seule voie me reste : ruser avec la multiplicité [...] bricoler de petits modèles, multiples eux-mêmes et sans convergences"[2].

Je pose, liminairement, qu'il n'y a pas de mystère *dans* le récit fantastique mais qu'il y a un mystère *du* texte fantastique. Ce qui arrive dans un récit est plus fort que l'idée que l'on peut s'en faire. Que faire ? Accompagner les difficultés des textes, s'en faire l'écho, c'est-à-dire *remettre en scène par morceaux successifs ce que ma lecture n'arrive pas à épuiser, le travail du texte en train de m'échapper par son effectuation même*. Répercuter ce qui reste quand mon exploration s'est effectuée : une déperdition du sens qui deviendrait comme sa révélation. Ce reste à lire et à penser, serait-ce le fantastique ?

---

1   SERRES M., *Les cinq sens*, Grasset, 1985, p. 262.
2   MOLINO J., "La relation critique ou Jean Starobinski dans la critique" in *Jean Starobinski, Cahiers pour un temps*, Centre G. Pompidou, 1985, p. 38.

PREMIER PASSAGE

LES LABYRINTHES CORTÁZARIENS

"Le labyrinthe, parcours problématique, et le fil qui le double et permet de revenir au point de départ ont ainsi des figurations analogues, méandre et spirale. La clé semble reproduire l'énigme et toutes deux sont produites par le même esprit".

F. FRONTISI-DUCROUX, *Dédale.*

1 • LE GÉNIE DES LIEUX

"Maison occupée" : du texte paradigme au texte arachnide

En décembre 1946 la jeune revue dirigée par Jorge Luis Borges, *Los anales de Buenos Aires*, publiait "Maison occupée", un récit signé Julio Cortázar, qui était alors un professeur de trente deux ans inconnu dans le monde des lettres argentines. Dès la création de la revue, neuf mois plus tôt, Borges avait voulu promouvoir de nouveaux écrivains qui ne pouvaient pas toujours s'exprimer dans la très officielle revue *Sur* à laquelle il continuera de collaborer : dès le numéro de juin 1946, *Los anales de Buenos Aires* avaient ainsi publié la nouvelle "L'Huissier", de l'urugayen Felisberto Hernández, encore peu connu. Interrogé sur sa rencontre avec Cortázar, Borges précisera :

> "... il est venu me porter une nouvelle pour avoir mon opinion. Je lui ai dit : "Revenez dans dix jours". Et il est revenu avant la fin de la semaine. Je lui ai expliqué que son histoire était sous presse et que ma soeur en préparait l'illustration. C'était un récit superbe, et le seul que j'ai jamais lui de lui, intitulé "La casa tomada". Je ne l'ai pas revu [...]. C'était la première fois qu'il publiait un texte à Buenos Aires. J'ai été son premier éditeur"[1].

"Maison occupée", accompagné du dessin de Norah Borges, signe les débuts officiels de Cortázar dans la littérature. Le récit, qui passa longtemps pour la première fiction de l'auteur[2], connut une résonance extraordinaire : même si sa réputation n'a jamais égalée celle du "Tour d'écrou" de James, on ne compte plus les anthologies à travers le monde qui ont inclu ce récit à leur sommaire, ni même les gloses qu'il continue encore de susciter[3]. Dès 1965 Borges et Bioy Casares

---

1   BARNSTONE W., *Conversations avec J.L. Borges à l'occasion de son quatre-vingtième anniversaire*, Ramsay, 1984, p. 96.
2   Il existe deux récits antérieurs : "Délia, le téléphone sonne" et "La sorcière". Nous les solliciterons à plusieurs reprises dans cette étude. Trad. en français d'après notre thèse, op. cit.
3   ANDREU J.L., dans "Pour une lecture de "Casa tomada" de Julio Cortázar" (*Caravelle*, 10, 1968, pp. 49-66), fait le panorama de ces lectures contradictoires.

avaient placé le récit dans la seconde édition de leur prestigieuse *Antología de la literatura fantástica*.

"Maison occupée" ne figurera pourtant pas dans *Les armes secrètes*, la première sélection de nouvelles de Cortázar parue en France en 1963 ; il faudra attendre 1968 et la publication de *Gîtes* — notre édition de référence ici —, pour que le lecteur français puisse prendre connaissance de ce récit qui est à la fois le seuil et le centre de la fantastique cortázarienne.

Le narrateur et sa soeur Irène, ultimes descendants d'une famille de la bourgeoisie terrienne argentine, vivent retranchés dans la maisons-musée de leurs ancêtres, située dans un quartier résidentiel de Buenos Aires. Dans ce *gîte* de solitude, vestige d'une architecture et de valeurs dépassées alors que l'Europe sombre dans la seconde guerre mondiale, les rites domestiques sont une *occupation*.

Mais le lieu clos cortázarien veut des victimes : le silence religieux de la demeure héréditaire va être troublé par l'apparition de bruits non familiers — Freud parlerait alors d'une "maison *unheimlich*" —, et le couple résigné se voit signifier (comment ? pourquoi ?) son expulsion. Après une molle résistance le frère et la soeur se retrouvent dans la rue, dépossédés de tous leurs biens. Avant de s'éloigner, ils s'enlacent et jettent la clef de la maison dans une bouche d'égoût.

Cette expulsion sans raison a suscité de nombreuses analyses qui malgré des herméneutiques différentes, ont en commun d'avoir diligenté des enquêtes policières cherchant à originer la chose sonore dans une cause, à expliquer le bruit par le langage. Ainsi, Jaime Alazraki définit le récit comme une parabole aux solutions innombrables tout en privilégiant la parabole biblique de l'expulsion du jardin édénique[1]. Les bruits ici *se produisent* ; un spectre sonore apparaît, inidentifiable, singulier, sans raison si loin que l'on remonte le cours des choses : voici le signe textuel d'une concentration de sens conflictuels et non réductibles ; des sensations fortes (auditives) antérieures à toute représentation, à toute mise en mots. Et contrairement à l'univers fantastique jamesien[2] où la cohabitation avec l'impossible est rituellement admise puis appelée chez Cortázar le retour à la paix intérieure repose sur une expulsion sacrificielle, et obéit au scénario archaïque de la victime émissaire, du *pharmakos*.

Cette tache sonore, centre à la fois d'un espace cellulaire et d'un récit circulaire, est la figure *in-ouïe* d'un impossible à voir ; et ce manque à voir et à nommer tout à fait délibéré, sollicite la compétence du lecteur au moins de trois manières : d'abord, il consiste à jouer sur des effets d'intertextualité permettant de relier ce récit à un corpus littéraire connu — le Fantastique — et à user par là-même d'un trait rhétorique essentiel du genre évoqué ; ensuite, à s'approprier ce matériel littéraire de base par le biais de l'imaginaire rioplatéen ; enfin à élaborer à partir de là une fiction d'une altérité radicale dont on va rencontrer les échos dans les galeries intertextuelles cortázariennes.

Julio Cortázar use explicitement d'un ensemble de procédés techniques et idéologiques qui vise à relier le récit à un corpus littéraire — le genre fantastique —, et à induire un protocole de lecture. Les références répétées à l'Histoire et à la gent ; l'utilisation de *topoï* fantastiques — la demeure hantée, les symptômes psychopathologiques, la chose bruyante —, sont les signes textuels les

1   ALAZRAKI J., *En busca del unicornio : los cuentos de Julio Cortázar*, Madrid, Gredos, 1983, p. 146.
2   Pour une étude comparative systématique du fantastique jamesien et du fantastique cortázarien, voir TERRAMORSI B., *Le Nouveau Monde et les espaces d'altérité. Etude du fantastique dans les nouvelles de Henry James et Julio Cortázar*. Thèse Nouveau Régime, Littérature Comparée, Université de Nantes, 1993.

plus évidents d'un effet d'intertextualité conférant à la fiction une complexité bien dosée. Le fait de reconnaître dans l'architecture et la décoration de la maison portègne, les caractéristiques de la demeure poesque ou jamesienne, n'est pas sans conséquence : les ailes de l'édifice, les vastes chambres et la bibliothèque ; le grand salon, le couloir tapissé de majoliques, la porte de chêne, les arabesques des napperons, et les tapisseries des Gobelins ..., évoquent un cadre spatial et culturel d'une puissante valeur référentielle.

De fait, les allusions amères à une urbanisation moderne spoliatrice — "il ne reste presque plus de vieilles maisons à présent ..." (22) [mais des] appartements modernes où l'on peut à peine bouger" (24) — ; l'évocation du "couple simple et silencieux de frères [...] clause inévitable de la généalogie établie dans cette maison par les arrière-grands-parents" (23) ; la prédilection du narrateur pour l'esthétique européenne et les "livres de littérature française" (26) ; et enfin l'apparition de bruits *exprimant* la menace monstrueuse du labyrinthe, constituent à un premier niveau de lecture un ensemble de références littéraires reliant le récit au corpus du Fantastique : mieux, suggérant une lecture du récit par le biais de ce corpus.

La "maison occupée" cortázarienne évoque le manoir du couple Usher de Poe. Comment en effet ne pas songer à cette "ressemblance frappante entre le frère et la soeur"[1] ; comment ne pas rapprocher le destin de la vieille famille portègne, de celui de "la souche de la race d'Usher [qui] si glorieusement ancienne qu'elle fût, n'avait jamais, à aucune époque, poussé de branche durable" ("... Maison Usher", 129). Souvenons-nous du "bruit sourd et imprécis" ("Maison occupée", 24) qui met en fuite le couple de Cortázar, et des "sons bas et vagues [...] [provenant] d'une partie très reculée du manoir" ("... Maison Usher", 145) qui effraient l'hôte d'Usher. Enfin, la vie recluse du couple de Cortázar n'apparaît-elle pas comme une figure du fantasme majeur d'Edgar Poe, l'enterrement prématuré[2]. Ainsi la référence implicite à la maison Usher *légitime* la fantasticité du récit.
Usher/huissier : la maison occupée de Cortázar, n'a pas précisément de préposé à l'ouverture et à la fermeture de la porte, et son occupation est un déni de justice. On peut songer à bien d'autres récits encore, qui alimentent cette fantastique de la demeure et amplifient ainsi l'écho de cette maison bruyante : dans la nouvelle fantastique de Maupassant — "Qui sait ?" — le héros raconte depuis la maison de fous les déménagements et réaménagements tumultueux de sa vaste demeure par des forces occultes. Dans "Le terrier", Kafka décrit un labyrinthe hypogé dont les galeries silencieuses sont soudain hantées par un bruit dont on ne peut se faire "une idée précise au sujet de la cause [...] un bruit qu'on ne peut percevoir en quelque sorte, qu'avec des oreilles de propriétaires". Dans "Le coin plaisant" James montre une maison new-yorkaise occupée par un double bruyant et agressif.

Ces effets intertextuels n'épuisent pas la lecture de "Maison occupée" : traducteur réputé de Poe dans les lettres hispaniques[3] et passionné par la littérature fantastique européenne, Cortázar est aussi un écrivain héritier de la tradition fantastique rioplatéenne. Les motifs littéraires du labyrinthe, de l'angoisse persécutoire et de l'épiphanie fantastique, rencontrent dans l'imaginaire argentin une résonance particulière. Si en son commencement "Maison occupée" intègre un

---

1   POE E.A., "La chute de la maison Usher", in *Nouvelles histoires extraordinaires*, Paris, Garnier, 1965, p. 141.

2   Voir ROSENBLAT M.L., "La nostalgía de la unida en el cuento fantástico : *The fall of the house of Usher* y *Casa tomada* " in F. Burgos (éd.), *Los ochenta mundos de Cortázar*, Madrid, Ed. -6, 1987.

3   E.-A. POE, *Obras en prosa*, Trad., introd., y notas de J. Cortázar, Madrid, Alianza, 1970 (1ère édition : Ediciones de la Universidad de Porto Rico, *Revista de Occidente* Madrid, 1956).

système de références littéraires, on remarque que la fiction élabore à partir de cette filiation une appropriation transformatrice de ce code-modèle. La maison, ici, est au centre du texte comme l'araignée dans sa toile ; elle apparaît initialement comme le labyrinthe rassurant du *cercle* familial :

> "Il nous est agréable de déjeuner en pensant à la maison profonde et silencieuse" (22) ; "Quand la porte de communication avec l'aile nord était fermée, on ne se rendait pas compte que la maison était très grande" (24).

La demeure use de liens solides, ses coudes et couloirs enlacent et encerclent comme "les filets de pierre" borgésiens[1]. La possession de l'espace semble impliquer, comme dans l'univers jamesien, une possession par l'espace. On se souvient de l'argument de *L'Ange exterminateur* le film de Luis Buñuel : de riches aristocrates de Mexico, victimes du sortilège de la claustration, ne veulent ou ne peuvent plus sortir de leur demeure somptueuse qui devient le lieu de tous les dérèglements psychologiques et sociaux : "Une fois l'araignée morte, la toile se défait" dit l'un des personnages, en cherchant dans le groupe une victime expiatoire.

"Nous nous disions parfois que c'était elle qui ne nous avait pas laissé nous marier" ("Maison occupée", 22) : si par amour pour la maison-mère, le couple de Cortázar fait corps avec la demeure, c'est bien que l'espace et ses occupants — de même que le texte et son lecteur — sont liés par un *pacte aliénant* qui impose un code de conduite directif. L'architecture intérieure détermine ainsi des zones fixes d'activités répétitives : le repas, le tricotage, la lecture, le ménage, le sommeil ... Ce couple qui n'en est pas un, est un miroitement de l'identité, une duplicité de la généalogie : dans un silence de glace il essaie de "tuer le temps" (27) ; en se vouant corps et âme à l'entretien du temple des ancêtres, ils se sacrifient sur *l'autel des morts* de la maison, de la gent. Ce couple ambigu coupé des vivants, occupé à/par des rites obituaires, évoque ces couples jamesiens ("L'autel des morts", "La bête de la jungle", "Le coin plaisant"...) célébrant ce qui est dans le dos : le sens du passé, l'amour des trépassés.

Dans cette place forte cortázarienne, sont donnés à lire les *symptômes* de la crise. Il y a d'abord cette phobie de la souillure :

> "Levés dès sept heures, nous faisions le ménage" (22) ; "... incroyable la quantité de poussière qui peut se déposer sur les meubles [...] il y a trop de poussière en suspension dans l'air ... [...] nous ne franchissions jamais la porte de chêne si ce n'est pour aller faire le ménage" (25).

Ensuite, cette obsession d'Irène pour le tricotage :

> "Je ne sais pas pourquoi elle tricotait tellement, c'est je crois, pour les femmes, un grand prétexte à ne rien faire [...] elle tricotait un gilet puis le redéfaisait en un tournemain" (23).

Puis l'étrange conduite autistique du couple :

---

[1]   BORGES J.L., "Le labyrinthe" in *L'or des tigres*, Gallimard, 1976, p. 107.

"Nous nous étions habitués à vivre seuls. Irène et moi, ce qui était une folie car huit personnes auraient pu y habiter sans se gêner" (22) ; "la maison redevenait silencieuse, crépusculaire" (28).

Enfin, il y a ces allusions à une activité onirique intense qui contraste avec l'inertie de la veille : Irène, et "cette voix de statue — ou de perroquet —, voix qui vient des rêves et non de la gorge" (27) ; le narrateur, et ses "grands soubresauts qui faisaient tomber [son] édredon" (27).

La *maladie* use d'une série de signes textuels reconnaissables (isolement, manies diverses, apathie, sentiment de vulnérabilité, onirisme, extrême acuité des sens) nous renvoyant à la fois à la pathologie littéraire inhérente au genre fantastique, et à *un mal social*. Chez Cortázar la société est une menace ; dès cette nouvelle de 1946, trente ans avant l'écriture des récits fantastiques "engagés" ("Apocalypse de Solentiname", "La deuxième fois", "Satarsa"..), le social exprime un pouvoir in-humain vécu subjectivement comme sur-humain, surnaturel.

Les diverses affections des deux personnages semblent constituer les signes d'une raréfaction de la vie dans un univers de superficielle opulence où les objets vont proliférer au point de devenir envahissants. Ce mal échappant à toute thérapeutique, apparaît comme une malédiction résultant d'une transgression inavouable : si le narrateur et sa soeur accueillent ces "bruits" avec résignation, c'est que *la cause (historique ?) est entendue même si elle ne peut être dite*.

A propos de "Maison occupée", Cortázar a précisé lors d'un entretien :

"J'écrivis ce conte par une matinée de grande chaleur en plein été à Buenos Aires, [...] je venais de me lever du lit, à sept heures du matin, avec une sensation de terreur car je venais de rêver le conte. C'est un de mes contes les plus oniriques. Je n'ai pas rêvé exactement le conte mais sa situation. Il n'y avait rien là d'incestueux. J'étais seul dans cette maison très étrange avec des couloirs et des angles, et tout était très normal, je ne me rappelle plus de ce que je faisais dans mon rêve. A un moment donné au fond d'un des angles un bruit se fit entendre, très nettement et c'était déjà une sensation cauchemardesque. [...] Je me précipitai alors pour fermer la porte et mettre tous les verrous afin de laisser la menace de l'autre côté. Alors durant une minute je me sentis tranquille et il semblait que le cauchemar allait se changer en un rêve paisible. Mais de ce côté de la porte la sensation de peur revint. Je me réveillai avec une sensation d'angoisse cauchemardesque. Me réveiller alors, revenait à être définitivement expulsé du rêve lui-même. Alors [...] j'allais à la machine et en une heure — le conte est très court —, une heure et demie, il fut écrit. Le frère et la soeur ont été créés pour des raisons techniques et tout le contenu du conte s'organisa"[1].

La maladie, ici, est ce par quoi le récit et les personnages se coupent des causalités normales et saines, pour subir le régime de la peur, du cauchemar réalisé. Dès lors, les corps vont imprimer à l'espace leurs propres déréglements : tandis que le couple perd toute vitalité, l'espace devient un agent dynamique et maléfique. Le cercle familial devient un lieu cellulaire, condition obligée de la différence et de la monstruosité : ces deux êtres stériles — "nous venions d'atteindre la quarantaine [...] notre couple simple et silencieux de frères était une clause inévitable de la généalogie ..." (22-23) — ne peuvent se reproduire, sinon par une union monstrueuse.

---

1   PICON GARFIELD, E., *Cortázar por Cortázar*, Mexico, Editorial U.V., 1981, p. 89. (je traduis).

Dans *Les Rois* un poème dramatique écrit en 1947[1], Cortázar subvertit le mythe du Minotaure en montrant une Ariane amoureuse du Minotaure et dont le peloton est un message d'amour pour le frère enlabyrinthé. De même, dans "Maison occupée" le peloton d'Irène est là pour *retenir* le frère. Le peloton cortázarien est l'image de liens secrets et puissants, et d'une tension psychologique : des sons enchevêtrés. Le bruit, c'est aussi ces voix intérieures insondables : le *fond* de leur pensée où s'inscrit la faute. Le bruit c'est le désir de l'autre qui brouille l'entente :

> "Nous nous entendions tousser, respirer, nous pressentions le geste qui allumerait la lampe, les fréquentes et mutuelles insomnies [...] les bruits venaient peut-être du couloir qui menait à notre chambre" (27-28).

Dans une autre nouvelle de Cortázar, "La porte condamnée"[2] on repère ces liens intertextuels qui partent et reviennent vers la "Maison occupée". Dans un hôtel dont "le silence [...] était presque excessif", un hôtel "installé dans une vieille maison familiale" (189), un homme est réveillé par les pleurs d'un enfant provenant de la chambre voisine séparée par une porte condamnée. L'armoire de ce côté-ci/la porte condamnée/l'armoire de l'autre côté : trois portes qui de tous les côtés ne livrent aucun passage. Porte *dérobée* autant que condamnée, d'où une :

> "certaine ambiguïté, le désir honteux de se faire oublier, comme une femme qui croit se cacher en mettant ses mains sur son ventre ou sur ses seins" (185).

La porte, comme l'intimité féminine, est un mystère incontournable que l'homme et son désir de l'ouvrir ("autrefois les gens avaient dû entrer et sortir par elle", 185) relie fantasmatiquement à l'obscène : la chose sexuelle.

L'homme d'un côté, la femme de l'autre ; et une femme sans enfant, l'hôtelier le certifie : le bruit, c'est un *tiers qui est là sans y être, un parasite insaisissable*. "Une hystérique [et] son fils imaginaire" (136) pense donc l'homme, pour se bercer d'illusions : il pousse l'armoire et se colle à la porte non pas pour regarder par le trou de la serrure ce qui lui coupe le sommeil, mais pour imiter les gémissements de l'enfant. C'est alors la fuite de la femme et le silence insupportable ; mais la nuit suivante, les pleurs se font à nouveau entendre à travers la porte condamnée :

> "Il sut, au-delà de la peur, au-delà de la fuite en pleine nuit, que tout était bien ainsi et que la femme n'avait pas menti, qu'elle ne s'était pas menti en berçant l'enfant, en voulant que l'enfant se taise pour qu'ils puissent, eux, dormir" (137).

Comme dans "Maison occupée", le bruit poursuit le couple muré dans son incommunicabilité : *le bruit met à la porte*. L'enfant fantasmatique désigne une régression et une perversion — le retour à l'*omphalos* — et le désir qui accouche de sa faute : il est l'enfant de la stérilité, de l'union impossible. D'où encore un narrateur

---

1   Un fragment de ce poème dramatique fut publié en octobre-décembre 1947 dans *Los anales de Buenos Aires*. Le texte parut intégralement en 1949 et ne sera traduit en français qu'en 1983 chez Actes Sud.

2   CORTÁZAR, J. "La porte condamnée" in *Gîtes*, op. cit., pp. 186-197.

impensable[1] ("pour qu'ils puissent, *eux,* dormir" ...) qui écrit depuis un lieu inoccupable, condamné : le bruit c'est l'écriture fantastique qui porte loin.

Dans "Maison occupée" les structures architecturales liées par divers télescopages littéraires à la demeure fantastique — poesque puis jamesienne — la maladie comme principe de claustration, la fraternité incestueuse et ses interdits spatiaux et langagiers, le "bruit" en tant qu'événement monstrueux, sont des signes brouillés qui trouvent dans le tissage d'Irène — véritable Pénélope filant le jour et rêvant (dé-filant) la nuit — leur cristallisation.

> "Ils ont pris notre côté, dit Irène. Son tricot pendait entre ses mais, les fils de laine allaient jusqu'à la porte et se perdaient dessous. Quand elle s'aperçut que les pelotes étaient restées de l'autre côté, elle lâcha le tricot sans un regard" (29).

Les pelotes restent du côté des bruits ... "Le cliquetis des aiguilles à tricoter" figure la mise en abyme d'une écriture maillée qui apparaît tour à tour comme un dénouement — un fil d'Ariane —, et comme un nouement — un fil de Pénélope. Ainsi, dans une autre nouvelle parue en 1956, "N'accusez personne"[2], un homme qui tente d'enfiler son pull-over en laine se trouve "désorienté dans la chambre à force de tourner" (143), pris au piège dérisoire d'un pull tentaculaire qui "lui serre avec force le nez et la bouche, le suffoque" (141) : un labyrinthe de laine qui le désarticule et le pousse vers la seule issue : la fenêtre ouverte sur le vide. Le fil est un lien enveloppant et un cercle étouffant, et cette animation monstrueuse de la laine n'est pas sans lien avec la douce "Irène [qui] n'aimait que le tricot et y déployait une habileté merveilleuse [...] amusant de voir dans la corbeille le tas de laine ondulée" (23-24) ... Le piège ondulant qui étouffe l'homme, excède sa propre aventure et se noue bien avant, dans une autre maison : "N'accusez personne", avertit pourtant le titre.

Le fil, agent symbolique du rattachement au centre, est associé à la réclusion et à la trame répétitive : Irène, *Eirêne,* la déesse des heures... Tout a dû être *sacrifié* à l'habitant monstrueux qui semble désormais "occuper" les lieux :

> "Il nous restait ce que nous avions sur le dos. Je pensai — un peu tard — aux quinze mille pesos cachés dans l'armoire de ma chambre" (29).

Le trésor restera dans la caverne avec le monstre bruyant. La clef sera avalée par la bouche d'égout, rejoignant ainsi le labyrinthe hypogé de Buenos Aires. L'effroi labyrinthique dépassé, le frère et la soeur, libérés de leur pacte familial peuvent enfin s'enlacer comme un vrai couple, sur le trottoir : "Je passai mon bras autour de la taille d'Irène [...] et nous sortîmes dans la rue" (29).

---

1 Dans un entretien avec Omar PREGO (*La fascinación de las palabras,* Barcelona : Muchnik Edit., 1985, p. 80) CORTÁZAR remarque ainsi que "dans une chambre il y a ce que nous pouvons appeler un fantôme [...] ce quelque chose qui pleure la nuit". (Edit. française : *Julio Cortázar : entretien avec Omar Prego,* Paris : Gallimard, "Folio", 1986).

2 CORTÁZAR J., "N'accusez personne" in *Gîtes,* pp. 140-148. Dans "Le fleuve" on retrouve cette métaphore des liens sexuels : l'homme enlace la femme : "enchevêtrement de pelote où luttent la laine blanche et la laine noire [...] ton rythme s'alanguit [...] en mouvements lents comme une moire" ; et bien sûr comme une des Moires, Atropos : "écartant dans un éclair tes cuisses pour les refermer comme des tenailles monstrueuses qui voudraient me séparer de moi-même" (in *Gîtes,* p. 119).

"Dans ce drame de la géométrie intime, dit ailleurs Henri Michaux, où faut-il habiter ? [...] la peur ne vient pas de l'extérieur [...] la peur est ici de l'être même. Alors où fuir, où se réfugier ? Dans quel dehors pourrait-on fuir ? Dans quel asile pourrait-on se réfugier ? L'espace n'est qu'un "horrible en dehors-en dedans"[1].

La vieille demeure épousant les lacis de la généalogie et de l'intertextualité, est devenue ce cercle familial étouffant où des rites de vie conventionnels servent de substituts à l'action. Si dans ce labyrinthe le couple de "Maison occupée" perd son temps, il ne peut véritablement perdre le fil de l'Histoire ; le bruit, semble suggérer le récit, c'est encore l'intrusion d'un *désordre moderne*.

L'émergence de l'historique et de l'idéologique dans un récit apparemment refermé sur la sphère du privé et ses dérèglements, est une intégration et un dépassement de l'hypotexte jamesien du "Coin plaisant", et fait coïncider dans l'inter-dit (le bruit) Histoire et Surnature. Dès l'incipit, on relève des allusions à une modernité affairiste et destructrice remettant en cause les anciennes valeurs telles l'hérédité, la rente, et la culture européenne :

"Il ne reste plus de vieilles maisons à présent on les vend toutes pour récupérer les matériaux" (22) ; "de vagues et fuyants cousins en hériteraient et la feraient démolir pour s'enrichir avec les pierres et le terrain" (23).

La demeure portègne de "Maison occupée", comme la maison new-yorkaise du "Coin plaisant" (1908) de Henry James, est le vestige architectural d'une *période fondatrice* pour les Amériques : dans le cas de l'Argentine c'est l'ère qui, au milieu du XIXe siècle, a promu une puissante oligarchie terrienne d'origine européenne. Dans les années 1940, — "depuis 1939 il ne nous parvenait plus rien qui vaille ..." (23) — le pays vit une phase historique complexe : l'oligarchie agro-exportatrice s'enrichit en vendant de la viande aux belligérants — "Nous n'avions nullement besoin de gagner notre vie, l'argent des fermes arrivait tous les mois et les revenus augmentaient sans cesse" (24) —, tandis que la bourgeoisie industrielle et les futures masses péronistes bouleversent le paysage urbain et les mentalités. Liée économiquement et culturellement au capital étranger, l'aristocratie créole prend ses modèles en Europe ; les Gobelins, les majoliques, les livres de littérature française (introuvables "depuis 1939" dans une Argentine fascisante), sont les signes d'*une désaffiliation culturelle et sociale* [2] : la tentation de l'inceste dépasse la simple pathologie. La vieille et fière maison est devenue un lieu mythique depuis lequel l'Histoire se *désignifie* : "Nous étions bien et nous finissions par ne plus penser" (27). L'Histoire dans le récit, ce n'est pas seulement la chronologie et l'aristocratisme créole ; c'est surtout une rationalité illisible agissant comme un déterminisme historique qui isole et fait force de loi. Si l'économie du récit se règle, on l'a vu, sur l'économie des corps, c'est parce que le mal veut signifier un déterminisme historique. Le couple de "Maison occupée" se représente comme victime du Sens de l'Histoire : le grondement de l'agitation sociale gagne la demeure aristocratique au silence de mort.

---

1   MICHAUX H., "L'espace aux ombres", in *Nouvelles de l'étranger*, p. 196.
2   Dans les années 40-45, ARLT R. a publié l'ensemble de son œuvre ; BORGES a fait paraître de nombreux récits dont ceux qui seront réunis dans *Fictions* ; A. BIOY CASARES publie *L'invention de Morel* (1940) ... : or le narrateur lit exclusivement la littérature française, comme un exilé.

Les symptômes sont alors plus qu'une simple concession à un code narratif : ils seraient l'un des moyens de ce récit pour donner à *lire,* sur le mode du fantastique, la dévalorisation, l'éviction, et l'impossibilité historique de vivre. Ils constitueraient les signes littéraires confus de la fin d'un temps :

"... à moins que nous ne la [maison] démolissions nous-mêmes [...] avant qu'il fût trop tard" (23) ; "... je me jetai contre la porte avant qu'il ne fût trop tard" (25).

L'Histoire, c'est la mutation de la maison "profonde" et "silencieuse" en un espace étroit et bruyant ; l'opposition de l'aristocratisme créole à l'utilitarisme bourgeois ; la mobilisation du couple jusque là statique ; le processus arbitraire acculant soit au changement soit à la destruction. La modernité devient la prosopopée du bruit. L'ensemble des *topoi* fantastiques repérés, sont ainsi des signes textuels dont il faut *entendre* les référents : la folie, l'inceste, le bruit signifient dans et par l'écriture ce qui *ailleurs* demeure informulable, ce qui échappe. "Maison occupée" s'achève sur l'image d'un homme enlacé par une femme maternelle : les bras de la femme constituent un refuge contre le social incompréhensible et agressif. Le social ou la peur au ventre...

La clef de la maison est avalée par la bouche d'égout, et dès lors on peut lire que cette fermeture à *double tour* — la maison est condamnée du dedans et verrouillée du dehors et nous n'avons ni l'une ni l'autre "clé" ... — figure l'évacuation de toute solution, et l'impossiblité fictive et historique de vivre. Dans ce récit fantastique de l'immédiat après-guerre, il n'y a pas d'espoir historique.

Dans l'édition espagnole de ses nouvelles — "Ritos" (1) ; "Juegos" (2) ; "Pasajes" (3) ; "Ahi ahora" (4) — Cortázar a placé "Maison occupée" dans le troisième volume, "Passages" ; couloirs étranglés de la maison ; passage sans transition du dedans au dehors, d'un récit à un autre : tout coïncide en effet, mais sans que l'on puisse s'y retrouver. Ce piétinement de la lecture figure les bifurcations infinies de l'espace de la fiction et du réseau intertextuel.

Si l'excipit paraît renouer avec l'incipit et la hantise de la spoliation — "je fermai soigneusement la porte d'entrée et je jetai la clef dans la bouche d'égoût. De peur qu'un pauvre diable n'eut l'idée d'entrer pour voler quelque chose. A une heure pareille et dans une maison pareille" —, c'est pour en apparence boucler la boucle : le bruit est *malfaiteur.* La maison et son récit sont finalement des espaces aux entrées et aux issues condamnées de l'intérieur et fermées de l'extérieur : l'œuvre n'est pas ouverte et sa lecture est une effraction bruyante.

Ainsi ce premier récit de Cortázar se définit comme une structure langagière cerclée, vouée à l'équivoque par un narrateur en fuite ; comme un réseau labyrinthique où les signes s'occultent les uns les autres et dévient tout axe fixe de vraisemblance. Le lecteur, comme les personnages, est dépossédé du sens d'une Histoire qui sombre dans le disparate et le vacarme. L'effet fantastique du texte opère essentiellement par le silence fait sur ce *bruit* et par la négation de la complémentarité de l'optique et de l'otique. Le *bruit* n'est ni un élément allégorique (foules péronistes, ancêtres vengeurs, parabole biblique ...), ni un jeu d'écriture ; dans "Maison occupée" *le bruit est une apparition sonore qui dépasse l'entendement.* L'écriture fantastique construit ainsi un espace narratif et typographique à parcourir en tous sens, pour en dénombrer les issues illusoires.

Des graphismes de l'artiste Juan Fresán composent une édition illustrée de "Maison occupée"[1], un dessin montre le couple et le texte installés dans la maison,

---

1   En 1969 à Buenos Aires, aux Editions Minotauro (sic) parut une édition graphique de "Maison

nous sommes au début du récit ; un autre dessin figure l'approche des bruits qui détermine une dynamique du *vide* et du *plein* : les pièces "occupées" sont vides de mots et d'habitants sur les dessins, et cet espace vide, ce blanc, diffuse une menace. Ainsi, la maison *s'évacue* d'un côté pour se remplir d'un autre côté d'une chose irreprésentable qui *gagne du terrain en faisant le vide,* du blanc.

De la "Maison occupée" au bungalow de "Histoire avec des mygales"[1], une nouvelle publiée en 1980, il n'y a qu'un saut à faire, et précisément, le fantastique s'écrit de ce saut : des "gens de la ville, gens qu'impressionne facilement ce qui n'est pas leur propre bruit", attendent puis entendent "l'impossible chuchotement" du bungalow voisin pourtant déserté, et guettent leur proie comme des "mygales à l'affût". Ecoute hallucinée et hallucinante : dans "Maison occupée" ou dans "La porte condamnée" le fantastique c'est croire (?) entendre ce qui fait horreur et qui, en cela, n'a pas de nom ; dans "Histoire avec des mygales" le fantastique c'est croire (?) entendre ce qui fait plaisir et qui, en cela, n'a toujours pas de représentation.

Dans "Histoire avec des mygales" (où le couple de jeunes filles cède à l'ambiguïté), le mâle qui derrière la cloison manifeste sa présence, est comparé à une mouche qui vient se prendre dans la toile d'araignée. Dans la scène finale, les deux mygales *phallophagiques* viennent étreindre le mâle, et, en quelque sorte, étouffer le bruit. Le tissage obstiné d'Irène-Arachné et le vrombissement effroyable qui gagne la demeure, relient la maison créole au bungalow des Caraïbes : cette fois-ci le couple-narrateur a retourné la situation, et le "bruit" n'est plus l'agresseur mais l'agressé. Ainsi encore dans "Les Ménades", les musiciens sont dépecés par des femmes littéralement *paniquées par la source sonore.*

Au commencement était "Maison occupée" : le bruit. Si la cause n'est plus dicible ni visible, reste la chose qui défie les lois de l'acoustique et de la raison. Une chose est là, mêlée à son onde de choc et à son parasitage. Auditionnée mais non entendue : *oto*-nome.

> "A la question de savoir à quelles conditions le regard, la pensée sont possibles, le fantastique répond par l'incongruité d'un "bruit" [...] non pas au sens que lui donne la théorie de la communication. Comme simple signe de l'événement brut, du surgissement non localisable"[2].

On peut penser d'abord que le bruit ayant une cause trop évidente pour le narrateur, celui-ci manque de l'identifier pour son lecteur. Le narrateur ne se mettrait pas à notre place, pensant que nous nous sommes mis à la sienne : ainsi le fantastique relèverait d'un sous-entendu mal évalué par le narrateur et ... bien dosé par l'auteur ; le fantastique tiendrait à une structure dilatoire, et à l'analyse alors de résoudre ce *sous-entendu.*

Entendons plutôt que si le narrateur n'identifie pas le bruit, c'est parce qu'il est inidentifiable car excessivement singulier et de là incomparable : un surgissement local non déductible du global, un fait rare, isolé, dont on ne peut rien dire et qui ne dit rien. Le bruit est constitué de sons singuliers, sans rapports significatifs entre eux. Le narrateur ne dit rien du bruit parce qu'il n'y a rien à dire sinon qu'il a lieu là puis ici, voisin puis proche. La panique, c'est toucher le bruit du doigt...

---

occupée". L'ouvrage est aujourd'hui épuisé.
1   CORTÁZAR, J., "Histoire avec des mygales" in *Nous l'aimons tant Glenda, op. cit.,* pp. 25-46.
2   BOZZETTO, R., CHAREYRE-MEJEAN, A., PUJADE, R., "Penser le fantastique" *Europe* (611), 1981, pp. 30-31.

Le narrateur ne rajoute rien à l'apparition sonore de la chose (*res*) : la chose a lieu, sourde à toute cause, et il évacue les lieux sans procès (cause). Que disait la chose ? rien. Qu'était-ce ? beaucoup de bruit pour rien. Le récit fait être quelque chose qui n'est pas *dit* et dont il *parle* malgré tout.

Au commencement du monde narratif cortázarien il n'y a pas le langage : au commencement il y a les choses hors langage, *du bruit qui mène à rien*, au réel sans raison :

> "Qui parle ? Cela, cela même. Ce nuage qui produit de soi [...] du bruit [...]. Derrière l'ordre défini, au fondement de la parole et de l'écoute, la multiplicité bruissante est l'identité sans distance des sujets, des objets. Le réel"[1].

Ce qui se produit dans cette maison et qui est *entendu* sans pouvoir être *dit*, n'a rien d'irréel : c'est une production sans raison qui n'a pas besoin de se dire pour être là.
J. Lacan nous en avertissait,

> "le mot de *la chose* dérivant du latin *causa,* sa référence étymologique juridique nous indique ce qui se présente pour nous comme l'enveloppe et la désignation du concret [...] ; et dans la langue allemande, la chose n'est pas moins dite, dans son sens originel, comme opération, délibération, débat juridique. *Das Ding* peut viser, non pas tellement l'opération judiciaire elle-même, que le rassemblement qui la conditionne"[2].

Et M. Serres à propos de *La Vénus d'Ille* de Mérimée, y revient :

> "le mot chose a pour racine et pour étymologie le mot cause. Le mot cause est à l'origine de la chose. [...] Le débat du tribunal tente d'élucider ladite cause. [...] Les Latins nommaient *res* l'affaire judiciaire. *Res* [...] d'abord c'est le procès [...] et *reus* c'est l'accusé, la partie en cause dans ledit procès, dans ladite cause"[3].

Au commencement de la fantastique cortázarienne "Maison occupée" montre l'apparition d'une chose injugeable, hors débat, hors critique... Comme dans "La Vénus d'Ille", dans "Maison occupée" nul tribunal ne parviendra à se réunir pour mettre la chose en cause ; le couple est expulsé sans autre forme de procès. La cause ? En vain les critiques instruisent depuis le procès du "bruit", tentent de l'enfermer dans un causalisme de tribunal. "Silence où je fais évacuer la salle" : une formule de président de Cour d'assises qui dit l'horreur du bruit, de la chose...

"Bestiaire" : péril en la demeure

"Bestiaire", une nouvelle publiée un an après "Maison occupée" dans *Los anales de Buenos Aires,* donnera son titre au premier recueil publié en 1951 en Argentine : par delà les galeries intertextuelles qui font communiquer la maison d'Irène et celle de Rema l'écriture se répète pour provoquer un *déplacement.*

---

1   SERRES, M., *Feux et signaux de brume* ,Paris, Grasset, 1975, p. 176.
2   LACAN J., *L'éthique de la psychanalyse,* Séminaire livre VII, Paris, Seuil, 1986, p. 55.
3   SERRES, M., "La source et la désertion", *Patio* (12), 1989, p. 25.

Un tigre détermine tous les rites domestiques ; ce fauve asiatique dans une maison de la pampa argentine figure une chose qui n'est pas d'ici mais qui est là malgré tout... : comme le bruit, c'est une présence dont on ne *voit* pas ce qu'elle veut dire.

> "Le tigre est un peu l'incarnation du mal qui se promène dans la maison, le mal qui est représenté à l'échelle humaine par ce personnage qui poursuit sa propre soeur de ses assiduités et qui est finalement dévoré par le tigre"[1].

René aux lèvres rouges et aux dents éclatantes (240) — une image qui évoque déjà la voracité dionysiaque des "Ménades" —, René jaloux comme un tigre et qui guette sa soeur Rema, va être puni. René le monstre va se trouver là où le tigre est déjà : dans la même pièce, dans la même case de la marelle. Dans la maison-labyrinthe de "Bestiaire" il n'y avait qu'une seule pièce condamnée à la fois" (231) : le tigre *intrange*, l'étrange de l'intérieur (selon la traduction suggestive de l'*un-heimlich* par J. Bellemin-Noël). Ce *domestique non domestiqué* constitue la tache aveugle de l'espace dans le texte et de l'espace du texte. Le centre erratique et irreprésentable du labyrinthe par où s'évacue le sens.
Le *domestique non domestiqué* constitue la tache aveugle de l'espace dans le texte et du texte comme espace. Le centre erratique et irreprésentable du labyrinthe, par où s'évacue le sens. Présence paradoxale du tigre, à la manière du "loup" dans la conversation d'un enfant : une omniprésence soumise à l'*inter-dit*.

> "A table, ils étaient placés ainsi : Louis à *un bout,* Rema et Nino d'un côté, René et Isabelle de l'autre ; comme ça il y avait un grand *au bout* et un petit de chaque côté..." (231, je souligne).

On parle deux fois d'un bout de table, tandis que l'autre bout est passé sous silence... Il y a un blanc, un trou : il n'y a pas ainsi de *tour* de table. Ils sont cinq à table mais six dans la maison : ce qu'il y a à l'autre bout est impossible, et n'a pas de place à table. De là, une table qui n'a qu'un bout et l'effort du texte pour le rationaliser ! Le récit donne à penser l'infigurable et figure l'impensable : le deuxième bout de table impossible à dire et à représenter, trouve cependant place dans le texte d'une manière oblique : il brille par son absence.
Le second bout de table est absent de sa représentation... : c'est un point aveugle par où le sens s'évacue (le trou du lavabo — 230 —). Ce faisant, le texte adopte une structure psychotique : le "rejet" radical hors de la conscience d'une réalité traumatisante, ce que Jacques Lacan a appelé la *forclusion* : un mécanisme spécifique à la psychose consistant à rejeter un signifiant (exemplairement le phallus en tant que signifiant du complexe de castration) hors de l'univers symbolique du sujet. Contrairement au refoulement (caractérisant la névrose), la forclusion ne permet pas aux signifiants d'intégrer la conscience ; et ces signifiants ne font pas retour de l'intérieur (lapsus, acte manqué, rêve...) mais au sein du réel (hallucination, délire).
Le second bout de table n'est pas refoulé (c'est-à-dire symbolisé puis caché) il est un fragment de réalité perdu, rejeté, dénié : non symbolisé. Le tigre en tant que signifiant du complexe de castration (le bout coupé...) est forclos ; il fera retour

---

1   *Julio Cortázar et la réalité en forme d'éponge*, entretien radiophonique, Radio Canada, 14 février 1980. A propos du tigre et du labyrinthe, cf. GONZALES C., "Bestiario" : laberinto y rayuela", *Cuadernos Hispanoamericanos* (364-366), oct. dic. 1980, pp. 392-397.

dans le réel brutalement, dans une hallucination : un tigre surgit dans une maison argentine pour manger un homme !

Le tigre est à la fois ce qui bloque le mouvement et ce qui anime le récit, il en est l'excès et le défaut. Les personnages mettent en place des rites pour régler l'irrégularité même, pour se protéger d'une violence latente : un ensemble de tabous, de gestes et de mots aboutissent à une initiation et à un sacrifice humain.

Lors de ses entretiens avec E. Picon Garfield, Cortázar précisera ainsi "l'apparition" de son récit :

> "J'étais seul dans une maison de Buenos Aires et je réalise que je devais un peu délirer à cause de la fièvre. J'eus alors très nettement la notion d'un lieu, une maison où se promenait un tigre. Ce tigre était un tigre menaçant en chair et en os, mais il était contrôlé par les gens de la maison. Je n'étais pas dans cette maison. Ce tigre, c'était un peu ma fièvre qui se promenait, mon hallucination. [...] En définitive le fantastique naît chez moi d'éléments vécus"[1].

On se souvient des mots de Henri Michaux dans *Animaux fantastiques* :

> "La maladie accouche, infatigablement, d'une création animale inégalable. La fièvre fit plus d'animaux que les ovaires n'en firent jamais [...] Quand la maladie aidée des tambours de la fièvre entreprend une grande battue dans les forêts de l'être, si riches en animaux, que n'en sort-il pas ?[2].

Le tigre provoque un parcours proche de celui du jeu de la *marelle*. Le jeu consiste à lancer un galet dans la première case et à parcourir toute la marelle sans pénétrer dans cette case ; ensuite on reprend le galet avec la main, on sort, on le lance dans la deuxième case et ainsi successivement jusqu'à ce qu'il n'y ait plus de case et que l'on ait gagné. Si on marche dans la case occupée par le galet, on a perdu. On constate ainsi que si dans "Maison occupée" les pièces (les cases de la marelle) sont abandonnées définitivement au fur et à mesure de la montée du bruit — comme si la pollution sonore vidait ces lieux — ; dans "Bestiaire", au contraire, les pièces ne sont "occupées" que momentanément et l'une après l'autre. Dans "Maison occupée" le bruit apparaît comme une lente submergence qui rétrécit l'espace vital ; d'un autre côté le tigre silencieux de "Bestiaire" désigne à la fois la case vide qui dynamise tout le jeu de la marelle, et la case occupée qui mène en Enfer. René a perdu car il a pénétré dans la pièce où se trouvait le fauve *(un)heimlich*. En tournant autour de sa soeur il commet la faute qui le perd : se conduisant en monstre il y vient. "C'est un misérable, un misérable [dit Louis] presque comme s'il constatait un fait, une tare héréditaire" (243) : l'inceste c'est l'inter-dit et le contre nature qui s'articulent, dans le récit fantastique, avec l'impossible à dire et la sur-nature (le monstre)[3].

Dans "Bestiaire", le tigre se donne à voir fugitivement, il est une ombre fauve qui hante l'espace textuel. On n'*entend* pas ce tigre, on ne *voit* pas ce qui se passe non plus : on nous/leur dit que le tigre est là, et ce "là" est où il ne faut pas être : le tigre est sur le point d'être là, il est proche, et c'est cette proximité du réel à l'effectuation

1   PICON GARFIELD E., *op. cit.*, p. 15.
2   MICHAUX H., *Animaux fantastiques*, Paris, Gallimard, 1963, p. 55.
3   A propos des relations entre Inter-dit et Contre nature (le Sexe), Impossible à dire et Sur-nature (le Fantastique), voir TERRAMORSI B., "Eléments pour une poétique du fantastique. A propos de *Sarrazine* de Balzac et de *Lokis* de Mérimée" *Les Cahiers du CERLI* (Université de Nantes), n° 15, 1988, pp. 12-41.

différée qui effraie. Le tigre c'est la *différance* du réel. Le langage (les idées, les représentations) s'essouffle à le suivre, et n'en parle qu'après coup. La rencontre de René et du tigre sera la première et unique coïncidence du référent et de la chose : la coïncidence du langage et de la chose tue...

Le tigre est toujours là avant... : l'enfant comprend que la chose précède toujours la cause ; René est face au tigre avant de le savoir, avant de se le dire. Ce qui le tue c'est de tomber sur (dans ?) une chose qui n'a pas été parlée, symbolisée. De fait, le récit ne peut que se faire l'écho de cette rencontre, et en rapporter les *bruits* :

> "Premier hurlement de René (...) nouveau cri étouffé de René, les grands coups que Louis donnait dans la porte (...) les gémissements de René..." (249)

Si le jeu de la marelle est une figure du cercle familial, le formicaire en est une autre ; l'entomophilie qui s'empare de Nino et d'Isabelle se cristallise autour de la terrible mante religieuse puis autour du formicaire-microcosme. La mante religieuse aux fortes mandibules, est comme l'araignée, la femelle terrible dont l'appétit sexuel perd le mâle. Le trouble intérêt qu'elle provoque chez Isabelle anticipe sur sa ruse féroce : le tigre c'est la nature féline dont la fillette fait une arme, montrant ainsi son degré d'initiation dans les jeux des adultes.

L'ogre est le jouet d'une enfant qui devient femme en faisant manger un homme... Isabelle a été repoussée par René au profit de Rema : Isabelle sort ses griffes et mord... Le tigre serait la métaphore du vagin denté : la loi phallique (la mainmise de l'homme) que fait régner René est abolie par ce piège féminin (la femme comme piège à mâchoire). René met la main sur Rema, il la serre de près : il empiète (littéralement, il la prend dans ses serres), il mord sur son espace vital. René sera en retour mordu par une bête à fourrure.

Isabelle a en tête la destruction du mâle : elle rejoint ainsi cet *imago* cortázarien de la femme dévoratrice, loin de la prêtresse domestique jamesienne. Le sacrifice du mâle suggère que le tigre serait le désir destructeur de la femme.

> "Les fourmis allaient et venaient sans avoir un tigre à redouter [...] elle aimait reporter son monde à elle dans le monde des fourmis [...] les galeries débouchaient, se tordaient comme des doigts crispés". (236-237)

Le Microcosme animal est sans mâle (un gynécée de rêve) ; il prend fantasmatiquement la forme de la main de Rema. Insecte/Inceste : lié aux jeux sado-masochistes d'Isabel (torturer des bêtes ; être poursuivie par une bête), l'insecte est la figure de la répulsion et de l'altérité. Question de petite fille : les insectes ont-ils un sexe ? autrement dit : ont-ils un tigre ?.... L'univers des insectes est aussi un *jeu* : un terrain expérimental, un observatoire, où se répète (en petit) l'expérience sur l'homme (en grand)...

Dans "Les poisons"[1] un texte de 1956, le jardin et la demeure — jusqu'à "cette partie mystérieuse de la maison qui s'enferme sous terre" (149) — sont envahis par les galeries des fourmis, "des galeries qui vont très loin, bien plus loin qu'on le croit" (154). Entre deux jeux, le jeune narrateur empoisonne avec son oncle les labyrinthes hypogés. Jeux enfantins/jeux amoureux : à la surface les couples se nouent et se dénouent ; les jeunes voisines ne sachant pas jouer à la marelle (153), le narrateur entomophile reste entouré de sa soeur et de Lila sa

---

1   CORTÁZAR, J., "Les poisons" in *Gîtes*, op. cit., pp. 149-169.

petite voisine, puis se voit ravir l'affection de chacune par Hugo fier come un paon, et venu de Buenos Aires passer une semaine à la campagne. Faire la guerre aux fourmis c'est par en-dessous, sous entendu, faire la guerre à un autre intrus envahissant qui *mine* tous les rapports antérieurs :

> "Si on avalait un peu de poison cela devait faire le même effet que la fumée de la machine, le poison se répandait dans les veines du corps" / "si jamais Hugo s'était empoisonné ..." (160/163).

La pollution — sonore ou chimique — et le tigre, sont des expédients destinés à perdre son rival dans la *marelle du désir*. "Toute la maison comme une immense oreille" ("Bestiaire", 243) : comme un labyrinthe donc, où l'absence de point de vue assuré nous soumet à l'*otosuggestion*. Significativement quand Isabelle envoie rituellement René à la mort, dans "Bestiaire", elle ne peut détacher son regard de la spirale de l'escargot :

> "Si absorbée par ce spectacle elle ne bougea pas au premier hurlement de René [...] elle regardait toujours fixement les escargots [...] les escargots minces comme les doigts, comme les doigts peut-être de Réma" (249).

Le tigre repu, la spirale visqueuse de l'escargot, les deux femmes qui s'enlacent : "Bestiaire" tourne entièrement autour de l'angoisse suscitée par la voracité de l'espace et l'humeur féminine. Une femme *contre* une femme : qu'est-ce qui pourrait rendre visqueux les doigts de Rema ?...Une enfant veut se faire une place à part entière, et n'hésite pas à mordre/empiéter sur l'espace des adultes. Ce que gagne la fillette, l'homme le perd : *quelque chose a grandi en Isabelle*.... Rema, dans ses bras, le sent : de là sa "reconnaissance" (250) et, "peut-être", des doigts gluants comme les escargots...

Dans "Eté"[1], une nouvelle publiée près de vingt ans après "Bestiaire" et que l'on a déjà confrontée au corpus jamesien, on retrouve les thèmes de la maison de campagne et de l'agression bestiale. En pleine nuit "une énorme tache blanche vint cogner contre la baie", un cheval blanc — tout droit sorti du tableau *The Nightmare* de J.-H. Füssli — vient hennir affreusement contre les murs et les vitres de la maison, plongeant la femme dans une crise d'hystérie : "un hennissement étouffé comme le cri de Zulma qui tenait ses deux mains sur sa bouche" (85). Si le bruit, cette fois-ci, prend la forme d'un cheval cauchemardesque, il n'en est pas moins *impossible* : "aucun cheval ne fait ça, dit Zulma, aucun cheval ne cherche à entrer comme ça dans une maison" (88). Le cheval est ici, comme le tigre, une puissance chthonienne ; dans l'entretien radiophonique où Cortázar parle du tigre de "Bestiaire", il ajoute à propos de "Eté" :

> "Le cheval blanc a été pour moi l'incarnation totale d'une force démoniaque, d'une force qui essayait de détruire non seulement moi-même mais tout ce qui m'entourait".

Le tigre ou le cheval figurent des animaux terribles, prototypes de tous les ogres du folklore européen ; cette dévorante cruauté suggère l'impossible surgissement du

---

1   CORTÁZAR, J. "Eté" in *Octaèdre*, pp. 79-94.

non-familier. L'animal *(un)heimlich*, parallèlement à la maison *unheimlich* désigne, dans le champ sémantique exploré par Freud[1], aussi bien l'animal domestique — *heimlich* — que son contraire, l'animal terrible, non domestique — *unheimlich* —, dont on ne peut surmonter la nature.

Au seuil de la maison-labyrinthe, la bête déploie le spectre complet des représentations du cheval : de la Gorgone à la tête de cheval, à la monture débridée et vorace. Pégase, on s'en souvient, surgit de la nuit du col décapité de Méduse, la Gorgone couronnée de serpents, et Bellerophon l'utilisera comme monture pour vaincre la Chimère.

Dans notre perspective nous relèverons que les Grecs qualifiaient un cheval nerveux et fougueux de *Gorgós* : "terrible", "inquiétant". Dans "Eté", le vacarme du cheval *gorgós* et sa face de terreur — "la crinière, des nasaux comme sanglants, une énorme tête blanche" (85) — esquissent une trilogie en reliant le monstre au *bruit* de "Maison occupée" et au tigre de "Bestiaire" : le cheval *gorgós* est ici la chose terrible à *regarder* et à *entendre*, et la terreur qu'il provoque joue à la fois sur le registre visuel et sonore. Pour les Grecs, le cheval furieux est terrible à regarder et terrible à entendre, car le grincement des dents, le bruit du mors, rappellent le grondement des Erinyes :

> "C'était un drôle de bruit, dit Mariana, comme quelque chose qui soufflait [...] c'est un bruit de cheval" (85).

"Céphalée", un récit inclus dans *Gîtes*, montre des éleveurs hypocondriaques cernés dans leur maison par des animaux impossibles (les "mancuspies") : significativement la dernière phrase de la fiction met en parallèle ces deux malaises indéfinissables — mancuspie/céphalée —, comme *otosuggérés* : "Dans la tête, comme autour de la maison, quelque chose de vivant tourne en rond, criant et heurtant les fenêtres et les tympans". Le cheval furieux de Cortázar comme le tigre de "Bestiaire", ou les "mancuspies", répète la figure narrative du monstre bruyant et vorace, de la chose qui arrive sans explication :

> "L'image d'un cheval dévorant et broyant sous ses dents la chair de son maître, définit le point extrême de la série de représentations qui révèlent l'aspect inquiétant du cheval et qui manifestent son appartenance au monde des puissances infernales"[2].

Le cheval *gorgós* qui assiège la maison, exprime la phobie de la dévoration, — "il est enragé et il veut entrer" répète Zulma — qui est toujours liée chez Cortázar à un *trouble sexuel* :

> "Ils entendirent les sabots [...] l'ébrouement irrité [...] Zulma courut vers lui [Mariano] en criant hystériquement [...] la tête du cheval revint se frotter contre la vitre [...] ils la virent regarder à l'intérieur comme si elle cherchait quelque chose" (86-87).

---

1   FREUD, S., "L'Inquiétante Etrangeté" in *Essais de psychanalyse appliquée*, Paris, Gallimard, 1933, p. 172, *passim*.
2   VERNANT, J.-P., DETIENNE, M., *Les ruses de l'intelligence, op. , cit.*, p. 185.

Le cheval et la femme se cherchent et se fuient, évoquent confusément chez le lecteur une série d'images liées au *Nightmare* de Füssli : le *Caballo raptor* qui dans les *Disparates* de Goya montre un cheval saisissant une femme avec sa mâchoire ; les aventures d'Hippomène et de Leimônè, racontant comment Hippomène enferme sa fille dans une maison isolée avec un étalon que la faim rendra furieux ...

Significativement, le couple barricadé dans la maison ressemble au couple de "Maison occupée" ; avant l'apparition du cheval, les deux êtres "se retrouvent toujours pour l'accomplissement des cérémonies charnières, le baiser matinal et les occupations neutres en commun" (82), et une fois le cheval éloigné, Mariano possèdera Zulma bestialement. "L'ombre blanche", comme le bruit blanc, est à la charnière de deux mondes ; le dedans et le dehors, le bestial et le monstrueux, le désir et la mort. Au moment où Mariano cherche à "fixer les choses et les moments, établir des rites et des catégories contre le désordre plein de trous et de taches" (p. 84), le cheval, "l'énorme tache blanche", est l'élément blanc inqualifiable que les rites et la pensée mythique tentent d'intégrer à une généalogie archaïque. Quand le réel fait peur, quand monte l'horreur de la chose impensable mais déjà là, les rites essaient de lier la quotidienneté à une symbolique archaïque justificatrice.

Il est remarquable que ce soit encore une fillette qui, comme Isabelle dans "Bestiaire", ouvre la porte au *mors* :

> "Tu sais pourquoi elle est là la petite [...] elle est là pour le faire entrer, je te dis qu'elle va le faire entrer" (92).

L'enfant s'initie à l'univers des adultes par ce *passage* ; comme Isabelle, dans et par un rite de passage la fillette tente d'utiliser les forces occultes au lieu d'être utilisée par elles. En faisant passer "l'énorme tache blanche", l'enfant fait entrer l'élément blanc dans le jeu.

"Manuscrit trouvé dans une poche" : les galeries du Métro

Dans "Manuscrit trouvé dans une poche"[1], un texte de 1974, on retrouve un labyrinthe hypogé — le "squelette mondrianesque" du métro de Paris — et étrangement une histoire avec des mygales : "une interminable errance au fond du puits parmi les araignées de la crampe" (63). Les araignées, le narrateur-enlabyrinthé n'a que ce mot à la bouche :

> "Le combat dans le puits, les araignées dans l'estomac" (62) / "les araignées au fond du puits" (65) / "les araignées enfoncèrent leurs griffes dans la peau du puits pour me vaincre une fois de plus" (66) / "je ne sais comment dire, les araignées mordaient trop fort" (67) / "résistant sans force au triomphe du jeu, à la danse exaspérée des araignées dans le puits" (73) / "leurs pinces rageuses exigeant un nouveau jeu, d'autres Marie-Claude, d'autres Paula, la répétition après chaque échec, le recommencement cancéreux" (75) ...

---

1   CORTÁZAR, J., "Manuscrit trouvé dans une poche" in *Octaèdre*, op. cit., p. 57-78.

L'araignée rappelle la fileuse associée aux Parques et au Destin, la fileuse démiurge dont le fil est associé à l'arbre de Mondrian et par delà à l'Arbre cosmique (*Axis Mundi*). Elle est aussi l'angoisse rampante qui *noue* l'estomac : "les araignées dans l'estomac", — comme on dit "l'araignée au plafond" — évoquent la *peur viscérale* qui fait perdre la tête. Enfin, l'araignée c'est la maladie, la tumeur cancéreuse, les cellules monstrueuses qui rongent l'organisme ; le narrateur-voyageur est littéralement *rongé* par le désir et la mort : désir de l'autre, de la correspondance avec l'itinéraire de l'autre pour refaire surface et angoisse d'être prisonnier du monde chthonien, du "Tartare" comme dira le (même ?) narrateur-voyageur de "Texte sur un carnet"[1], égaré dans le métro de Buenos Aires.

"Manuscrit trouvé dans une poche" / "Texte sur un carnet" ... : de ce côté-ci le métro parisien et son supplice de Tantale (le narrateur-voyageur ne peut saisir ce qu'il désire) ; de l'autre côté le métro de Buenos Aires et "son trajet en spirale" (129) où des voyageurs "disparaissent" ; de tous les côtés l'*écriture* — manuscrit ou carnet — qui apprend à "se situer dans les interstices" ("Manuscrit ...", 59).
Le voyageur portègne cherche à pénétrer le secret de la secte dans les profondeurs, et à communiquer ce savoir du fond que personne, là encore, ne voudra entendre.

> "Le Métro, cet arbre de Mondrian, comme je l'appelle dans 'Manuscrit'", me fascine énormément. L'infinité des combinaisons possibles [...]. Ce doit être aussi le fait du souterrain, et que c'est lié à des archétypes jungiens : ce sont les enfers. Le Métro est un enfer que nous visitons de notre vivant"[2].

Dans ces deux récits de voyage sous-terrain, l'errance labyrinthique coïncide avec la quête d'un point de vision stable. Là encore, ce qui s'entend ne peut s'énoncer : le bruit de "Maison occupée" poursuit de son vacarme les espaces cortázariens.
A la fin du recueil *Octaèdre*, après "Manuscrit trouvé dans une poche" la nouvelle "Cou de petit chat noir" permet de retrouver l'univers du métro parisien et un homme qui *joue* non plus comme le voyageur de "Manuscrit ...", à capter le reflet des yeux d'une femme sur la vitre du wagon, mais :

> [à poser] "sa main comme distraitement, pour effleurer celle de la blonde ou de la rousse qui lui plaisait en profitant des secousses du métro dans les virages [...] le reste entrait dans le jeu comme les stations sur les vitres du wagon" (151).

Dans ce jeu qui consiste à forcer la main à une femme, Lucho va être surpassé par Dina dont la "maladie" (168), jamais définie véritablement, se traduit par la vie autonome et maléfique de ses mains. Cette obsession de Cortázar pour les mains et que nous avons déjà rapprochée de celle, similaire, de James, était déjà particulièrement saisissante dans un conte de jeunesse publié dans *Le Tour du jour en quatre vingts mondes,* et qui s'intitule précisément "Séjour de la main".
Dans "Cou de petit chat noir", Lucho (*luche,* "marelle à cloche pied", et *lucha,* "lutte" ...) est initié au fond du labyrinthe, à un jeu de mains qui le dépasse : "Lucho avait compris mais quoi au fond, soudain il avait compris et tout était

---

1   CORTÁZAR J., "Texte sur un carnet" in *Nous l'aimons tant, Glenda,* pp. 125-148. Dans "L'homme à l'affût" on retrouve le métro comme voie de passage : "Le métro c'est comme si on était à l'intérieur d'une pendule. Les stations ce sont les minutes, tu saisis, c'est votre temps à vous, celui de maintenant, mais je sais, moi, qu'il en existe un autre et j'ai pensé, pensé ..." (in *Les armes secrètes,* p. 31).
2   GONZALEZ BERMEJO, E., *Conversaciones con Cortázar,* Barcelona, Edhasa, 1978, p. 46. (Je traduis).

différent, passé de l'autre côté" (161). Lucho fait la connaissance de Dina, femme aux mains monstrueuses, et qui le fait entrer dans un jeu autrement conséquent : par un *retournement* de situation très jamesien — mais plus érotisé —, le chasseur devient le gibier, Lucho est désormais entre les mains de la tigresse. Dans l'appartement où il la possède, Dina lutte contre elle-même et cède finalement à ce qui est plus fort qu'elle ; pour Lucho c'est l'horreur :

> "Des griffes coururent sur son dos, remontèrent jusqu'à sa nuque et ses cheveux [...] un vent chaud sur lui, le buisson d'ongles contre son ventre et ses côtes" (171-172).

On se souvient fugitivement, de l'image des "Pose-tigres" dans *Cronopes et fameux* :

> "La moindre erreur et ce serait la catastrophe, les fusibles sautés, le lait renversé, l'horreur de deux yeux phosphorescents noyant les ténèbres, les ruisseaux tièdes à chaque coup de griffe" (55).

Dina la caressante devient Dina la féline qui griffe — "*arañar*" ... dans le texte original — et se tapit dans le noir : "dans l'obscurité l'espace et les places s'inversent" (170). Dina-*araña* : les coups de griffes de Dina réfèrent aux étranges araignées (*arañas* en espagnol) qui, dans "Manuscrits ...", enfoncent "leurs griffes dans la peau du puits pour [...] vaincre une fois de plus" (66) le voyageur-joueur. Dans le labyrinthe les mains arachnéennes qui évoquent aussi bien les "cinq ongles noirs" du labyrinthe maillé de "N'accusez personne" que le fauve de "Bestiaire", constituent un envers du désir. Mais par un nouveau retournement, le récit montre Lucho en train de se surpasser :

> "Il toucha quelque chose de chaud qui s'échappa avec un cri, son autre main se referma sur la gorge de Dina comme s'il serrait un gant ou le cou d'un petit chat noir [...] il se rejeta en arrière pour se libérer de cette chose qui continait à serrer le cou de Dina" (p. 172).

A son tour Lucho voit ses mains lui échapper : *Dina-araña* est étouffée par le mâle et, contre toute attente, son propre piège se resserre sur elle.

Cette exploration des principaux passages intertextuels dont "Maison occupée" constitue l'échangeur, laisse déjà apparaître que la fantastique cortázarienne, malgré sa prédilection pour les maisons, ne débouche sur aucun lieu sûr. L'espace, jamais domestiqué, ouvre sur une distribution compliquée de lieux, de trous, de localités : de "passages", annonce Cortázar. L'espace n'est pas cadastral, unifié, découvert ; il est au contraire singulier, explorable localement et fugitivement, il est à l'écart. A l'image de ces maisons occupées l'espace est *mis en pièces*. Les marches d'approche, les jeux de séduction qui animent les personnages, ont toujours quelque rapport avec les rites initiatiques des jeux labyrinthiques : rite probatoire de passage de l'adolescence à l'âge adulte pour Isabelle ou le narrateur des "Poisons" ; rites initiatiques pour les voyageurs du métro, et pour les couples ambigus de "Maison occupée" et "Histoire avec les mygales". Le rite, en divisant l'espace par des relations topologiques rigoureuses, veut donner accès à une connaissance qui dépasse les plans et les vérités parcellaires, et permet au possédé *par* l'espace une possession *de* l'espace.

Les labyrinthes cortázariens — maisons, fourmilières, métros ... — sont à la fois des labyrinthes de pierres et des labyrinthes de mots : pétrification et séduction. Pétrification, car au fond du labyrinthe l'épiphanie fantastique raidit de peur le personnage : dans ces récits, on l'a lu, la peur devient un rite initiatique, la mode d'*appréhension* d'un réel menaçant. Séduction, parce que les jeux des enfants et des adultes sont réglés par un esprit féminin et lunaire, un esprit arachnéen qui attire et repousse : qui *embobine*. Les personnages ne savent jamais si l'*anankè* fantastique relève d'un jeu, d'un mauvais tour, ou d'autre chose ... : et de fait le voyageur de commerce de "La porte condamnée" se demande, en se faisant ainsi l'écho de tous les autres héros enlabyrinthés, si tout cela n'était pas "un jeu ridicule et monstrueux [car] tout soudain lui paraissait truqué, faux, creux" (194).

"Le jeu, ajoute Cortázar dans *Le Tour du Jour en Quatre Vingts mondes*, n'est-ce pas un processus qui part d'un déplacement pour parvenir à un emplacement, une place ?" Il précisera encore à E.-G. Bermejo cette notion de jeu :

> "Dans plusieurs de mes contes [...] il est question explicitement des "règles du jeu" [...] ; un jeu mortel qui doit évidemment déboucher sur une catastrophe, mais qui possède toutes les caractéristiques d'un jeu : un code — comme la marelle, le foot-ball ou la boxe, et la possibilité d'une interruption parce que ce n'est pas fatal"[1].

Le labyrinthe cortázarien ressemble à ce réseau vivant d'entrelacs, — le *polúplokos* — qui détermine tout l'imaginaire de la Grèce classique : de fait, le métro de Paris est présenté comme "une surface vaste mais limitée de tentacules étendues, et cet arbre est vivant vingt heures sur vingt-quatre" ; c'est une pieuvre de laine qui étreint le héros de "N'accusez personne" ; dans "Bestiaire", les "veines du corps" ressemblent — "il n'y avait pas de grande différence" — aux galeries des fourmis ; dans "Texte sur un carnet", on parle de "l'existence [et de la] circulation de leucocytes" de ces êtres qui se déplacent dans le métro de Buenos Aires ...

Il n'y a pas de bestiaire jamesien, le tigre étant l'unique animal qui hante figurativement les salons victoriens[2] ; il y a un bestiaire des labyrinthes cortázariens : tigres, fourmis, escargots, mantes, araignées... Dans l'entretien précédemment cité, Cortázar admettra :

> "Dans mon espace fantastique, effectivement il y a une grande circulation d'animaux [...]. Très souvent aussi les êtres humains sont vus comme des animaux ou considérés du point de vue animal [...]. Ce qui me fascine dans le règne animal, surtout dans les échelles inférieures, le monde des insectes disons, c'est le fait d'être en face de quelque chose qui vit, mais dans un état d'incommunicabilité totale et absolue avec moi" (*op., cit.*, 50).

On a remarqué que ce qui a lieu là, dans l'espace *un-heimlich*, est entendu sans qu'il soit possible de le voir et de le dire. On aura l'occasion de revenir sur cette invalidation du sens de la vue, mais on peut d'ores et déjà noter que le fantastique

---

1   *Op. cit.*, p. 50.
2   Voir "L'image dans le tapis" ; "La bête dans le jungle" ; "Le tour d'écrou" ; "Le Coin plaisant" de Henry JAMES.

apparaît comme une affluence *sentie* mais irreprésentable. Dans les labyrinthes de Cortázar les choses arrivent inexorablement, coupées de toute généalogie, elles ont lieu là, apparaissent et disparaissent : elles sont de passage. Le fantastique a lieu, tient au lieu : au stationnement illégal, impossible. L'espace y apparaît comme une dissémination labyrinthique de lieux de passage, de trous d'évacuation ; le labyrinthe est le lieu privilégié pour rencontrer l'informe.

De fait dans son étude pénétrante sur Dédale, F. Frontisi-Ducroux nous rappelle que :

"Les termes qui décrivent [le Labyrinthe] sont à mi-chemin entre le concret et l'abstrait. Ce sont [...] "sinueux" et "tortueux" [...] aux "nombreux replis", adjectifs qui désignent souvent un esprit compliqué et fourbe [...]. Lieu énigmatique à peine matériel, [...] loin de se représenter comme un bâtiment, [il] apparaît surtout comme l'expression spatiale de la notion d'aporie, de problème insoluble [...]. Tout indique qu'il s'agit d'une forme symbolique sans référent architectural"[1].

Et Cortázar poursuit autrement :

"J'adore la forme de l'escargot. Cette manière d'être aussi "self contained" [...] ; la spirale c'est le labyrinthe et les labyrinthes sont un de mes thèmes archétypaux [...]. Alors l'escargot c'est le labyrinthe"[2].

Roland Barthes, dans *L'obvie et l'obtus,* prolonge :

"Le symbolisme de la spirale est opposé à celui du cercle ; le cercle est religieux, théologique ; la spirale, comme le cercle déporté à l'infini est dialectique [...] en se répétant elle engendre un déplacement"[3].

C'est précisément ce *déplacement* que je me propose d'accompagner maintenant : au dehors des maisons et des galeries jusqu'ici explorées, l'écriture cortázarienne esquisse le graphe d'un espace varié distribué en localités inabordables. De même que les labyrinthes domestiques constituaient les lieux du surgissement d'une violence sacrificielle primordiale — païenne — ; les paysages à parcourir vont nous conduire infiniment dans le local, hors de la globalité cadastrée, dans le *pagus* du paganisme, dans des lieux singuliers que voisinent d'autres lieux. Le fantastique chez Cortázar surgit dans un coin (perdu), dans un trou, et il réactive la problématique du passage circonstanciel du local au global, du *pagus* au *paysage,* et du paysage à l'univers.

1   FRONTISI-DUCROUX, F., *Dédale, mythologie de l'artisan en Grèce ancienne,* Paris,Maspero, 1975, p. 143.
2   HARSS L., "Julio Cortázar ou la gifle" in *Portraits et propos,* Gallimard, 1970, p. 35.
3   BARTHES R., *op. cit.,* p. 28.

TITRE	ESPACE	PERSONNAGE PRINCIPAL	NOUEMENT FANTASTIQUE <------- ------>	DENOUEMENT
Maison occupée	maison (Buenos Aires)	narrateur	bruits non familiers se déplaçant dans la maison	fuite du narrateur et de sa sœur ; enlacement du couple
La porte condamnée	hôtel (ancienne maison familiale)	Pétrone, voyageur de commerce	pleurs d'un enfant	inexistence de l'enfant; fuite de Pétrone
N'accusez personne	pull-over	l'homme enfilant le pull-over	pull-over étouffant	défénestration de l'homme
Bestiaire	maison	Isabelle (enfant)	tigre se déplaçant dans la maison	René dévoré par le tigre ; enlacement d'Isabelle et Réma
Les poisons	maison et son jardin	narrateur (enfant)	fourmis envahissantes	destruction des fourmis et trahison amoureuse
Eté	maison	Mariano	cheval furieux voulant pénétrer dans la maison	disparition du cheval, étreinte furieuse du couple
Manuscrit trouvé dans une poche	métro de Paris	narrateur-voyageur	capter par jeu le regard d'une femme dans une vitre	engrenage fatal du jeu
Texte sur un carnet	métro de Buenos Aires	narrateur-voyageur	disparitions dans le métro	découverte d'une secte secrète
Cou de petit chat noir	métro de Paris	Lucho, voyageur du métro	capter par jeu la main d'une femme ; une femme capte la main du joueur	étranglement de la femme

2• LES DISTANCES MONSTRES

"L'autre ciel" ou la traite fantastique

Le narrateur-protagoniste de "L'autre ciel"[1] a l'âme du flâneur : ses rites de déambulation le font dériver inéluctablement vers le quartier ambigu des galeries couvertes de Buenos Aires, où sa vie étriquée trouve de nouvelles dimensions. Pour ce courtier en Bourse, le passage Güemes est à la fois la scène primitive du premier échange — "territoire ambigu où, il y a bien longtemps déjà, je suis allé perdre mon enfance comme un vieux vêtement" (169) —, et le lieu en puissance d'un tout autre de la vie, d'une initiation plus radicale encore.
Pris dans les démêlés d'un réseau familial où la fiancée au "sourire de femme araignée" (194) et la mère ne font plus qu'une, et où il faudrait être à la fois époux, père et fils, le courtier en Bourse se donne le change : il va changer le "ciel haut et sans guirlande" (183) contre un "monde qui a choisi un ciel plus proche de vitres sales et de frises", [changer] "le jour stupide du dehors" [contre une] "nuit artificielle" (170-171). Pour se soustraire à ses deux femmes et au mauvais temps, le héros s'engouffre dans les galeries — "nos galeries et leur monde ignoraient allègrement le mauvais temps" (174) — : le héros *descend au ciel*. Au cosmos anxiogène de la déréliction, il substitue le ciel en stuc des galeries, un infra-monde aux espaces multiples et singuliers et aux temps particuliers et hétérogènes. Le passage Güemes communique avec la galerie Vivienne, et le Buenos Aires de 1944 avec le Paris de 1870. Une guirlande de plâtre, empruntée aux décors des galeries,

---

1 CORTÁZAR, J., "L'autre ciel" in *Tous les feux le feu*, pp. 169-200.

servira de fil conducteur entre les deux espaces-temps : "Les événements se tressaient comme les fleurs d'une guirlande" (191).

Dès lors, le récit gravite autour d'un narrateur dédoublé — "je(s)" — partagé par ses va-et-vient : l'un peut être l'autre, le double de l'autre, traverser le passage Güemes de l'adolescence fiévreuse revient à réaliser chaque fois un dédoublement spectaculaire et à traverser "les vitres sales" des galeries. La longue scène de la guillotine, où faute d'étrangleur on décapite un empoisonneur, cristallise ainsi le motif de la scission des êtres et des choses : "je(s)" y pressent autant une apothéose, un rite sacrificiel, que la coupure irrémédiable avec le monde des galeries, la rupture de la guirlande. Le courtier rencontre l'autre *entremetteur*, le patron de Josiane, ce "quelqu'un [qui] attendait des comptes sans défaillance" (175). Il vit aussi la rencontre impensable avec "le Sud-américain", qui est à la fois le redoublement de la figure de l'adolescence — "presque un enfant [...] l'air d'un collégien poussé en graine" (178) —, et le surfilage du voyage trans-atlantique :

> "Il eut été assez normal que je m'approche de lui et dise quelques mots en espagnol [...] renonçant à mon envie [...] le sentiment que si je la transgressais, je m'avancerais en terrain peu sûr ..." (184).

Et pour brouiller définitivement les identités, une trilogie déroutante : le fascinant tueur des prostituées, déjà exécuté au travers de l'empoisonneur, est arrêté et s'appelle Paul le marseillais ; le sud-américain n'est donc pas l'étrangleur ni même un sud-américain et tout s'affaisse pour "je(s)" : "c'est comme s'il nous avait tué Laurent et moi, avec sa mort" (200). Coupé du reste, "je(s)" entre dans un dédoublement spatio-temporel hybride gravitant autour d'un centre urbain exorbitant ; Buenos Aires et Paris, joints en une *traite*, figurent une conurbation fantastique qui devient l'autre scène sismique de la fiction. Le courtier voulant perdre de vue tout ce qui le retient, fait le saut : il est ainsi le héros de la "course", de ce qu'on pourrait appeler la *traite fantastique* : la négociation aberrante des tournants *du* texte et *dans* le texte ; le héros de "L'autre ciel" devient l'agent du change, l'entremetteur d'une négociation spatio-temporelle exorbitante et répétitive.

"Les choses tournaient lentement sur leurs *gonds* et me proposaient une des rues qui mènent galerie vivienne" (186). Quand le courtier de "L'autre ciel" sort de ses *gonds*, l'Europe, le Paris de 1870, c'est la porte à côté : "L'autre ciel" possède de nombreuses similitudes avec un récit plus récent de l'argentin Adolfo Bioy Casares, intitulé significativement "De la forme du monde" : le héros qui se prénomme Correa — littéralement, "courroie", "élasticité" ... — est surnommé le Géographe ... : il parvient, en quelques minutes, à passer du "labyrinthe de ruisseaux et de saules de l'énorme delta" du Tigre à la ville urugayenne de Punta del Este, grâce à "un tunnel végétal, étroit et long [...] un étrange tunnel très court en définitive qui selon toutes les apparences l'aurait conduit très loin". ... Bien entendu, cela est tellement incroyable que Cecilia, l'urugayenne qui acceuille le ... voyageur, s'exclame : "Ah ! je vous en prie, c'est comme si je vous disais que je serais venue d'Europe en cinq minutes par un tunnel"[1].

La *traite fantastique* apparaît autant comme un transport du désir que le désir du transport : le dévoiement des sens fait que l'espace perd ses coordonnées euclidiennes, *sort de ses gonds*, projette au-delà dans l'espace, et en-deçà dans le temps. De même, dans "La nuit face au ciel", un récit publié par Cortázar en 1956,

---

1   BIOY CASARES, A., "De la forme du monde" in *Le héros des femmes*, op. cit., p. 25.

le héros, à la suite d'un accident de moto dans une ville du XXᵉ siècle, rêve (?) depuis son lit d'hôpital à sa mise à mort rituelle dans un temple aztèque, à l'époque précolombienne. Puis il comprend "que le rêve merveileux c'était l'autre, absurde comme tous les rêves"[1], et qu'il est *en réalité*, ce guerrier "motèque" rêvant, au seuil de la mort, à une cité fabuleuse qu'il parcourt sur "un énorme insecte de métal". Ce passage aberrant du XXᵉ siècle à l'Amérique précolombienne, de la cité moderne à la pierre du sacrifice se fonde sur un *retournement* du récit, jouant encore sur l'excès et le défaut :

> "Il y avait là comme un trou, un vide qu'il n'arriverait pas à combler [...] il avait l'impression que ce trou, ce rien, avait duré une éternité [...] plutôt comme si, dans ce trou, il avait parcouru des distances fabuleuses" ("La nuit ...", 21).

La *traite fantastique* désigne cet impossible déplacement, ce saut de (par ?) la pensée qui met le géographe en défaut et fait perdre toute mesure ; ainsi le voyageur de "L'autre ciel" tourne et retourne dans :

> "Le passage des Panoramas avec ses ramifications, ses impasses qui aboutissent [...] à une inexplicable agence de voyages où, sans doute, on n'a jamais acheté le moindre billet de chemin de fer" (171).

Le passage des Panoramas communique avec d'autres passages textuels cortázariens : le microcosme du formicaire de "Bestiaire" ; et dans "Eclairages" (*Façons de perdre*) le site irréel de "la galerie ouverte" étroitement lié encore, à la femme fantasmée par "la lente toile d'araignée de [l']amour".
Le passage c'est encore la confiscation de toute perspective ; le fantastique, comme le rêve, n'a pas d'extérieur, le fantastique n'est pas une littérature panoramique ; le passage des Panoramas de Paris est un décor pictural, celui des *panoramas* peints suivant la technique du trompe l'oeil et qui fondent un point de vue circulaire. Le récit se déboîte à l'infini : il s'abîme.
"L'autre ciel" ouvre sur un espace de transition et de transactions, un intervalle entre deux choses qui se changent en une : Buenos Aires/ Paris ; passage Güemes/galerie Vivenne ; mère/fiancée, Thiers/Perón ... : emporté par son désir, le héros fantastique va découcher régulièrement dans le Paris de 1870 : "A mon retour à la maison [...] ma mère se mettrait à me regarder en soupirant" (194), "elle sait toujours quand j'ai découché [...] elle me regarde d'un air mi-offensé, mi-timide" (172-173). La traite fantastique s'inscrit sur les traits du visage, comme les cernes d'un *débordement* que personne ne saurait lire sauf la mère.
Dans cet espace labyrinthique, la *liaison* érotique prend le caractère d'un rite de transgression et d'initiation : Josiane, la prêtresse de l'amour, est la réitération de la figure-mère des prostituées de l'adolescence, la péripatéticienne qui transporte le courtier au septième ciel, l'*omphalos* aux plis vaginés où le héros labyrinthique vient finir et recommencer. La prostituée renvoie aussi à l'allégorie de la marchandise, de la *traite* du corps défiguré et réifié. Laurent, l'étrangleur des prostituées qui hante les galeries, redouble le motif du labyrinthe ; le monstre de la galerie Vivenne et son étreinte fatale sont à la fois générateur de la "terreur" labyrinthique et de la circularité étouffante du récit.

---

1   CORTÁZAR J., "La nuit au ciel" in *Les armes secrètes*, p. 25.

Dans "Le passage Pommeraye", la nouvelle fantastique de André Pieyre de Mandiargues[1], on retrouve les "paysages abyssaux" de "L'autre ciel" et surtout un monstre annoncé dès l'épigraphe de Breton et Soupault : "Dans certains passages fameux, on sait que des animaux sans nom dorment sans inquiétude". Ce qui est intéressant dans la mise en communication des passages de Cortázar et de celui de Mandiargues, c'est que dans ce dernier le monstre est une "sorcière brune", une femme à *mètis* : "Je voyais devant moi la chevelure se gonfler d'air marin [...] comme le jet d'encre de la seiche à l'intérieur duquel celle-ci se cache" (110). Et la poursuite qui s'engage — "cette chose dont je ne savais plus si j'étais le traqueur ou le gibier" ("Le passage Pommeraye", 113) — montre comment l'homme enlabyrinthé court à sa perte : la femme maléfique est l'*appât* qui rabat le gibier dans les filets d'un monstre, d'un saurien femelle qui va métamorphoser le héros en homme-caïman.

La *sèpia* est, on le sait, le modèle de l'animal à *métis* : M. Détienne et J.-P. Vernant remarquent que

> "de la tête de la seiche, en guise de cheveux s'élèvent de longs appendices tentaculaires dont elle se sert [...] comme des lignes pour appâter et enchaîner les poissons ...(Les seiches) portent en elles un liquide noir, le *tholos*, de cette façon, à travers l'*aporía* qu'elles ont créée, les seiches trouvent leur propre *póros*"[2].

Noeud étouffant de l'étrangleur, tresse de la guirlande de plâtre, "sourire de femme araignée" ; "L'autre ciel" développe tous les pièges lieurs de la *mètis* dans un espace américain d'altérité, un espace *poikílon*, varié et variable, qui déploie les tentacules de ses couloirs et plie l'homme enlabyrinthé à ses caprices. Les passages cortázariens multiplient les tours pour nous plonger, comme la seiche de Mandiargues, non plus dans l'inouï mais dans l'invisible, dans le *tholos*.

Dans le récit de Cortázar la Bourse — principe de confusion du revenu et du revenant — reste la seule chose stable, et l'on retrouve parfois, malgré le décor portègne, l'ambiance new-yorkaise de la nouvelle fantastique de James "Le coin plaisant" : les "maudites valeurs rentables" (*op., cit.*, 103), "le centre des affaires" (*ibid.*, 181) sont à deux pas du "coin plaisant" où Spencer — passé de l'Europe à l'Amérique — tente de *changer* son identité, de connaître sa valeur. La Bourse, dans les deux récits fantastiques américains, est le principe actif de la valeur mobilière des choses et du sens, et à ce titre elle est une véritable plaque tournante ; la *place* où se négocie la traite fantastique et les identités fluctuantes :

> "J'aimerais oublier mes occupations (*je* suis courtier en Bourse) et avec un peu de chance retrouver Josiane" ("L'autre ciel",169). "Cette galerie Vivienne à un pas de l'ignominie diurne de la rue Réaumur et de la Bourse (*je* travaille à la Bourse)" (*Ibid.*, 171).

La Bourse est autant ce qui pousse le narrateur à s'évader de sa condition, que ce qui met en péril l'infra-monde protecteur des galeries ; les bruits de la Bourse — particulièrement dans le récit cortázarien — sont le mode d'inscription privilégié du politique — "l'obligation quotidienne d'acheter et de vendre des actions et d'écouter les sabots des chevaux de la police chargeant le peuple ..." (196) —, et à

---

1   PIEYRE DE MANDIARGUES, A., "Le Passage Pommeraye" in *Le Musée noir*, Gallimard, 1946, pp. 89-118.

2   DÉTIENNE, M. et VENANT, J.-P., *op. cit.*, p. 163 et p. 165.

ce titre la "grande terreur" protéiforme — "la politique, les prussiens, Laurent" (180) — renvoie implicitement au mécanisme économique changeant le Paris de Balzac contre le Paris de Haussmann. Les galeries parisiennes sont menacées par l'*urbanisme régulateur* du préfet Haussmann qui en s'appuyant sur les grandes banques d'affaires, adapte la ville étroite et tortueuse aux exigences de la nouvelle société capitaliste. "Les comptes fantastiques d'Haussmann" s'engouffrent dans le percement des grands boulevards qui privilégient la ligne droite et le panorama, et dans le dégagement de places qui deviennent les échangeurs de la circulation moderne. Les Passages, sites curvilignes et opaques, sont les vestiges historiques de l'architecture marchande et répètent le motif de la *traite* ; les Passages fondent dans le récit, un hors-champ de l'Histoire, un espace ambigu et ambivalent — rue et galerie ; édifice et voie de transit ; lieu utilitaire et lieu scénique.

La Bourse est aussi la place où se négocie un marchandage historique, et le récit fantastique cortázarien contrairement au "Coin plaisant", réfère délibérément à la peur de l'Histoire, à l'agression du social : la fin de la dictature argentine favorable à l'Allemagne hitlérienne — "chaque jour apportait une nouvelle défaite nazie et une féroce, inutile réaction de la dictature" (199) — la chute du Second Empire défait par la Prusse bismarkienne — "les maladresses de Badinguet" (182) et "l'insolence des Prussiens" (198). Deux régimes *transitoires,* deux peuples révoltés, deux guerres, deux Allemagnes, se superposent par la trans-position historique du récit fantastique.

La Bourse est le mécanisme économique, en partie occulte, qui relie par delà les frontières et les continents des causes et des effets ; la Bourse c'est la mesure des événements, le serpent monétaire qui relie la *place* de Buenos Aires à la *place* de Paris, les affaires de Buenos Aires se traitant à Paris et vice versa :

> "Il gelait dehors et les menaces de la guerre exigeaient ma présence à la Bourse dès neuf heures du matin (…). La bombe tomba sur Hiroshima et il y eut une grande confusion parmi les clients …" (199).

La Bourse relie le cours des événements, la guerre franco-prussienne et la fin de la deuxième guerre mondiale, le séisme fantastique et le cratère atomique. Ce mélange historique était déjà crucial au début de la littérature fantastique nord-américaine avec "Rip Van Winkle" de Washington Irving (1819) et "Peter Rugg le disparu" de William Austin (1824)[1] en cela, le récit cortázarien est plus proche des premières fictions fantastiques étatsuniennes que ne l'est le "Coin plaisant" de James.

La traite fantastique permet une fois encore de destituer tout point de vue stable, et de procéder au déchaînement du processus historique ; le récit parle de l'un pour l'autre, prend l'un pour l'autre, et désigne par ce chassé-croisé des coupures et des recoupements qui échappent à la chronologie historique. Le héros, alors qu'il écrit le récit ne peut plus se partager entre Buenos Aires et Paris ("plusieurs fois je me suis demandé pourquoi, puisque la grande terreur avait pris fin, je ne trouvais jamais le moment de rejoindre […] notre ciel de plâtre", 199) ; et ce, non pas à cause du lien conjugal enfin contracté avec Irma, mais, suggère-t-il, parce que là-bas la "grande terreur" n'a pas pris fin, parce que désormais la voie est coupée, les

---

1   TERRAMORSI B., "Le rêve américain. Note sur le fantastique et la renaissance aux Etats-Unis" *Europe* (707), mars 1988, pp. 12-26 ; et "Peter Rugg, the Missing Man" de W. Austin : pouvoirs surnaturels et pouvoir politique, naissance de la surpuissance américaine" in *La rencontre des imaginaires* J.-J. Wunenburger (éd.), L'Harmattan, coll. "Recherches et Documents Amérique Latine", 1993, pp. 219-232.

rues sont barricadées, et le peuple de Paris comme celui de Buenos Aires, lutte contre sa propre armée.

La traite fantastique serait ainsi arrêtée par les barricades de la Commune : scène historique non pas niée ou occultée par le récit, mais signifiée par un passage à vide, par le biais de la police argentine "chargeant contre le peuple" (196) "contre les étudiants et les femmes" (194) ; par le biais d'un impossible de la représentation : "la guirlande était finie de tresser" (200).

Pour le héros fantastique cortázarien, on l'a dit, il n'y a pas dans les années 1950-1960, d'espoir historique ; et même si l'engagement politique de Cortázar est postérieur à la révolution cubaine, on peut lire déjà ici un rapprochement significatif de la terreur surnaturelle et de la terreur politique, la confusion effrayante de la Surnature et de l'Histoire.

Le récit s'achève sur les élections argentines de 1946, sur la confiscation de tous les possibles, sur le règne de l'indécidabilité :

> "Je me demande [...] si je voterai pour Perón ou Tamborini, si je mettrai un bulletin ou si tout simplement je resterai chez moi à boire mon maté et à regarder Irma et les plantes vertes" (200).

Il y a des élections dans les deux premiers récits fantastiques étatsuniens, "Rip Van Winkle" et "Peter Rugg le disparu" ; l'événement est inenvisageable dans les nouvelles fantastiques de James : on constate que Cortázar, en poursuivant ici la tradition fantastique américaine, s'écarte de l'imaginaire fantastique jamesien.

La traite fantastique différée par un obstacle politique, c'est désormais l'*écriture* qui a toute latitude pour retracer le va-et-vient a-géographique. L'écriture du double narrateur-protagoniste est littéralement une écriture charnière qui nous fait "passer d'une chose à l'autre" (169), une phrase commençant de ce côté-ci pour continuer de l'autre côté, un "je(s)" hybride se trouvant de tous les côtés. Le fantastique cortázarien désigne dans et par l'écriture un *passage dérobé*. L'ouverture illusoire du récit comme espace, alimente une économie de la trace et fait encore vainement apparaître les lacis de l'intertextualité comme le possible fondement d'un point de vue totalisant.

Les citations du quatrième et du sixième *Chants de Maldoror* [1], qui servent d'épigraphe à chacune des deux parties du texte, sont ainsi un premier reflet d'écriture qui origine le récit dans un texte second et antérieur, dans une autre fiction transgressive, qui détermine une irréductible *maldisposition* du point de vue de la lecture. La filiation avec l'univers urbain cauchemardesque de Lautréamont est, par sa composition spiralée, idéologiquement signifiante : Cortázar ressemble à son double héros, qui ressemble au sud-américain qui ressemble à Lautréamont qui ressemble à ... Maldoror, celui qui hante le quartier de la Bourse, et va proclamant :

> "Ce qui me reste à faire, c'est de briser cette glace en éclats [...] quand par les inflexibles lois de l'optique, il m'arrive d'être placé devant la méconnaissance de ma propre image" (Chant 4e).

---

1   "Ces yeux ne t'appartiennent pas ... où les as-tu pris ? " (IV, 5) p. 167 ; "Où sont-ils passés les becs de gaz ? Que sont-elles devenues les vendeuses d'amour ? " (VI, 1), "L'autre ciel" (p. 184). A propos de Lautréamont nous renvoyons à RODRIGUEZ MONEGAL, E., "Le Fantôme de Lautréamont", *Revista Iberoamericana*, (84), jul.dic., 1973, pp. 641-656.

Et puis Lautréamont s'appelle en fait Isidore Ducasse, né durant le siège de Montévidéo et mort pendant ... le siège de la Commune dans ce même quartier Vivienne : le Spencer Brydon de James, rentrant d'Europe, se dédoublait en une brute américaine ("Le coin plaisant") ; le héros cortázarien, passe de l'Amérique à l'Europe, où Cortázar le portègne et Ducasse le montévidéen se rencontrent, figures jumelées, rioplatéennes de l'Exil et du Passage.

Si le héros de Cortázar se retient de parler au Sud-américain, ce serait à la fois parce qu'il est son double spéculaire, et que Lautréamont échappe à toute représentation. Si le héros de Cortázar soupçonne le Sud-américain d'être l'assassin, ce serait à la fois parce qu'il s'en sait lui-même capable et donc coupable, et parce qu'il connaît le sadisme de Maldoror, qu'il est pénétré du "soupir aigu de la prostitution uni avec les gémissements graves du Montévidéen" (Chant 6e) ; si la mort du Sud-américain détruit Laurent et le narrateur comme un seul homme, c'est bien que Ducasse-Lautréamont est la figure emblématique du dédoublement : Lautréamont / Laurent ... qui se ressemblent s'assemblent ; Lautréamont / L'autre monde ..., l'autre ciel. L'onomastique tressée désigne par ses jeux, rites et passages une écriture logographe qui initie le lecteur à un parcours problématique, à une lecture page à page du fantastique.

"La lointaine" ou la distante

"La lointaine" publié en 1951 dans *Bestiario*, est la bifurcation intertextuelle la plus proche. Alina Reyes, étouffée par "une mère furieuse" (94), prend ses distances avec les mots en jouant aux anagrammes et aux palindromes — "l'arôme moral" ; "Alina Reyes c'est la reine et... Merveilleux celui-là, parce qu'il ouvre un chemin, parce qu'il ne conclut pas" (89) — ; prend ses distances avec les autres — "je suis seule parmi ces gens absurdes" (91) — ; et prend ses distances avec elle-même :

"celle qui n'est pas reine de l'anagramme, qui peut être ce qu'on veut, mendiante à Budapest" (89) ; "c'était l'autre à qui il arrivait quelque chose, à moi si loin" (91).

Alina Reyes la lointaine, autrement dit la *distante*. L'héroïne fait l'expérience du déplacement répétitif entre le même et l'autre, pour enfin se *surpasser* : la fille de la grande bourgeoisie portègne se met dans la peau de la mendiante de Budapest, et se met à la place du lecteur : "Vous en connaissez beaucoup, vous, à qui il soit arrivé pareille aventure, voyager en Hongrie, en plein Odéon ?" (98). Ce qui pousse Alina Reyes à *faire un saut* jusqu'à Budapest, à négocier la mendiante contre la reine, c'est immédiatement le désir d'un tout autre : "moi la lointaine on ne m'aime pas" (91) ; "vingt-sept ans et pas d'homme" (99). La traite fantastique précède et double le voyage de noces, et désigne d'abord le parcours initiatique de l'union avec l'Autre.

Dans le couloir aérien Buenos Aires-Budapest, comme dans les Passages de "L'autre ciel" et les demeures occupées, le désir est une souffrance : "Reste

Budapest parce que c'est là-bas qu'on me frappe et qu'on m'outrage [...] je ne sais pas si je l'aime mais je me laisse battre" (93). Alina Reyes est la *maltraitée* dont le rêve de glace évoque un raidissement du plaisir — "je me suis dressée sur mon lit toute raide" (93) — et une contraction de douleur — "qu'elle souffre qu'elle gêle, moi ici, je me raidis aussi" (90). Significativement la rencontre *déchirante* d'Alina et de l'Autre, qui précède de deux mois la *rupture* du mariage, a lieu sur ce pont omniprésent : "elle atteignit le pont et le traversa jusqu'en son milieu, [...] au milieu du pont désert, une femme en haillons [...] attendait" (100-101). C'est alors la scène hallucinante et désormais récurrente chez Cortázar montrant deux femmes enlacées et vacillantes :

> "La femme se serra sur sa poitrine et toutes les deux s'étreignirent, raides et silencieuses [...] le fermoir du sac d'Alina cloué entre ses seins [...] elle la sentait toute entière abandonnée dans ses bras et une joie s'enflait en elle [...] très lasse subitement mais sûre de sa victoire sans qu'elle la célébrât, chose trop intime et trop attendue" (101).

Alina se tend de tout son être et prend son plaisir. Un plaisir qui la met *hors d'elle* : les deux femmes se séparent mais métamorphosées, Alina se mettant littéralement dans la peau de la mendiante. L'une *prend* l'autre et l'autre *se prend* pour elle. Les jeux anagrammiques et les palindromes sont en quelque sorte les *paroles gelées* que la débâcle magyare révèle comme des écarts de langage, des mots de passe pour les espaces d'altérité du fantastique : "quand on voyage par la pensée, on invente des noms [...] Dobrina stana Sbounaia tjeno [...] là-bas où un nom est une place" (95).

Le fantastique est encore constitutif de l'apparition d'un être-là de passage — sur le pont — que le langage tente en vain d'intégrer : les passages essayés par Alina quand elle joue avec les mots, ne parviennent que fugitivement à appréhender l'afflux de l'altérité et des éléments déchaînés (la tempête de neige).

Le fleuve et son écoulement — un temps bloqué par la glaciation —, montre depuis le pont une affluence et une confluence, et le conflit entre un régime laminaire et un régime turbulent. Alina est face aux éléments, et malgré le langage — son journal, l'Opéra et le chant —, elle sent que cette affluence de la matière l'évacue, la fissure, la disperse. "Votre âme est un paysage choisi ..." (92) dit le chant de Fauré : Alina est ailleurs, dans un pays, un *pagus*, une *page* qu'elle ne peut intégrer à aucun paysage, à aucun livre (le texte est un journal racontant page à page son dépaysement). La lointaine erre sans pouvoir remonter à la source du fleuve qui se fige comme un chemin de pierre blanche. Alina la *lointaine* est à l'écart : l'*anamnèse*, la remontée du fleuve à sa source (l'Opéra, Fauré, le chant, le journal) est impossible. L'être-là "aux cheveux raides [...] à l'expression fixe" (101) apparaît tandis "que le fleuve éclaté battait contre les piles" : lapidation-dilapidation, durcissement-écoulement, statue-vagabonde...

Avant son texte, avant ses mots, avant le chant et la parole (*carmen*) il y a les choses qui ont lieu : comme dans "Les ménades", la lointaine est écartelée par l'expérience élémentaire du paganisme et de la musique enthousiastique. Alina sent qu'avant les jeux de mots et le chant, avant *carmen*, il y a du non-su qui a lieu. Le choc de la rencontre, de la confluence sur le pont : "comme le chant du fleuve" (101), *carmen/amnis* ... le bruit de la débâcle. Au début était la chose (*res*) et non le langage (*carmen*). Qu'arrive-t-il à "la lointaine" ? Il lui arrive des choses, de loin en loin. Que se passe-t-il sur le pont : rien (*res*).

51

"Tous les feux le feu" : tous les récits le récit

Le texte[1] s'ouvre sur l'image du proconsul pétrifié par l'ovation plébéienne, dans un cirque de la Rome impériale où le couple proconsulaire se déchire par gladiateurs interposés. Au centre de l'enceinte circulaire, le duel de Marco avec le géant Nubien exprime inextricablement le combat rituel contre le monstre, la confluence du rêve et de la réalité, et la lutte contre l'*anankè* fantastique : "tout est chaîne, piège" (159). Il y a d'abord le thème récurrent du rêve qui rejoint la réalité, à moins que ce ne soit l'inverse, et qui reconduit les métaphores halieutiques jamesiennes :

> "Un poisson, des colonnes brisées ; rêve confus avec des trous d'oubli aux moments où il aurait pu le comprendre "(153) ; "sentir qu'on est l'image de son rêve face au filet qui danse devant les yeux" (189).

Ensuite, et là encore tout est lié, il y a l'arène comparée à "un énorme oeil couleur bronze où les râteaux et les palmes ont dessiné leurs chemins courbes"[2] (153). La réitération de la figure labyrinthique (par delà la circularité du rêve et les méandres du fleuve primordial) est ici amplifiée par une architecture circulaire et par "les mouvements giratoires" (157) et étouffants du rétiaire. Le filet du Nubien lie Marco à son rêve de poisson suffoqué et construit le récit comme un *échiquier* : surface de jeu quadrillée et serrée, et ret textuel. Détail immédiatement insaisissable, mais qui désormais devient mieux lisible : le Nubien est un géant, c'est-à-dire un *monstre* de près de deux mètres qui à la surprise générale entre dans l'arène par "le sombre passage des bêtes fauves" (154) ... : véritable piège vivant qui "rassemble sur son bras gauche les mailles de son filet [...] un fleuve d'écailles brillantes" (155-156), le fauve noir va harponner Marco et le prendre au filet. "Le filet tombe inutile sur le poisson qui suffoque" (164).

Dans *Les Rois,* le Thésée cortázarien a cette réplique où l'on retrouve la métaphore halieutique jamesienne :

> "Je me découvre soudain une dangereuse facilité à trouver les mots. Et, ce qui est pire, j'aime les entrelacer, voir ce qui arrive, jeter les filets"[3].

Le filet du rétiaire, la chaîne du destin, comme la partie d'échecs d'Alina Reyes — "Petit pion Luis-Maria à côté de sa reine. De sa reine et" (99) — désignent un jeu cruel entièrement réglé par l'intelligence à tentacules. Séduire, l'institutrice jamesienne du "Tour d'écrou" en est convaincue, c'est attirer l'homme dans ses filets : Détienne et Vernant nous rappellent que cet

> "invisible réseau de liens est une des armes préférées de la *mètis* [...]. Réseau sans issue, le filet saisit tout et ne se laisse saisir par rien"[4].

---

1   CORTÁZAR J., "Tous les feux le feu" in *Tous les feux le feu*, pp. 151-168.
2   FRONTISI-DUCROUX, F. note qu'une des significations du Labyrinthe serait "une arène de modèle solaire où un danseur à masque de taureau mime le mouvement du soleil", *op. cit.,*, p. 148.
3   CORTÁZAR J., *Les Rois*, Actes Sud, H. Nyssen, 1983, p. 26.
4   DETIENNE M. et VERNANT J.-P., *op. cit.*, p. 51.

Le filet est aussi insaisissable qu'Irène, la femme du proconsul : épiée par son mari qui a deviné ses sentiments pour le gladiateur, Irène, telle la *sepia*, se dissimule derrière son "masque parfait". Irène n'est que feinte, et pour elle "la seule chose à faire est de sourire, de se réfugier dans l'intelligence" (165). Comme les deux combattants, elle use de l'intelligence à *mètis* ; le duel est ici répété à l'infini : duel des gladiateurs, duel d'Irène et du proconsul, duel de Roland et de Jeanne ... Cette série d'affrontements sollicite la ruse et l'habileté à saisir l'occasion qui permet de *renverser* les situations les plus désespérées.

La scène des jeux du cirque, la première tresse narrative, va être coupée au détour d'une ligne par un coup de fil, une conversation téléphonique qui constitue un récit dans le récit. Cet autre récit, où il est question d'un couple parisien qui se défait par téléphone *interposé*, est lui-même brouillé par une autre conversation, "un crépitement de communications mêlées" (152), "quelqu'un qui dicte des chiffres" (156). Dès lors la spirale textuelle se constitue de *passages*, de pelotes de mots qui procèdent à un rapprochement aberrant, à l'enchevêtrement ligne à ligne du rêve de Marco, de son combat, des traits échangés par le couple romain et par le couple parisien.

Le rôle essentiel joué ici par la *ligne téléphonique* rapprochant des espaces-temps inouïs, apparaissait déjà dans une nouvelle inédite de Cortázar, "Délia, le téléphone sonne"[1]. Dans cette fiction, une femme, Délia, reçoit un appel téléphonique de son mari qui l'a abandonnée avec leur enfant depuis deux ans :

> "L'appartement était *une grande oreille vigilante,* et les sanglots de Délia montaient par *les spirales des choses,* s'arrêtaient hoquetant, avant de se perdre dans les *galeries intérieures* du silence" (je souligne).

Avant que la communication ne soit coupée, Sonny demande en vain d'une voix étrange, le pardon de sa femme. Quelques instants plus tard, Délia tourmentée par le remord, apprend que Sonny, à l'heure de son "appel", était mort depuis plusieurs heures. Le téléphone, là encore, relie des *distances monstres* et désigne un *au-delà* de la communication.

Dans "Tous les feux le feu" la fiction figure une spirale langagière qui relie "les galeries étroites" (167) du cirque à la ligne téléphonique : "L'insidieuse galerie noire où revient intermittente la voix lointaine qui répète les chiffres" (160). L'image répétée de la *fourmi* — "de très loin la fourmi dicte : huit cent quatre-vingt huit [...] la fourmi dicte des chiffres ronds ..." (162-163) — relie les deux niveaux du récit, et surtout fait communiquer "l'insidieuse galerie noire" avec les galeries hypogées de "Poisons" et de "Bestiaire". Ce montage cacophonique produit des monstres verbaux qu'Alina Reyes aurait affectionnés : "C'est amusant d'entendre ses mots mêlés aux chiffres, ne huit cent viens quatre vingt pas huit" (102). L'impossible à dire du fantastique passe par cette *cacographie*, ce processus d'imbrication et de multiplication des itinéraires langagiers. "Et soudain un silence plus sombre encore dans cette obscurité que le téléphone installe dans l'oeil de l'oreille" (152) ; l'image, qui suggère une *vision auriculaire*, associe ainsi "l'énorme oeil couleur de bronze" — le cirque —, et l'oreille pendue au téléphone, à Paris. La confusion des deux produit l'itération de la figure du labyrinthe ; le décalage spatio-temporel qui *dépasse l'entendement* — "l'oeil de l'oreille" est une

---

1 Cette nouvelle publiée le 22 octobre 1942 dans *El Despertar* (Chivilcoy, Argentine) a été reprise en 1979 dans *Clarín,* un journal proche du pouvoir militaire argentin, sans l'autorisation de l'auteur. J'ai traduit cette nouvelle en annexe de ma thèse *Rites, jeux et passages. Le fantastique dans les nouvelles de Julio Cortázar.* op. , cit., pp. 457-465.

nouvelle image de l'*inouï* —, s'origine encore dans l'*oto-suggestion*, dans la spirale auriculaire :

> "Vite avant qu'ils arrivent dans la galerie d'en-bas [...] ils ont déjà bloqué la galerie du bas" (Tous les feux ...", 167). "Je me jetai contre la porte avant qu'il ne fût trop tard [...]. Ils ont pris l'aile du fond" ("Maison occupée", 25-26).

Entre les galeries du cirque et l'appartement parisien, tous deux la proie des flammes, il y a la place, une fois encore, pour cette maison *unheimlich* vouée à la destruction ; et entre Irène, la femme soumise du proconsul, et Irène, la sœur "effacée" du narrateur de "Maison occupée", il y a une *distance monstre* que l'écriture entend couvrir. "Tous les feux le feu" : l'anacoluthe figure initialement la discontinuité de la trame textuelle. Le héros fantastique, cette fois-ci, reste cloué sur place (Marco est "cloué sur le sol comme un énorme insecte brillant" (164) et Roland est cloué au lit par la mort) : c'est donc encore l'*écriture* qui va engendrer la distance et la contiguïté.

Le texte est le méandre de deux récits, et la traite fantastique devient le trait d'écriture rapprochant le cirque antique du Paris du vingtième siècle : le lecteur *embrouillé*, est celui peut-être qui, en lisant, lie le piège à *mètis*, "le noeud qui paralyse Marco, la chaîne invisible qui part de bien plus loin sans qu'il sache où" (159). Comme le guerrier "motèque" de "La nuit face au ciel" pour qui "tout acte portait en soi un chiffre et une fin prévue d'avance" jusqu'à ce qu'"une corde l'attrape par derrière" ("La nuit ...", 20). Marco est la proie d'un piège textuel tressé dont la *mètis,* sentie mais impensable, le *lie* à son destin.

Tous les feux le feu : le jeu des miroirs verbaux provoque l'embrasement des deux récits, le cirque antique et la chambre parisienne. Tous les feux le feu, autrement dit tous les récits le récit.

"L'île à midi ": la venue de l'île

Le steward de la ligne aérienne Rome-Téhéran ne sait pas lui non plus garder ses distances[1]. Obsédé par une petite île de la mer Egée qu'il survole sans arrêt, Marini (l'onomastique appelle déjà la rencontre avec l'abysse : *mar)* observe que :

> "Voler trois fois par semaine au-dessus de Xiros, c'était aussi irréel que de rêver trois fois par semaine qu'il volait au-dessus de Xiros à midi. Tout était faussé par cette vision inutile, régulière" (122).

Cette fois encore, le rêve annonce un espace-temps sans endroit. Inutile de chercher Xiros sur une carte, pourtant "l'île avait une forme reconnaissable entre mille, comme une tortue qui sortirait à peine ses pattes de l'eau" (121). La tortue cosmophore est ici une nouvelle figure du lieu fantastique (l'isolat inabordable dans un espace sporadique) et des rites de passage qu'il détermine : Marini recherche des textes savants se rapportant à cette île égéenne inidentifiable qui est son *lieu de rêve*, et se perd dans des séances contemplatives. Ainsi apprend-il que

---

1   CORTÁZAR, J., "L'île à midi" in *Tous les feux le feu*, op. cit., pp. 120-130.

l'île possède "des traces d'une colonie lydienne ou peut-être crétoise" (123) : la Lydie, on le sait, est à la fois la patrie d'Arachné et d'Omphale ... et la Crète le lieu des exploits de Dédale et le site mythique du Labyrinthe.

Durant les séances contemplatives, la démarche consiste à progresser de haut en bas, à s'enfoncer dans l'île, et de là dans l'abysse ; le texte s'achèvera sur une mort par apnée, sur un cadavre échoué... Toucher l'île c'est toucher le fond. On reconnaît dans cet appel rituel du fond, l'extase océanique et la régression thalassale du "Tour d'écrou" et du "Lieu de rêve" de James : mais chez Cortázar l'abysse n'est pas seulement métaphorique.

Marini dit qu'il sent "le verre froid [du hublot] comme la vitre d'un aquarium où se déplaçait lentement la tortue dorée dans l'azur épais" (215). Une scène qui répète suggestivement la contemplation hypnotique des axolotls, dans un récit antérieur de Cortázar :

"Je collais mon visage à la vitre [...] pour mieux voir les tout petits points dorés [...] Les yeux d'or [des axolotls] continuaient [...] à me regarder du fond d'un abîme insondable qui me donnait le vertige"[1].

Le rapprochement de ces deux états hypnotiques, de deux errances intérieures où il est répétitivement question d'"abolir l'espace et le temps par une immobilité pleine d'indifférence" ("Axolotl", 30), permet de lire, à la suite des nouvelles de James, que le déplacement fantastique ouvre sur un *piège abyssal*.

"L'île l'envahissait et l'aspirait avec une telle intimité qu'il n'était pas capable de penser ou de choisir" ("L'île à midi", p. 127). "C'était eux qui me dévoraient des yeux, en un cannibalisme d'or" ("Axolotl", p. 33).

L'engloutissement par la tortue ou l'engloutissement par l'axolotl désignent encore la voracité abyssale, et de fait la tortue *(tartareus)* est la bête du Tartare ... La chute du récit qui coïncide avec la chute de l'avion, reprend cette image cryptée de l'engloutissement :

"La blessure géante à la gorge [...] comme une bouche répugnante qui appelait Marini [...] lui criait dans un flot de sang quelque chose qu'il n'était plus à même de comprendre" (130).

L'oralité abyssale, l'effusion sanguine, la plaie non suturable ..., suggèrent que le lieu à/de l'écart est encore, au milieu de la mer chaotique, un *trou* par où le sens s'évacue. Une variété locale, singulière, circonstanciellement reliée à un paysage (dé)composé de lieux, de *pagi,* de jardins ou d'îles. La chute du récit révèle que Marini ne touche l'île que comme cadavre : l'île — météore dressé sur l'espace aporétique —, devient la pierre tombale de celui qui est tombé du ciel.

Dans "Continuité des parcs" on repère un désastre similaire[2] : ici c'est l'écriture qui procède du *saut* et se change en une véritable bande de Moebius. Un homme est en train de lire un roman dans une vaste demeure qui apparaît comme une nouvelle mise en abîme du labyrinthe domestique. Il entre *littéralement* dans le texte — "l'illusion romanesque le prit presque aussitôt" (85) —, et *in fine,* nous

1   CORTÁZAR, J., "Axolotl" in *Les armes secrètes,* p. 31.
2   CORTÁZAR ,J., "Continuité des parcs" in *Les armes secrètes,* pp. 85-87.

comprenons que dans l'aventure qu'il lit — celle de ce couple adultère voulant tuer le mari de trop —, il est ce tiers, ce *trop*, qui doit être éliminé. Le personnage-lecteur est ainsi tué sur son fauteuil de lecture par le héros de son roman : les deux récits se combinent pour produire la nouvelle signée par Julio Cortázar. C'est ce que souligne Georges Martin dans une analyse minutieuse de "Continuité des parcs" qui pourrait par bien des points s'appliquer à "L'île à midi" et à "La nuit face au ciel" :

> "Le "vrai" réel du premier récit et la "vraie" fiction du second sont dénoncés tous deux comme un même artifice par le recul, qu'en s'opacifiant, l'*écriture* prend soudain sur le *drame*. C'est donc par un dispositif strictement scriptural, poétique [...] que le message idéologique s'énonce. Message qui ne se borne donc pas à la critique d'un genre, mais qui porte surtout l'invitation à un retour critique sur l'écriture en ce qu'elle enferme [...] tout le réel textuel"[1].

Le silence se fait Hermès passe, disaient les Grecs : ce silence, ce *trou* au sein du discours, désigne un *jeu* dans l'articulation du mot et de la chose. Hermès est celui qui sillonne les chemins et dépasse les bornes en semblant fixer les frontières ; il conduit le troupeau volé d'Apollon hors des sentiers battus et ouvre ainsi des voies impraticables. Présidant à l'échange et au contrat, il engage à des *traites exorbitantes*.

Il est le brouilleur de signes : Hermès *Strophaîos*, Hermès des gonds, est la figure emblématique du passage et de la *mètis* ; il fait pivoter la porte sur ses gonds et l'homme sur lui-même, présidant ainsi à des renversements déroutants. Les Silènes, les fins limiers lancés sur ses traces par Apollon, vont être déroutés par sa *mètis* : Hermès a renversé les signes, les *semanta*, en faisant marcher les vaches à reculons ; et liant des branches de myrte à ses sandales pour effacer ses pas, il use d'un piège tressé. Les Silènes sont désorientés par ce labyrinthe qui les conduit dans une aporie.

Hermès *strophaîos* se double d'Hermès *strophios* : le héros du déplacement des bornes et des signes est celui qui crée de l'illusion à partir du mouvement et de l'élasticité de ses membres ; celui qui mime et, ce faisant, brouille les identités. Hermès "le sophiste qui tisse et tord les mots" (*Gorgias*, 511 a) et qui par delà une technique trompeuse, désigne les ambiguïtés de la communication : le *strophis*, en renversant les signes, brouille la frontière entre le réel et l'irréel, la vérité et son contraire, et nous mène aux confins de l'écriture suivant un itinéraire tourbillonnaire. "Le sophiste aux cent têtes" (*Sophiste*, 240 c) est un véritable poulpe du langage — un caméléon dirait Cortázar, en l'opposant au "coléoptère carapaçonné ; une bête tigrée dirait James — ; le sophiste est ondoyant et divers et cet aspect *pantoios* le rend aussi insaisissable qu'Hermès. La sophistique est un art de la persuasion qui détourne la *peithô* pour en faire un leurre : "l'art fantasmagorique" du sophiste, du "faiseur d'images" (*Sophiste*, 240a-240c) est la mimétique : une imitation rusée qui enroule le vrai et le faux, *aléthès* et *pseudès*, et fait triompher par un *retournement*, le plus faible sur le plus fort.

Cortázar suggère que l'écriture fantastique fait sortir la porte de ses gonds, brouille les signes et renverse les situations, plonge dans l'aporie mais excède toutefois le cadre d'une rhétorique persuasive qui logifie l'ambigu. Les circonvolutions que l'écriture fantastique trace autour du sujet, trouvent leur expression métaphorique

---

1   MARTIN, G., "Continuité des Sphinx", étude sur "Continuidad de los parques", *Imprévue* (1/2), 1978, p. 39.

dans les architectures labyrinthiques (maison, métro, formicaire, passage ...) et dans les caracoles des héros.

Cette première approche du corpus cortázarien confirme que le fantastique s'origine dans une pratique langagière ambiguë qui emprunte beaucoup aux discours tressés et tortueux des Grecs : tour à tour elle fabrique le *tholos* et le dissipe, elle développe à la fois l'art du gibier et l'art du limier : une cynégétique.

Si la rhétorique du fantastique est une "rhétorique de l'indicible" selon J. Bellemin Noël, et une rhétorique de la dénégation, on constate que la dénégation est elle-même habitée par le fantastique qu'elle dénie. C'est entre l'affirmation de l'irréalité et la dénégation de l'irréalité que les récits fantastiques de Cortázar se *jouent*, et qu'ils se jouent eux-mêmes comme creux, comme *irreprésentable*. Ces récits pris entre une rhétorique littéraire du fantastique et le fantastique même de leur rhétorique, parlent de l'impossible à dire et font acte d'impossible à dire : l'écriture fantastique figure le labyrinthe, l'aporie dont elle parle. La figure du labyrinthe est la promesse d'un sens différé indéfiniment et coupé de toute origination fiable, un sens annoncé mais jamais énoncé.

La lecture de la *traite fantastique* comme un *retour en force des choses,* nous permet de rapprocher le parcours du héros cortázarien de celui de Freud, dans l'anecdote bien connue où il se met en scène pour exposer le concept de l'Inquiétante Etrangeté (*Das Unheimliche*) :

> "Un jour où [...] je parcourais les rues vides et inconnues d'une petite ville italienne, je tombai dans un quartier sur le caractère duquel je ne pus longtemps rester en doute. Aux fenêtres des petites maisons on ne voyait que des femmes fardées et je m'empressai de quitter l'étroite rue au plus proche tournant. Mais après avoir erré quelque temps sans guide, je me retrouvai soudain dans la même rue [...] et la hâte de mon éloignement n'eut d'autre résultat que de m'y faire revenir une troisième fois par un nouveau détour. Je ressentis alors un sentiment que je ne puis qualifier que d'étrangement inquiétant ..."[1].

L'Etrange qui assaille Freud dans le labyrinthe italien, montre assez — J. Bellemin Noël l'a souligné —, que :

> "l'étrangement inquiétant, c'est le retour du refoulé : en tant que retour (réitération, répétition) en tant que refoulé (irreprésentable, imprésentable)"[2].

La *traite fantastique* chez Cortázar, détermine un déplacement qui réduit les distances mais multiplie les itinéraires : parce qu'il mène non pas nulle part mais successivement à quelque chose, il ne mène à rien ... On remarquera que le héros-voyageur n'est pas excentrique pour ce qu'il dit, mais pour le lieu *à partir d'où* il le dit : l'*in extremis,* la zone de turbulence. Or Michel Serres nous en avertit dans le *Passage du Nord-Ouest* : "La turbulence est une spirale". Et la spirale pour Cortázar évoque on le sait l'escargot, le *caracol* : le déplacement du héros cortázarien — toujours difficilement négociable, et que l'on a appelé la traite fantastique — s'origine et origine dans cette spirale, dans ce parcours en *caracol*. Le héros fantastique ne connaît que les voies brisées et les détours, son itinéraire entre des points homothétiques est lacunaire, fractal. Pris dans la turbulence, il va à *tort et à travers,* de droite et de gauche : je dirai littéralement, que le héros

---

1   FREUD, S., "L'Inquiétante étrangeté" in *Essais de psychanalyse appliquée,* op. cit. p. 189.
2   BELLEMIN-NOEL, J., "Notes sur le Fantastique" in *Littérature* (8), 1972, p. 4.

fantastique cortázarien *caracole*. Il ressemble ainsi au nouveau Zénon décrit par Michel Serres :

> "Zénon ne voyage pas d'un point, le départ, vers un autre, son arrivée, il ne passe pas à travers l'espace. S'il se déplaçait, au sens ordinaire, dans un sens, par exemple, nous pourrions le suivre à la trace, sur une carte [...]. Il faudrait ici, pour le suivre, changer continûment de carte, changer continûment d'échelle [...] La difficulté, ici, c'est tout bonnement la représentation. [...] Le voyage, ici [...] descend les degrés de l'échelle. Il entasse les cartes les unes sur les autres en un espace feuilleté. Il cherche la limite du représentable, il cherche le réel dans les anfractuosités du fragment [...] il fore un puits dans l'épaisseur des représentations [...] et il descend infiniment dans le local"[1].

L'exploration des labyrinthes cortázariens conduit à une expérience païenne de l'espace. Le pluralisme irréductible des lieux et des parcours, la dilapidation de l'espace en un chaos de variétés locales inabordables, l'importance des *extrema* (île, passage, pont ...), la place centrale du rite et des sensations comme conducteurs d'une violence primordiale sacrificielle, confirment qu'*il n'y a pas d'univers fantastique mais des lieux fantastiques.*
Les récits de Cortázar ne sont pas réductibles à un espace domestique comme c'est le cas chez James ; plus proche du fantastique nord-américain des origines ("Rip Van Winkle", "Peter Rugg le disparu"...) ces récits nous font passer, *pagus* par *pagus,* lieu de rêve par lieu de rêve, dans un paysage en manteau d'Arlequin (l'échiquier d'Alina, les galeries, les filets...) qui ne connaît que des localités, des trous ... Le parcours du héros fantastique est littéralement exodique (*exo*, dehors ; *hodos*, chemin) : il pénètre hors de sentiers battus, dans des lieux à l'écart et de l'écart, il privilégie le jardin plutôt que le paysage, le local plutôt que le global, la *page* plutôt que le genre. Le fantastique surgit en tournant le coin de la rue comme en tournant la page, singulièrement et inidentifiablement là ; il échappe au système (l'univers ou le genre fantastique) : il n'y a pas d'univers fantastique cortázarien, mais des pages et des pages, et des passages fugitifs, entre ces pages.

> "Hermès, souvent, sur son chemin, bifurque. Et se détache [...] Hermès trouve peu à peu sa langue et ses messages, bruits et musique [...]. Il se jette à côté, aux lieux, ici, où les sens bruissent et troublent [...]. Il aime et connaît l'endroit où le lieu s'écarte du lieu pour aller à l'univers, où celui-ci s'écarte de la loi pour s'invaginer en singularité : circonstance"[2].

Les rites, jeux et passages de Cortázar érigent à leurs carrefours la statue d'Hermès, le dieu de circonstance. La littérature fantastique cortázarienne apparaît comme une littérature de la circonstance : les choses arrivent, élémentairement, elles affluent, confluent, bifurquent, déjà là ; les choses *stationnent autour* — *circonstances* —, stases, statues, glissant sur leur erre. Le fantastique fait du *cours des choses* un dis-cours : ce qui court ici et là, divers, polymorphe, insaisissable, c'est le discours des choses produisant des parcours.
L'espace est mouvant, brisé et insondable comme l'abysse marin ; la métaphore obsessionnelle de l'abysse marin chez James trouve des échos remarquables dans les récits cortázariens sondés jusque là. Les espaces fantastiques — jamesiens et

1   SERRES, M., *Le passage du Nord-Ouest,* Paris, Minuit, 1980, p. 96.
2   SERRES, M., *Les cinq sens,* Paris, op. cit. p. 315.

cortázariens — sont une métaphore de la mer, l'espace aporétique par excellence. L'état des choses fluctue, c'est de la circonstance (île, pont, coin de rue, passage) ; le fantastique c'est la circonstance (malheureuse) qui a lieu.

Reste en l'état un réseau enchevêtré de bords, de trous, d'écarts, qu'il faut rapprocher, relier, plutôt qu'analyser, délier. On a rapproché l'intelligence sophistiquée de l'écriture fantastique de la *mètis* des Grecs : similairement le fantastique nous confronte à des passages impratiquables — littéralement, des apories —, à des noeuds qui n'ont pas leur dénouement ; il laisse entendre que les choses ne sont pas déposées là sous le voile attendant d'être dévoilées ; le fantastique nous engage à ne pas délier, à ne pas dévoiler, à ne pas décomposer, mais au contraire à surfiler, à relier et à nouer, à rapprocher circonstantiellement le local du global.

TITRE	ESPACE	PERSONNAGE PRINCIPAL	NOUEMENT FANTASTIQUE <------- ------>	DENOUEMENT
L'autre ciel	passage Güemes (Buenos Aires) Galerie Vivienne (Paris)	héros-narrateur courtier à la Bourse de Buenos Aires / héros-narrateur courtier à la Bourse de Paris	communication des deux espaces-temps	aller-retour impossible immobilisme
La lointaine	Buenos Aires/ Budapest	Alina Reyes / la mendiante	communication des deux espaces-temps	interversion des identités puis désidentification
Tous les feux le feu	cirque romain / appartement parisien	Marco gladiateur/ Roland Renoir	communication des deux espaces-temps	embrasement du cirque /embrasement de l'appartement parisien
L'île à midi	cabine d'avion/île égéenne (Xiros)	Marini, steward	communication des deux espaces-temps	interversion du rêve et de la réalité puis mixte des points de vue
La nuit face au ciel	ville moderne / temple aztèque	motard accidenté / guerrier motèque sacrifié	communication des deux espaces-temps	interversion du rêve et de la réalité puis mixte des points de vue
Continuité des parcs	grande maison de campagne	le maître demaison - lecteur/le héros du roman	communication des deux espaces-temps	interversion de la réalité et de la fiction puis mixte des points de vue

Les distances monstres

Lecture païenne des récits fantastiques, récits hors analyse. "Global, local : Dieu unique, idoles" formule M. Serres[1]. L'atomisation de l'espage en *pagi* et du genre en pages, l'opposition du jardin différentiel à l'univers systématique, annonce dans *Rites, jeux et passages,* un retour du paganisme. Les lieux fantastiques de Cortázar bruissent d'idoles, de rites et de jeux sacrificiels, de croyances multiples et incompatibles entre elles ; le savoir et la vue y sont destitués au profit des sensations.

Je voudrais explorer maintenant plus avant ce transport des sens qui réactualise fortement la pensée mythico-rituelle. Les labyrinthes cortázariens conduisent au manque de discernement : *dis-cernere* c'est séparer par les sens, faire la part des

---

1   SERRES, M., *Statues,* Paris, F. Bourin, 1987, p. 342.

choses au moyen des sens. Le fantastique empêche le discernement commé il empêche l'analyse, le fantastique c'est l'affluence de l'Informe. Dans le fantastique des choses ont lieu sans qu'on les discerne : liées mais sans relations, indistinctes, élémentairement turbulentes. L'apparition massive, colossale de la Chose indiscernable mais là (bruit, bête, être), fait *sentir* l'impensable. Le fantastique est une littérature païenne : *sensationnelle*.

SECOND PASSAGE

FANTASTIQUE ET MYTHOLOGIE DANS LES NOUVELLES DE JULIO CORTÁZAR

"La peur blême me saisissait : la vénérable Perséphone n'allait-elle pas m'envoyer de chez l'Hadès la tête de Gorgo, le terrible monstre ?"

L'Odyssée, XI, 634.

Je poserai comme première hypothèse que l'*organisation originale du désordre*, pour reprendre une formule de Umberto Eco, constituerait les Rites, Jeux et Passages, le discours du fantastique cortázarien comme *mythe*. Le mythe, on le sait, est à la fois la forme des questions que l'homme pose à l'univers et la forme que l'univers donne à ses réponses :

> "L'homme demande à l'univers et à ses phénomènes de se faire connaître de lui ; il reçoit une *réponse*, il en reçoit un *repons*, une parole qui vient à sa rencontre. L'univers et ses phénomènes se font connaître. Quand l'univers se crée ainsi à l'homme par *question* et par réponse, une forme prend place, que nous appellerons le *mythe*. (…) Le mythe est le lieu où l'objet se crée à partir d'une question et de sa réponse"[1].

Claude Levi-Strauss a bien montré que la mythologie est essentiellement une *mytho-logique* : les récits fantastiques cortázariens régis par des lois d'opposition et de combinaison pourraient-ils désigner une isotopie mythique, un ensemble de versions et de variantes du même mythe ? Cette sémantique profonde formerait un système de significations renvoyant aux *structures anthropologiques de l'imaginaire* — Rites/Jeux/Passage —, et à ce que Barthes appelle "un réseau organisé d'obsessions", une *entropo-logique* pour reprendre la formule de G. Balandier dans *Le désordre*[2].

Je voudrais montrer que le paganisme et la symbolique mythique se fondent ici d'une part sur la relation du ludique et du sacré, sur la référence aux mythologies grecques et précortésiennes ("Circé", "Les ménades", "L'idole des Cyclades", "Axolotl" …), et d'autre part, sur leurs implications psychologiques : les fantasmes névrotiques et leur processus de condensation, de déplacement, de figuration symbolique des objets de la libido. Cortázar, dans *Quelques aspects du conte*, explique que pour lui un "bon" conte est celui qui a su préserver cette relation séminale entre l'*impensé* et l'*archaïque* :

---

1   JOLLES, A., "Le mythe" in *Formes simples*, Seuil, 1972, p. 81 et p. 84 (souligné par l'auteur). Sur la notion de *mythe littéraire*, voir SELLIER P., "Qu'est-ce qu'un mythe littéraire ?", *Littérature* n° 55, oct. 1984, pp. 112-126.
2   BALANDIER, G. *Le désordre*, Fayard, 1988, p. 51 et passim.

"Homère dut écarter une multitude d'épisodes guerriers et merveilleux pour ne conserver que ceux qui sont parvenus jusqu'à nous grâce à leur énorme puissance mythique, à leur résonnance d'archétypes mentaux, d'hormones psychiques, comme Ortega y Gasset appelait les mythes"[1].

"Le Fantastique est structuré comme le fantasme" affirme autrement Bellemin-Noël[2] : le mythe en tant qu'univers symbolique structural et le fantasme en tant que représentation et "solution" des énigmes ontologiques peuvent-ils figurer deux ordres symboliques élaborant, dans la fantastique cortázarienne, *une problématique de l'originaire* ? Jean Laplanche et J.-B. Pontalis, dans un autre contexte, cernent bien cette articulation :

"Dans leur contenu même, dans leur *thème* [...], les fantasmes originaires indiquent aussi cette postulation rétroactive : *ils se rapportent aux origines.* Comme les mythes, ils prétendent apporter une représentation et une "solution" à ce qui [...] s'offre comme énigmes majeures : ils dramatisent comme moments d'émergence, comme origine d'une histoire, ce qui apparaît au sujet comme une réalité d'une nature telle qu'elle exige une explication, une "théorie" [...]. Convergence du thème, de la structure et sans doute de la fiction [...] : dans la recherche modulée des commencements, se donne sur la scène du fantasme ce qui "origine" le sujet lui-même"[3].

Je souhaiterais cerner le discours mythique du fantastique dans les nouvelles de Cortázar : cette *fantasmatique* qui structurerait la *fantastique* cortázarienne, qui "expliquerait" le réseau d'images et de thèmes obsédants, pourrait être lue comme le travail inconscient de l'écriture : quelles en seraient alors les conséquences pour le fantastique ? En définitive, l'origination du fantastique dans l'écriture serait-elle intégrée dans la structure même du *fantasme originaire* et des apories de l'Archaïque ? Le refoulement originaire (inscription d'une réalité pré-historique, sollicitation d'un commencement résistant à toute métaphore) ne risque-t-il pas de constituer un système de significations résolutif qui soit évacuerait la "fantasticité" des récits soit en réduirait la spécificité ?
Il est vrai que cette tentative de combler les lacunes de la fiction au moyen d'une vérité pré-historique (mythologie grecque et précortésienne/mythologie cortázarienne) s'appuie à la fois sur un effet de sens de la fantastique cortázarienne et sur des gloses de l'auteur lui-même. En effet nous l'avons remarqué déjà, Cortázar a toujours insisté sur la dimension fantasmatique de ses récits fantastiques, et en 1982 dans ses entretiens avec Omar Prego, il revient sur cette idée :

"Je crois avoir dit que les contes de *Bestiario* [...] furent [...] je m'en rendis compte après, des autothérapies de types psychanalytiques. J'ai écrit ces contes en éprouvant des symptômes névrotiques qui me troublaient mais qui ne m'avaient jamais obligé à consulter un psychanalyste [...]. Et je me rendais compte qu'il s'agissait de symptômes névrotiques pour la simple raison que durant mes longues heures de loisir, quand j'étais professeur à Chivilcoy, j'ai lu les œuvres complètes

1   CORTÁZAR, J., "Quelques aspects du conte", [Algunos aspectos del cuento], *Casa de Las Américas*, n° 15-16, 1962-63.
2   BELLEMIN-NOEL J., "Notes sur le Fantastique", *Littérature* (8), 1972, p. 3.
3   LAPLANCHE J., PONTALIS, J.-B., *Fantasme originaire, fantasmes des origines, origines du fantasme*, Paris, Hachette, 1985, pp. 51-52 (souligné par l'auteur).

de Freud [...]. Je fus fasciné. Alors, j'ai commencé très simplement, à analyser mes rêves [...], j'ai commencé à écrire des contes qui me semblaient publiables, c'étaient ceux de *Bestiario* "[1].

De même que l'itération des thèmes mythologiques ne saurait réduire le fantastique cortázarien à une mythographie, cette cure par l'écriture ne saurait faire de l'écriture fantastique une simple *pathographie*. Si le texte fantastique, comme la Folie, ne parle et n'est parlant qu'à partir de ce qui l'empêche de parler ; si le• fantastique est ce dont on parle sans jamais pouvoir le dire, c'est peut-être parce que dans le récit fantastique cortázarien il y aurait moins un discours *de* la Folie qu'un discours *sur* la Folie, constitutif de tout un projet d'écriture. Aussi faudra-t-il s'interroger sur les rapports entre le processus de *méconnaissance* et de *dénégation* du fantastique et celui, parfois similaire, de la Folie.

Les deux chapitres qui suivent — mythologie et fantastique/fantasmatique et fantastique —, pourraient bien s'articuler autour de la notion de *mania*, cette folie ritualisée où les Grecs voyaient à la fois l'origine de l'inspiration poétique, de la mantique et des conduites psychopathologiques. La *mania* permet d'appréhender, diversement, la figure mythique centrale des *Rites, Jeux et Passages*, l'apparition polymorphe mais itérative de la tête de Méduse ; car Xénophon nous en avertit au début du *Banquet* :

> "Tous ceux qui sont possédés des dieux donnent un spectacle remarquable : ils manifestent les traits et le regard monstrueux de la Gorgone".

"Circé", "Les Ménades", "L'idole des Cyclades" ... : les titres des nouvelles désignent un texte et un code de lecture (une mythanalyse) ; cette double fonction, métonymique et idéologique, relie le titre à son texte mais également aux autres titres. Dans la fantastique cortázarienne cet intertexte des titres veut suggérer une structure relationnelle très référentielle.

Ces références liminaires aux mythes grecs, particulièrement aux rites sacrificiels — les mystères de Circé, le ménadisme, le sacrifice égéen —, forment une combinaison de textes à laquelle on reliera deux autres nouvelles dont je n'ai fait jusqu'alors qu'esquisser la lecture : "La nuit face au ciel" — évocation du sacrifice héliaque des Aztèques —, et "Axolotl" — le récit d'une transmutation fantastique amplifiée par la référence à Xolotl, le dieu aztèque protéiforme.

Excepté "Circé" qui fut publié dans *Bestiario*, cette constellation de récits provient à l'origine de *Final del juego*, le second recueil de nouvelles publié par Cortázar en 1956. Dans l'édition complète de ses nouvelles, *Los Relatos*, Cortázar a placé ces récits dans le volume premier, "Rites", à l'exception toutefois d'"'Axolotl" inclus dans "Passages". Une fois encore, en consultant la bibliographie cortázarienne placée en fin de cette étude, on reste perplexe devant l'agencement des nouvelles dans l'édition française qui réunit "La nuit face au ciel", "Axolotl" et "Circé" dans *Les armes secrètes*, et "Les Ménades" et "L'idole des Cyclades" dans *Gîtes*.

Le mythe, dit Mircea Eliade, possède essentiellement une double fonction : lié au rite il est un récit aitiologique qui réactive la liaison du temps historique au temps primordial et à la narration paradigmatique des origines : c'est là sa fonction d'*instauration* d'une vérité étymologique. Lié à la structuration de l'appareil psychique, à la construction de la *représentation* pour l'individu, il *met en scène* une prolifération de formes surnaturelles dont il assure la cohésion fantasmatique,

---

1   PREGO O., *La fascinación de las palabras*, op. cit., p. 182. (Je traduis)

et apparaît comme "l'histoire des actes des Etres Surnaturels"[1]. Le mythe, comme le fantasme, a alors pour fonction de *représenter* non seulement un contenu d'une scène mais la façon dont il est lui-même produit.

"Chercherions-nous un noyau de vérité dans la fausseté, à la façon des Grecs ?"[2] s'interroge Paul Veyne en réfléchissant sur la pluralité et les analogies des mondes de vérité. De façon similaire, je me demande dans quelle mesure le fantastique ne joue pas sur l'illusion qui ferait tenir la parole archaïque pour la plus vraie. Car en définitive, que *signifie* le rapport entre le Mythe — ce discours plein de sens où la concaténation sémantique se pose comme un principe d'explication — et la façon dont le fantastique — fondamentalement *dé-chaîné* et aporétique — l'intègre dans son économie textuelle ?

Les réponses tiennent dans la lecture *combinée* de ces cinq récits paradigmatiques dont je voudrais maintenant explorer la densité sémantique.

1 • LES MYTHES HELLENIQUES : LA PEUR AU VENTRE

"Circé", in anima venenum

Le titre annonce *Circé*[3] et nous découvrons *seulement* Délia Mañara : ainsi s'amorce à partir de ce qui est à la fois un défaut et un excès du titre, une identification cryptée entre la magicienne et la jeune fille hystérique du Buenos Aires des années 20.

Cette identité *mixte* place le récit sous le signe de la duplicié : *dans* Délia Mañara il faut lire aussi bien Circé que *Délia* — fête d'Apollon à Délos — ; par anagramme Mañara/*maraña* ("embrouille", "mensonge" et en argot : "prostituée") ou Mañara/*mañera* ("stérile", et aussi "rusée" "sagace"). Mais la Délia de Cortázar est surtout — avant Dina-*araña* — une femme arachnéenne — *mañara/araña* — : "Madame Mañara disait que Délia avait joué avec une araignée (*araña*) quand elle était petite" (39). Et les médisants, en lui attribuant la mort de ses deux premiers fiancés, ne peuvent qu'alimenter une histoire de dévoreuses d'hommes.

> "Les gens mettent des sous-entendus partout, et il faut voir comment, de tant de noeuds accumulés, naît à la fin un morceau de tapisseries. Il devait arriver à Mario de voir cette trame avec dégoût, avec terreur, quand l'insomnie entrait dans sa chambre pour lui voler la nuit" (41). "Mario comprit [...] qu'ils étaient tous les deux pris dans un même filet" (55).

Délia Mañara, comme l'institutrice hystérique de James, trame dans le dos de l'homme des choses sans nom, et travaille à le faire tomber dans le panneau :

1   ELIADE, M., "Mythe : approche d'une définition" in *Dictionnaire des Mythologies*, Y. BONNEFOY (ed.), Paris, Flammarion, 1981, tome 2, p. 139.
2   VEYNE, P., *Les Grecs ont-ils cru à leurs mythes ?* Paris, Seuil, 1983, p. 136.
3   CORTÁZAR, J., "Circé in *Les Armes secrètes*. A propos du thème de Circé dans le récit fantastique moderne, voir CONAN DOYLE, A. "Les trois fiancés in *L'horreur des altitudes*, Paris, U.G.E., 1981 ; et BUZZATI, D., "Petite Circé" in *Le K*.. Paris, Laffont, 1967.

"Il regardait sa main contre la soie noire de la robe. Il mesurait ce blanc sur ce noir, cette distance" (40). "Mario voyait ses doigts trop blancs contre le bonbon" (44).

Ce sont des *doigts d'araignée* qui tissent le piège tressé où les hommes meurent comme des mouches, soumis à la narcose de la lunatique Délia habillée en grand deuil à la manière des héroïnes jamesiennes. Il y a eu Rolo qui s'est fracassé la tête en tombant comme une masse ; puis Hector qui s'est jeté à l'eau : "Pardonne-moi ma mort, tu ne peux pas comprendre, c'est impossible, mais pardonne-moi maman" (41). Puis Mario enfin, l'employé de banque qui, comme le héros de "L'autre ciel", abandonne sa mère pour une femme impossible et doit sans arrêt négocier un écart douloureux :

"Il commençait à croire possible cette double vie à quatre rues de distance. Le coin de la rue Castro-Barros et de la rue Rivadavia jouait le rôle utile et nécessaire de pont" (45).

Mario ne comprend pas ce qui l'attire dans les bras — dans la cuisine — de Délia, et l'histoire semble défiler pour lui aussi vers un dénouement fatal : "(je suis) un troisième mort cheminant à ses côtés, le fiancé dont c'est le tour de mourir" (49)[1]. On remarquera que cette histoire, à défaut d'être un *tissu de mensonges* comme les ragots des voisins, apparaît comme le canevas d'une mémoire hésitante dont l'identité ne sera jamais définie ; le récit en s'effectuant problématise son effectuation :

"Je me souviens mal de Délia [...] j'avais alors douze ans, à cet âge le temps et les choses coulent au ralenti" (37). "Je ne me souviens pas bien de Mario mais on disait qu'ils formaient un beau couple, Délia et lui" (40).

Délia Mañara est la soeur jumelle de Paula la sorcière qui tricote des liseuses, *des mañanitas* ..., et fabrique des bonbons[2]. Délia Mañara, comme Miguel de Mañara le Don Juan romantique[3] : l'homme à femmes et la femme à hommes, et surtout dans les deux cas le repas qui *remplit* d'horreur et *pétrifie* de peur. On se souvient que dans *L'Abuseur de Séville* de Tirso de Molina, Don Gonzale, l'invité de *pierre*, offre à Don Juan "un plat [...] composé de scorpions et de vipères" (Acte III, 917). La Circé de Cortázar "la déesse aux belles boucles" (*Odyssée*, X, 221) à la chevelure serpentine, *pétrifie* tous les fiancés, c'est la femme *narkaïa* dont le commerce raidit l'homme de plaisir et de peur.

Ce qu'elle va exhiber devant Mario va littéralement lui couper ses élans[4] ; dans ce

---

1   Dans "Circé : Cortázar devant le mythe" in *Drailles* (9), 1988, R. BOZZETTO a relevé que l'anagramme de Mario donne *Moira* les divinités lunaires qui "aux hommes mortels donnent soit heur soit malheur" (*Théogonie*, 901-902).

2   CORTÁZAR J., "La sorcière" (Bruja) (publication originale : *Correo Literario*, Buenos Aires, 14 août 1944.) Une traduction de cette nouvelle inédite est placée en annexe de ma thèse *Rites, jeux et passages, op. , cit.*, pp. 448-456.

3   Dans les *Ames du purgatoire* (1834), P. MERIMEE met en scène un don Juan de Mañara similaire au don Juan Tenorio de Tirso de Molina ; il reprend ainsi l'histoire à demi légendaire de don Miguel Mañara qui scandalisa Séville au XVIIe siècle. A. DUMAS en 1836 reprendra le personnage dans *Don Juan de Mañara ou la chute de l'ange*. O.-V. Milosz en 1911 écrira un "mystère" intitulé *Miguel de Mañara*, dont Cortázar rendra compte dans *Cabalgata* (Buenos Aires), (16), fév. 1948.

4   FREUD, S., "La vue de la tête de Méduse pétrifie de terreur, elle change le spectateur en pierre [...] être pétrifié signifie être en érection", "La Tête de Méduse", in *L'Inquiétante Etrangeté*.

texte fantastique moderne, Délia paradoxalement, apparaît comme une femme fin de siècle : une dégénérée, une tentatrice alanguie et bestiale qui provoque l'effémination des hommes. Delia rappelle un buste féminin de Dante Gabriel Rossetti qui signe de fait l'épigraphe du récit :

> "And one kiss I had of her mouth, as I took the apple from her hand. But while I bit it, my brain whirled and my foot stumbled ; and I felt my crashing fall through the tangled boughs beneath her feet, and saw the dead white faces that welcomed me in the pit" (*The Orchard-Pit*).

La base d'échange entre la Circé grecque et la Circé argentine se cristallise dans la relation archaïque du rite nourricier : Circé transforme les compagnons d'Ulysse en animaux après leur avoir offert un repas ; elle est la femme-poison dont la nourriture polluée transforme au lieu de nourrir, dégrade au lieu de régénérer. Sous des dehors toujours trompeurs Circé cache un *mauvais fond* ; ses "boucles" sont autant une promesse de plaisir que le signe d'un artifice et d'un esprit retors (*marañoso*).

Quand "Ulysse aux mille expédients", immunisé par le *phármakon* d'Hermès viendra l'affronter, il sera prévenu contre le pouvoir de pollution de cette femme mortelle :

> "Quand Circé te touchera de sa grande baguette, alors tire du long de ta cuisse ton épée aiguë, et saute sur elle comme si tu voulais la tuer. Elle, par crainte, te pressera de partager sa couche [...] mais fais-lui prêter le serment des bienheureux [...] qu'elle ne profitera pas de ta nudité pour te priver de ta force et de ta virilité" (*Odyssée*, X, 300).

Ulysse prend Circé aux mots : la magicienne, en donnant son corps, apparaît comme la femme repoussante qui à force de compromis finit par être comblée par son amant. Mais Circé a le fond mauvais : elle a empoisonné son époux et changé en monstre la jeune Scylla que Glaucos lui préférait ; pareillement repoussée par Picus, elle le transforme en pivert ; après avoir rendu à leur forme humaine les compagnons d'Ulysse, elle se vengera indirectement de l'abandon du roi d'Ithaque : Ulysse sera tué par la lance venimeuse de Télégonos son fils, *le fruit des entrailles de Circé*.

Le mythe grec, en soulignant les rapports entre la nourriture polluée et l'impureté féminine, veut éclairer les mystères de Délia qui, avec Paula — la sorcière —, inaugure le cortège des femmes maléfiques dont les apparences séduisantes cachent une duplicité hideuse[1] :

> "Tous les animaux se montraient soumis envers Délia [...] ils la suivaient sans qu'elle prit la peine de les regarder. Une fois, il vit un chien reculer quand Délia

---

Revue Française de Psychanalyse, t. XLV (3), mai-juin 1981, p. 451.

[1] STAROBINSKI, J. ("Je hais comme les portes d'Hadès ..." in *Nouvelle Revue de Psychanalyse* (9), 1974) analyse minutieusement la duplicité et sa dynamique du dedans/dehors à partir d'une image homérique : "Il m'est odieux comme les portes d'Hadès, celui qui cache une chose dans ses entrailles et en dit une autre" (*Iliade*, IX, 312-313) : "Sous le regard du soupçon, le dedans caché est une figure du règne des morts [...] Ce que l'adversaire cache en son dedans est la ruine de mon propre dedans" (pp. 11-12).

voulut le caresser. Elle l'appela [...] et le chien s'avança d'un air soumis — peut-être content — jusqu'à sa main" (39)[1].

Cortázar, dans les entretiens avec E. Prego, note ici :

> "C'est là où le mythe de Circé fait son apparition, parce qu'en réalité ce chien, si nous imaginons la Circé d'Homère, était une de ses victimes puisque Circé, comme chacun le sait, transformait les hommes en animaux. Ceci est donné comme une indication rapide pour le lecteur imaginatif et le lecteur de l'*Odyssée*"[2].

La Circé de Cortázar n'est pas toutefois une nouvelle métamorphose de la Circé baroque, archétype de tous les êtres doubles. On sait en effet que pour Jean Rousset :

> "Circé incarne le monde des formes en mouvement, des identités instables, dans un univers en métamorphoses conçu à l'image d'un homme oscillant entre ce qu'il est et ce qu'il paraît être, entre son masque et son visage. [...] Circé et ses semblables, les magiciennes et les enchanteurs [...] proclament [...] que tout est mobilité, inconstance et illusions dans un monde qui n'est que théâtre et décor"[3].

Les transformations fantastiques opérées par la Circé cortázarienne se différencient de la métamorphose baroque qui présente le réel comme illusion au moyen de leurres exhibant un Même protéiforme et fascinant. Les transformations fantastiques ne sont pas une *variation* de l'identité et de la forme : elles nous plongent dans l'altérité et l'horreur. Significativement Mario goûte aux bonbons de Délia avec un mélange d'extase et de répulsion : après avoir bu les liqueurs — "Délia dit d'une voix brusque que c'était une liqueur pour femme" (42) —, il mange ces bonbons au goût indéfinissable où Délia met tant d'elle-même. Mario est partagé :

> "Sa meilleure recette était celle des bonbons à l'orange remplis de liqueur ; avec une aiguille elle [en] perça un [...]. Le bonbon était comme une minuscule souris entre les doigts de Délia [...]. Mario en ressentit un malaise étrange, une douce et atroce répugnance" (45). "Sa bouche sentait tout doucement la menthe. Mario ferma les yeux. Il voulait sentir ce parfum et cette saveur [...]. Il ne sut pas s'il avait rendu le baiser, peut-être était-il resté immobile à *savourer Délia dans la pénombre* " (48) (je souligne).

Le plaisir et le déplaisir liés à la succion et à l'avalement du bonbon fourré sont explicitement rapprochés du *parfum de femme* et de l'appétit sexuel : ceci est son corps... Ce que Délia ne dit pas est activement caché en-dedans : dans la cuisine, dans le bonbon, dans les mystères de la chair. Délia se contient, elle cache, enrobe, ce qui lui est impossible à dire, ce qui est, proprement..., *in-assimilable* : "Le

---

1   Il est dit aussi que "les papillons se posaient sur les cheveux de Délia" (p. 39) ; une image qui évoque un masque de terreur, un *gorgoneion* : "Les papillons [...] se mirent à tourner autour de Severo, se collant à ses cheveux, à sa bouche, à son front, jusqu'à ce qu'ils aient transformé sa tête en un énorme masque frémissant", "Les phases de Severo" in *Octaèdre*, p. 140.
2   PREGO, O., *op. cit.*, p. 184.
3   ROUSSET, J., *La littérature de l'âge baroque en France. Circé et le Paon*, Paris, Corti, 1954, p. 229.

dégoût alimentaire, affirme Julia Kristeva, est peut-être la forme la plus élémentaire et la plus archaïque de l'abjection"[1]. Délia est une dévoreuse d'hommes ; cette "veuve noire" attire Mario dans ses rets où il doit être dévoré par le désir[2], rongé intérieurement par des hallucinations visuelles et gustatives répugnantes qui s'avèreront prémonitoires. Dans le récit fantastique de Cortázar, la peur recule au profit de la répulsion. Paula, de même, relie son désir de bonbon à la soumission d'un homme, Estebán, dont elle fait *sa* créature :

> "Elle voit surgir peu à peu la matérialisation de son désir [...] un éclat de menthe, de noix luisantes ; une obscure concrétion de chocolat parfumé [...] c'est une pyramide de bonbon. Moka. Nougat. Rhum. Kummel. Maroc (...) Elle créa son homme. Son homme l'aima [...]. Il se lève [...] va jusqu'à Paula et l'embrasse sur la bouche [...] le baiser d'un jeune guerrier à *sa déesse* "[3] (je souligne).

De toute évidence "Circé" renvoie par delà le récit mythologique à une fantasmatique obsessionnelle qui se cristallise ici autour du picacisme (attirance/répulsion pour les objets non alimentaires) et des zoopsies (hallucinations visuelles d'animaux) :

> "Jetez ce bonbon, aurait-il voulu lui dire. Jetez-le loin, ne le portez pas à vos lèvres, il est vivant, c'est une souris vivante" (45). "Un petit poisson rouge translucide [...] son oeil regardait Mario comme une perle vivante. Mario pensa à l'oeil salé comme une larme qui glisserait contre ses dents s'il le croquait" (51).

Paula la sorcière, de même, est soumise à cette fantasmatique de l'incorporation :

> "Elle cesse de sourire comme si on lui avait arraché le rire de la bouche ; le souvenir de la mouche s'associe à son désir (...) La mouche surgit, exactement au centre de la semoule. Visqueuse et lamentable, se traînant sur quelques millimètres"[4].

Le bonbon *creux* et le bonbon *fourré,* la bouche *vide* et la bouche *pleine* : le fantastique joue sur ce vide et ce plein, ce défaut et cet excès qui révèlent la peur archaïque de la nourriture souillée, de l'ingestion excrémentielle : *en close bouche n'entre mouche* dit le proverbe.

> "Il prit le bonbon entre deux doigts ; Délia à ses côtés attendait son jugement, un peu haletante comme si son bonheur en dépendait [...] elle haletait ; elle haleta plus fort quand Mario porta le bonbon à sa bouche et fit le geste d'y mordre, mais il laissa retomber sa main et Délia gémit comme si on l'avait frustrée à l'instant d'un plaisir infini. Mario pressa légèrement les flancs du bonbon [...] ses doigts s'écartaient, ouvraient le bonbon [...] le corps blanchâtre du cafard, le corps dépouillé de sa carapace et tout autour, mêlés à la menthe et à la pâte d'amande, les débris d'ailes, de pattes et de carapace écrasée" (59).

---

1   KRISTEVA, J., *Pouvoirs de l'horreur. Essai sur l'abjection,* Seuil, 1980, p. 10.
2   Dans un récit fantastique de H.H. EWERS, "L'araignée", des hommes se suicident tout aussi mystérieusement sous l'emprise d'une femme arachnéenne, in CAILLOIS R., *Anthologie du Fantastique,* op. , cit., t. 1, pp. 565-588.
3   CORTÁZAR J., "La sorcière", *op. cit.*
4   Dans "Anabel" (in *Heures indues*) le narrateur s'interroge, à propos d'une histoire de femme empoisonneuse : "Est-ce que les estomacs ont une bouche ? ".

Délia découverte c'est Délia *ouverte* : l'agression venue du dedans caché et l'abomination alimentaire renvoient explicitement à la répulsion que suscite la liqueur de la femme lunatique. C'est l'horreur dedans : *in anima venenum* [1]. Délia propose des "saletés" à Mario qui comprend alors l'hostilité du voisinage et le sens des lettres anonymes, des *cafardages*. Il comprend la froideur de Délia, cette femme lunatique qui a toujours refusé de consommer leur union — "il voulut l'embrasser mais elle se raidit" (57) —, et qui soudain, le bonbon ouvert, ne se contient plus, secouée de spasmes, bouleversée par l'*horreur viscérale* qu'exhibent les doigts de son fiancé.

Délia est la femme menaçante et — parce que — comblante dont l'agression est littéralement un *coup fourré* : pour la Circé de Cortázar, l'arme est encore le chaudron où bout une mixture, un *phármakon* prélevé sur des chairs sacrifiées :

> "Le bonbon était comme une minuscule souris entre les doigts de Délia, une toute petite chose que l'aiguille lacérait" (44).

C'est l'abjection et la mort qui sortent de la cuisine : la relation archaïque et comblante avec la nourricière — celle pour qui Mario a rompu avec sa *propre* mère — débouche sur une abomination : le bonbon est une chose. Horreur ! Délia, comme Circé et Médée, est de la lignée des femmes maléfiques expertes en drogues savantes, en *phármaka mètioenta* (*Odyssée*, IV, 227) et en nourritures foudroyantes. On se souvient que dans "Tous les feux le feu" Irène, la femme du proconsul, est obligée de cacher sa répulsion derrière "son masque parfait" et d'attendre :

> "Le poison, se dit Irène. Je trouverai bien un jour le poison convenable" (160).
> "Un jour, Irène trouvera la façon de lui faire oublier lui aussi et pour toujours. Tu vas voir ce que sait faire notre cuisinier, dit la femme de Licas" ("Tous les feux le feu", 166).

Le cafard agite une répulsion viscérale en tant que double transgression du rite alimentaire ; d'abord l'homme n'est pas entomophage :

> "Tout insecte ailé qui marche à quatre [pattes] sera pour vous une abomination", (*Lévitique* XI, 21). "Par ceux-ci également vous vous rendrez impurs. Quiconque aura touché à leur cadavre sera impur jusqu'au soir" (*Lévitique*, XI, 24).

Ensuite le cafard se nourrissant de déchets y est assimilé au point de devenir un symbole de l'abjection excrémentielle[2]. Au dégoût se joint le bruit horrible : l'enveloppe de chitine écrasée — on se souvient fugitivement de la scène horrible de *La métamorphose* de Kafka, de l'homme-cafard lapidé par son père — entretient une analogie abjecte avec le fruit sec ou la pâte ferme que l'on attend

---

1   On peut rapprocher le récit de Cortázar d'un conte de Maupassant, "Moiron", où un instituteur fourre des bonbons avec du verre pilé et des aiguilles brisées. Moiron/Moira/Mario : la coïncidence laisse bouche bée.

2   A propos du thème de la femme et du cafard on peut bifurquer vers trois fictions : DISCH, T.-M., "Les Cafards" in *Territoires de l'inquiétude*, Paris, Casterman, 1972 ; LANDOLFI, T., "La mer des blattes" in *La femme de Gogol*, Paris, Gallimard, 1969 ; LISPECTOR, C., *La passion selon G.H.*, Paris, Edit. Des Femmes, 1978.
Nous verrons dans les pages suivantes que le thème de la femme-insecte s'articule sur l'imago de la femme terrible.

dans un bonbon fourré. Ce qu'il y a dans le bonbon dépasse tout ce que l'on pouvait avoir idée d'y trouver. La mixture de Délia est le comble de l'horreur, le coupe faim exhibé comme à la fin de "La sorcière", sous "l'inévitable lune" :

> "Un peu de clair de lune s'était posé par terre, près d'elle, et montait jusqu'à l'assiette de métal argenté qu'elle tenait à la main comme une autre petite lune [...] Mario comprit soudain le désir qui habitait sa voix qui ne venait ni de la lune ni même de Délia [...] il ne quittait pas Délia des yeux, son visage de plâtre, ce pierrot répugnant dans l'ombre. [...] La lune éclaira en plein le corps blanchâtre du cafard ..." (*Circé*, 58-59).

Si Rolo et Hector avaient été tour à tour pétrifiés par les "douceurs" de Délia, Mario quant à lui *tombe de la lune* : il est sidéré par la Circé fantastique et son geste dégoûtant.

Le cafard, comme l'araignée, appartient au *bestiaire lunaire* : l'insecte noir est ici l'épiphanie négative du cycle lunaire. Délia-Arachnè est une Moire, une figure lunaire implacable — Délia-*ananké* — dont les douceurs cachent une abomination : le bonbon fourré est ce qui *noue l'estomac*, et renoue textuellement avec l'image des "araignées dans l'estomac" de "Manuscrit trouvé dans une poche". La lune se reflétant dans le plat argenté est présentée sur un plateau comme l'aliment abominable, et renvoie à cette image de *la lune dévorée* par laquelle de nombreux mythes rendent compte des phases lunaires : Circé de fait ne passe-t-elle pas souvent pour la fille d'Hécate, "la lune noire" ? Le "pierrot répugnant" condense une série d'images : le visage enfariné, le vêtement blanc et les gros boutons noirs comme des cafards ; l'amant malheureux, transi, qui pleure à chaudes larmes sous la lune ; et le personnage de théâtre confondant le visage et le masque :

> "Ce soir là les bonbons [...] avaient un arrière goût de sel [...] comme si, au fond du parfum se cachait une larme. C'était stupide de penser à ça, à ce reste de larmes versées le soir de la mort de Rolo [...] Mario pensa à l'oeil salé [du poisson] comme une larme qui giclerait contre ses dents" (51).

La larme à la bouche, "les cris de plus en plus aigus" (59), la figure de plâtre qui deviendra "convulsée, violacée" (60) évoquent par delà le masque grotesque de la pantomime, le masque terrible de Gorgô. Pour le lecteur — plus que jamais voyeur —, comme pour Mario abusé jusque là par de la poudre aux yeux, des détails disparates s'agglutinent à posteriori pour révéler la *face de terreur* qui a foudroyé les deux autres hommes. Après Alina Reyes, Delia marque le retour dans le fantastique moderne de cette figure féminine décadente : "la femme de cire et de lune"[1].

> "[Hector avant de mourir] regardait devant lui, comme s'il voyait des choses" (41) (...) "pendant qu'il savourait [...] Délia gardait les yeux baissés [...] il lui fallait fermer les yeux pour en deviner le parfum [...]. Mario ferma les yeux. Il voulait sentir ce parfum et cette saveur derrière ses paupières closes" (47-48) (...) "Son geste devant la lumière avait quelque chose de la fuite aveugle des mille-pattes [...] elle regardait [les Mañara] du coin de l'oeil et elle souriait" (pp. 48-49).

---

1   DIJKSTRA, B., "Femme de cire et de lune" in *Les idoles de la perversité. Figures de la femme fatale fin de siècle*. Paris, Seuil, 1992, pp. 135-176.

"Quand venait l'heure des dégustations [...] à la tombée de la nuit, il fallait fermer les yeux et deviner" (49) (...) "[les Mañara] allaient jusqu'à ouvrir les bonbons pour voir ce qu'il y avait dedans" (50) ; "L'oeil froid [du poisson] regardait Mario comme une perle vivante" (51). "Le chat avec de longues échardes plantées dans les yeux" (60). "Sans rien dire mais le pressant du geste avec des yeux agrandis [...] il ne quittait pas Délia des yeux, son visage de plâtre" (59).

Le dédoublement du visage de Délia-Circé en un *masque gorgonéen* entraîne dans la nuit une *confusion* et la projection dans une altérité radicale.
Dans "Les fils de la Vierge", un récit postérieur publié en Argentine en 1959[1], on retrouve cette *face de terreur* associée à diverses analogies qu'il faut lire minutieusement. "Une femme blonde" vêtue de noir — ce pourrait être Délia, "elle se blonde dans tout ce noir" (*Circé*, 38) —, tente de séduire un adolescent angélique :

"On se sentait terriblement seul et démuni quand elle vous regardait de ses yeux noirs, ses yeux qui fondaient sur les choses comme deux aigles, deux sauts dans le vide, deux giclées de fange verte. Je ne décris rien, j'essaie plutôt de comprendre et j'ai dit deux giclées de fange verte" (32).

Devant les portes d'Hadès, Ulysse rebroussant chemin dira très exactement : "La *crainte verte* me saisit que la noble Perséphone ne m'envoie du fond de l'Hadès la tête de Gorgô, le terrible monstre" (*Odyssée*, XI, 642). Et Dante, dans le chant IX de *L'Enfer*, évoque similairement "trois furies infernales, couleur de sang ; /elles avaient formes et gestes féminins, /hydres très vertes pour coiffures".
La femme terrifiante de l'Ile de la Cité est une nouvelle Circé qui subjugue l'homme par son *pharmakon*, par sa douceur ensorcelante, mais qui très vite fond sur lui comme un rapace sur sa proie : c'est la femme *gorgôpis*, au regard terrifiant, qui tisse comme Délia un piège sans issue.

"C'était elle qui le dominait, qui planait au-dessus de lui (son rire soudain comme un fouet de plume [...] La femme achevait de ligoter doucement le garçon, de lui enlever fibre à fibre ses derniers restes de liberté, en une très lente et délicieuse torture [...] Elle s'emparait de lui pour des fins impossibles à comprendre" (136-137).

Ce pouvoir des liens renvoie à la *ligature magique* qui est un thème récurrent dans la mythologie grecque et latine : être frappé d'enchantement c'est être *ligare*, et le noeud là encore évoque un piège tissé par une *mètis* lieuse. Mais ici la femme redoutable n'agit pas seule : le véritable monstre pour qui elle rabat le gibier est un "clown enfariné à la peau sèche et éteinte" (239), un "homme au visage blanc" (142), qui ressemble bien sûr au pierrot répugnant qui fait face à Mario :

---

1   CORTÁZAR, J., "Les fils de la Vierge" in *Les armes secrètes*. Nous reviendrons sur ce récit par un autre biais, dans les pages suivantes. Sur ce thème récurent du *masque* dans le récit fantastique, déjà repéré chez JAMES, nous renvoyons à la nouvelle exemplaire de Jean LORRAIN "Les trous du masque", in *Histoire de masques*, Paris, C. Pirot, 1987.
Dans "L'homme à l'affût", Cortázar montre une "fille qui s'enduit le visage au blanc de céruse et se peint la bouche et même les yeux en vert" (p. 284) ; et Johnny apparaît comme un masque nègre : "Il a l'air d'être embaumé [...] avec son visage noir et lisse que le rhum et la fièvre font luire" (p. 234).

73

"Sa bouche tremblait et la grimace glissait d'un côté à l'autre des lèvres comme une chose indépendante et vivante" (139). "L'homme me regardait avec ses trous noirs qu'il avait à la place des yeux [...] comme s'il avait voulu me clouer contre l'air" (146). "Face à moi était l'homme la bouche entrouverte, et je voyais trembler sa langue noire [...] et je fermai les yeux et je ne voulus plus regarder et je me cachai le visage" (147).

"Les fils de la Vierge" : le titre original est *Las babas del diablo* ; la bave du Diable renvoie précisément au liquide visqueux, spumeux, qui sort de la gueule de la bête en furie : le *masque gorgonéen*. Le photographe des "fils de la Vierge" est pétrifié d'horreur : la machine à écrire, — la "Remington, restera pétrifiée sur la table" (126) — la réalité n'est plus pour lui qu'un "souvenir pétrifié comme la photo elle-même où rien ne manquait, pas même ni surtout le néant, le vrai fixateur en fait de la scène" (141) ; le narrateur-photographe est désormais enfermé dans la chambre noire de l'appareil et se trouve réduit au "viseur d'un Contax tombé sur le trottoir" (147). Il a été foudroyé par le masque gorgonéen, et il est raide comme un cadavre — "je suis bien obligé d'écrire [...] autant que ce soit moi, je suis mort" (126) — : le texte fantastique, ici, est la narration figée dans les yeux d'un cadavre, dans un *regard vitreux*. La tache aveugle de l'écriture.

L'homme était averti, comme Mario :

"Quand il arrive quelque chose d'anormal, lorsque, par exemple, on trouve une araignée dans sa chaussure [...] toujours raconter, toujours se délivrer de ce chatouillement désagréable au creux de l'estomac" (127).

Les araignées sont, comme le tigre chez James, le signe prémonitoire chez Cortázar d'un piège tissé et sans issue, d'une vision d'horreur qui coupe le souffle : c'est la *peur au ventre*.

"Les fils de la Vierge" : le thème mythologique de la fileuse et des Moires est ici christianisé par la référence aux fils soyeux échappés du fuseau de la Vierge Marie. Mais les fils de la Vierge désignent concrètement le fil de certaines araignées, fil dérisoirement fin et constitué cependant de plusieurs milliers de fils : Arachné et Anankè forment une fois encore un couple lié.

A la fantastique auditive — *l'otosuggestion* — succède avec "Circé" et par delà avec "Les fils de la Vierge", une fantastique visuelle : l'épiphanie du masque gorgonéen (*gorgoneion*). Dans *Circé* le *gorgoneion* apparaît pour la première fois pour signifier le rictus scatologique et la *représentation crue* de la chair féminine : le cafard, singulièrement, est *blanchâtre*, comme le masque enfariné de Délia-Circé, comme cette face qui ne montre que le blanc de ses yeux ; et c'est après que Mario ait voulu l'embrasser que Délia, *indisposée*, offre non plus sa bouche ou son corps comme l'attend Mario, mais le bonbon fourré terrible à regarder.

Gorgô en accouchant de Pégase par le col inverse le statut des orifices buccaux et vaginaux : Délia, de même, exhibe "ce quelque chose qui la travaille" (55), "cette horreur qui montait en elle" (59) et dont la lune révèle cruement toute la dimension gynécologique. Délia donne le bonbon au "moment de lune" : elle est la redoutable vierge fin de siècle dont les faveurs — l'épiphanie lunaire — *coupent* l'appétit sexuel et *nouent* l'estomac. Gilbert Durand analyse minutieusement cette horreur viscérale, ce *tord-boyau* :

"Non seulement le ventre néfaste est armé d'une gueule menaçante, mais encore il est lui-même labyrinthe étroit, gorge difficile, et c'est par ces harmoniques angoisses qu'il se différencie des douceurs de la succion et du simple avalage. Tel est l'enfer des amants conçus par Blake, "tourbillon" formé par un intestin méandreux [...] le tube digestif est la réduction microscopique du Tartare ténébreux et des méandres infernaux [...] La bouche dentée, l'anus, le sexe féminin surchargés de significations néfastes [...] sont bien les portes de ce labyrinthe infernal en réduction que constitue l'intériorité ténébreuse et sanglante du corps"[1].

De fait, on retrouve ici la problématique de l'*expulsion* de "Maison occupée" : la clé jetée dans la bouche d'égout était à la fois une image de l'engloutissement dans le ventre labyrinthique de la ville, dans le Tartare portègne, et l'*évacuation* d'une horreur domestique. De la même manière nous l'avons étudié dans le détail, James dans "Le coin plaisant" jouait sur cette symbolique de la chasse d'eau.
La Circé de Cortázar, et par delà le récit mythique sous-jacent, sont en dernier lieu une nouvelle figure du Labyrinthe : Circé n'est-elle pas la soeur de Pasiphée et la tante du Minotaure ?
"Seulement pour la faire taire" (60), Mario saisit Délia à la gorge, tentant d'endiguer cette submergence, ces "remous de pleurs et de gémissements" (59). Délia est désormais sans retenue, sans entrave, sans *phármakon* comme les Grecs significativement, désignaient aussi bien le philtre magique de Médée et Circé, que le *mors* entre les dents du cheval[2] ... La puissance féminine effrénée qui agresse le héros fantastique puise dans le mythe des échos terrifiants :

"Ce que vous donne à voir le masque de Gorgô, quand vous êtes fasciné, c'est vous-même [...] dans l'au-delà. [...] Cette grimace c'est elle aussi qui affleure sur votre visage pour y imposer son masque quand, l'âme en délire, vous dansez sur l'air de la flûte la bacchanale d'Hadès"[3].

"Les ménades", in carmine venenum

Le titre focalise encore la lecture sur la femme comme actant principal et privilégie la mythologie grecque comme axe interprétatif : "Les filles rouges et excitées" (56), "la femme en rouge et [...] ses suivants" '(65) figureraient le cortège des ménades en proie à la *mania* de Dionysos le Bacchant. Au même titre, le concert classique du théâtre Corona apparaîtrait comme l'orchestration de la frénésie bachique, la reprise paroxystique du *transport* d'Alina Reyes lors du concert de l'Odéon.
Le mythe, a priori, désigne un envers du récit fantastique qui serait son véritable endroit : le concert fantastique qui peut apparaître ici comme un comble du comportement, un excès inexplicable, serait en fait un sabbat dionysiaque, un *transport inspiré*. Le récit fantastique renvoie délibérément le lecteur à d'autres

1   DURAND G., *Les Structures anthropologiques de l'imaginaire*, op. ,cit., p. 133.
2   Nous renvoyons sur ce thème du *mors* et du *phármakon* aux analyses de DETIENNE M. et VERNANT J.-P., "Le mors éveillé" in *Les ruses de l'Intelligence* ..., *op. cit.*, pp. 178-202.
3   VERNANT J.-P., *La mort dans les yeux, op. cit.*, p. 81.

textes, aux récits mythologiques où il est censé s'originer, et induit une lecture comparée de ces récits.

On se souvient que Alina Reyes, "la lointaine", voulant remonter à la source du fleuve — l'anamnèse —, ne découvre pas le langage, (*ôdè*, *carmen*, les anagrammes, les palindromes) mais les choses. La lointaine déserte la source, déserte le langage, et bifurque vers les *pagi* (le lointain) où une violence élémentaire la bat, la fouette, la gèle. Les espaces où Alina discourt ne peuvent être intégrés à aucun univers, ce sont des écarts ; et Alina elle-même est un sujet lapidé en objet, une statue qui se morcelle — se dilapide — sur un pont au-dessus d'un fleuve à la rigidité cadavérique. Qui lapide-dilapide Alina ? Comment la lointaine passe-t-elle de l'Odéon au théâtre Corona des "Ménades" ? Pourquoi Alina est-elle battue et écartelée, et pourquoi les Ménades disloquent-elles l'orchestre ? Pourquoi dans "les Ménades", *La Mer* de Debussy comme "le chant du fleuve" de "La lointaine", provoque-t-il un retour brutal aux sensations fortes ?

> "On jette sur le crime cent explications, comme les Bacchantes thraces ont jeté sur Orphée pierres, flèches ou projectiles pour le déchirer ou le recouvrir. Cela se nomme *analyse* : les explications du *diasparagmos* ont la forme d'un nouveau *diasparagmos* [...]. Une foule déchire Orphée, corps musical. Un accord s'effondre en désaccord, une organisation ou harmonie se désagrège. Faut-il analyser cela ? Mais cela même s'appelle une analyse [...]. Nous croyons invinciblement que penser ou savoir consiste à détruire, défaire les liens, dénouer, désarticuler, expliquer, voici l'analyse. Elle dit le contraire de construire ou de lier [...]. Le *diasparagmos* équivaut à l'analyse, l'analyse vaut un *diasparagmos* "[1].

"La lointaine" et "Les ménades" — mais aussi "Circé" et ses mixtures — racontent un déchirement et une décomposition primordiales : le mythe sous-jacent n'est pas une solution du texte fantastique, il ne l'intègre pas dans le langage, le chant (*carmen*, *ôdè*), dans le causalisme ; au contraire il permet une anamnèse, une remontée à la source qui soudain bifurque, erre, dis-court, hors langage et hors cause, et se désagrège dans le paysage, dans les *pagi* d'où viennent les choses et où elles mènent. L'écartèlement de "la lointaine" est un *diasparagmos* encore *analysé* dans et par "Les ménades".

Dionysos est le dieu de l'ivresse des sens : il est le *Bacchant*, celui qui génère la folie inspirée — la *mania* — et dispense la joie à profusion ; il est aussi Dionysos *Bromios*, le *Bruyant* ou le Grondant, qui orchestre une musique *enthousiastique*. Dionysos articule toute une mythologie du sacrifice sanglant de nature alimentaire : figure même de l'altérité, maître en magies et illusions, il est le dieu dépecé puis dévoré par les Titans que Zeus foudroie pour leur infamie, avant de re-composer le dieu absorbé. Dionysos, à partir de ce mythe du sacrifice sanglant, va fonder une pratique sacrificielle, le dionysisme que M. Détienne oppose à l'orphisme, et que le lecteur de Cortázar comparera au repas sacrificiel de Circé :

> "La manducation de la viande ouvre entre les dieux et les hommes une distance dans le mouvement même qui accuse la communication entre ce monde-ci et celui des puissances divines [...] les hommes, en se nourrissant de chairs promises à la putréfaction, sont condamnés à la faim et à la mort, tandis que les dieux jouissent [...] de substances incorruptibles [...]. Orphée choisit l'évasion par le haut, du côté des dieux, en ne consommant que des nourritures parfaitement pures, telles que le miel ou les céréales [...]. Le dionysisme, à son tour, se définit dans le même

---

1 SERRES M., *Les cinq sens* op. cit., p. 142.

espace [...] Qu'est-ce qu'en effet l'*homophagie*, le déchirement d'un être vivant, chassé comme une bête sauvage et dévoré tout cru, sinon une manière de refuser la condition humaine, définie par le sacrifice prométhéen et imposée par les règles du savoir-vivre qui prescrivent l'usage de la broche et du chaudron ? En mangeant des chairs crues, les fidèles de Dionysos veulent se conduire comme des bêtes, et, au sens strict, s'*ensauvager*"[1].

Ainsi, tandis que la cité mange la viande cuite des animaux domestiques sacrifiés selon les règles et partagés entre les hommes et les dieux, le culte de Dionysos "le mangeur de chair crue" fait prévaloir un cannibalisme frénétique : on mange cru les chairs d'une victime capturée et déchiquetée par une meute de femmes chevauchant des fauves. Durant l'orgiasme, Dionysos est le dieu dévoré car la victime *dépecée* et *avalée* est son hypostase : Dionysos est à la fois sujet et objet du *sparagmos* et de l'*ômophagie*. C'est ainsi que Dionysos *Anthrôpôrraïstès* (Dépeceur d'hommes) a pu générer des scènes d'allélophagie rituelle où les Ménades et les Bacchants, chavirés, s'entre-dévoraient : Penthée sera ainsi dévoré par sa mère Agavé, possédée par la *mania* dionysiaque.

Délia Mañara, la Circé de Cortázar, annonçait déjà une oscillation entre le principe apollinien — Apollon le *délien* — et le principe dionysiaque — *maraña*, embrouille, emmêlement[2].

En un second point, nous observons que la mythologie de Dionysos établit un rapport disons organique, entre le démembrement (*sparagmos*), le sacrifice rituel, et une *mania* entièrement fondée sur une culture de l'hystérie. Le dionysisme est essentiellement une affaire de femmes : il exprime une culture de la *mania* féminine où les ménades (*maïnades*, "femmes folles") forment un cortège triomphal autour du *phallos*, et dessinent une chorégraphie dionysiaque : l'*Ithyphallos*. Dionysos est à la fois *Gynaïmanès*, "celui qui fait délirer les femmes", et *Maînoménos*, le dieu-fou, celui qui est possédé et qui *possède*, au sens religieux du terme. En ce sens Dionysos marque particulièrement l'irruption du sacré dans la *mania* : il génère la transe extatique qui met le possédé "hors de lui" (*ek-stasis*). Henri Jeanmaire souligne à plusieurs reprises que la danse pathologique[3], la *phallophorie*, est toujours associée dans la mythologie grecque au *masque gorgonéen* et au symbolisme démoniaque du *cheval* ; durant l'orgiasme, la divinité passe la bride et le mors à ses fidèles les chevauche et les entraîne dans une calvacade délirante : chez les possédées de Dionysos, la distorsion des traits du visage, les yeux révulsés, l'agitation convulsive et la voix stridente, évoquent le masque de terreur, le *gorgoneion*. Dionysos est le *dieu-masque* : son cortège délirant forme un défilé spectral, un *cômos*, où les fidèles exhibent des *masques* bestiaux. Les épiphanies de Dionysos donnent ainsi lieu à une *mascarade épouvantable* qu'on a pu rapprocher du *cômos* d'Hécate, la déesse des terreurs nocturnes, qui mène la danse d'un cortège macabre.

---

1   DETIENNE, M., "Pratiques culinaires et esprit du sacrifice" in *La cuisine du sacrifice en pays grec*, Paris, Gallimard, 1979, p. 16.
2   PIETRICH, P. dans sa thèse (*Isotopie initiatique chez Julio Cortázar*, Univ. Paris VIII, 1976) dégage suivant une méthode structuraliste, une structure apollinienne - mesure et réflexion - opposée à une structure dionysiaque - démesure et ivresse - ; et révèle une isotopie mythique d'initiation, "changement d'un mode d'être apollinien à un mode d'être dionysiaque [...] cette opposition n'étant pas constante mais [génère] un passage vers une troisième possibilité : celle de l'harmonie totale qui permettra de transcender tous les dualismes" (p. 200).
3   NIETZSCHE F., *La naissance, la tragédie*, Paris, Gallimard, 1949 : "La musique dionysiaque surtout éveillait la terreur et l'effroi [...] la musique d'Apollon était une architecture dorique en sons" (p. 30). Cortázar parle ici de "Karnak sonore" (p. 65) : une allusion au périple du dieu-chamane dans l'Egypte hellénistique ?

Quand Euripide nous montre Héraclès avant son accès de folie infanticide, il fait dire à *Lyssa*, la personnification de la Rage :

> "Vois, il secoue la tête à l'entrée de la carrière
> et roule en silence des prunelles convulsées, comme la face d'une gorgone ;
> il n'est plus maître de sa respiration, tel un taureau qui va charger
> il pousse d'affreux mugissements qui appellent les Kérès du Tartare.
> Tout à l'heure, je vais te faire danser et te jouer l'air de l'épouvante".

(Héraclès, V, 866-871)

L'*air de l'épouvante* que Lyssa va jouer à Héraclès va mettre le héros hors de lui, et dé-faire les traits de son visage. Les Silènes et les Satyres hippomorphes et ithyphalliques qui jouent de la double flûte pour les Ménades provoquent pareillement une *mania* qui transforme le cortège triomphal en un défilé de visages révulsés, de *masques gorgonéens* au regard et à la bouche prophylactiques ; le *gorgoneion* terrifiant est le signe de la *possession*. Dionysos, comme Héphaïstos, est un magicien : alors qu'Héphaïstos est maître des talismans, Dionysos est le jeune chamane maître d'une magie extatique, maître des *ligatures magiques,* et en ce sens il est celui qui pétrifie (*narkaïos*). Durant la mascarade, les esprits prennent possession de leurs montures qui littéralement, sont *montées à leur insu* : être possédé avertit la tradition grecque, c'est être *monté,* et d'abord contre soi-même : être possédé c'est être comme un cheval furieux, un cheval *gorgós* dont la bouche écumeuse et les hennissements évoquent, on l'a dit à propos d'"Eté" et du cheval fou, aussi bien la crise d'épilepsie que le rictus gorgonéen.

De fait, si nous lisons à partir de là le récit de Cortázar, nombre de détails épars s'agrègent pour esquisser un axe interprétatif séduisant. Dans la salle Corona — une allusion aux couronnes, aux ligatures végétales qui ceignent les bacchants et les ménades ? —, les boissons et le sang coulent à flot et les métaphores alimentaires abondent : le public est constitué de "gens tranquilles [...] qui exigent qu'on respecte avant tout leur digestion" (54) ; le bar est pris d'assaut ; "la chaleur, l'humidité, l'excitation avaient converti la plupart des spectateurs en écrevisses ruisselantes" (62) ; "Madame Jonathan [a] un visage étrangement semblable à un radis" (62) ; le docteur Epifania ..., à force d'applaudir, a les "deux mains rouges comme s'il avait écrasé des betteraves cuites" (57) ; et le public est enfin comparé à "une masse gélatineuse" (63).

Dans "le théâtre Corona [qui] a des caprices de femme hystérique" (53), l'émotion féminime apparaît comme un *trop plein* dont le débordement va littéralement *couvrir* la musique ; les femmes sont hors-d'elles, *in carmine venenum* :

> "Les premiers applaudissements éclatèrent, mêlés à la musique, comme si de ce halètement amoureux qui unissait l'orchestre à la salle, la salle, énorme femelle, n'avait pu retenir plus longtemps son plaisir et se répandait en gémissements convulsifs, en cris d'une insupportable volupté" (65).

Comme pour Alina Reyes, la musique passe la mesure et provoque un *transport* que les références explicites aux rites dionysiaques ne font qu'amplifier. La musique provoque une écoute hallucinée[1] une transe collective que le héros-narrateur assimile d'abord à de l'*oto*-suggestion :

> "Ces visages cramoisis, ces mains moites [...] me faisaient penser à ces conditions atmosphériques, humidité, taches solaires, qui peuvent avoir tant d'influence sur le comportement humain. Je me suis même demandé à un moment s'il n'y avait pas dans la salle un farceur qui se serait amusé à renouveler la fameuse expérience du docteur Ox qui pouvait exciter le public à volonté" (58).

Nous retrouvons là à la fois le symbolisme de la pratique orgiastique agro-lunaire — la mythologie des cycles de la femme —, et ce que j'ai appelé dans les labyrinthes cortázariens, l'*otosuggestion* fantastique.
Significativement "Ox" renvoie à l'interjection qui en espagnol sert à effrayer les volailles (de *oxear* : "chasser les volailles") : ces femmes-oiseaux sont de véritables Harpyies : "Elles m'entourèrent comme une bande de poules caquetantes" (56). Les femmes du théâtre Corona ne sont pas prises de vin, ce sont des femmes *montées*, des femmes en *cavale*, et la dislocation de l'orchestre à laquelle elles vont procéder est autant une figure du déchaînement fantastique que du sacrifice dionysiaque par démembrement. La *mania* hallucinatoire qui les secoue est très proche de l'hystérie de Délia-Circé :

> "La jeune fille était juste devant moi [...] un cri bref et étranglé comme un spasme amoureux. Sa tête se renversa en arrière et ses pieds se mirent à battre furieusement le sol [...] Je voulus avertir Madame Jonathan car une femme me semble tout indiquée pour ce genre de malaise, mais elle était perdue dans la musique, les yeux rivés sur le dos du maître, il me sembla voir quelque chose briller sur son menton" (64).

"L'enthousiasme délirant" (55) qui a accueilli le Maître tourne à la confusion : ses Noces d'argent avec la musique qui auraient pu être une lune de miel, deviennent un sacrifice sanglant. Cortázar a d'ailleurs confié à O. Prego :

> "Buñuel avait pensé faire un film en trois sketches : l'un était mon conte — "Les ménades" —, l'autre s'appuyait sur un conte de Carlos Fuentes et le troisième sur une idée à lui. Là-dessus intervint la censure espagnole et le projet fut refusé [...]. Buñuel me dit : "Je vais faire une chose absolument sadique et féroce. Ça va être bien pire que ton conte". Il pensait montrer comment le public mange l'orchestre, ce qui dans le conte est suggéré comme une forme de cannibalisme rituel" (*op. cit.*, 172).

L'orchestre traqué par "la femme en rouge et ses acolytes" (69) comme pour être porté en triomphe, devient la victime de ce débordement, la victime de la

---

1   Inversement dans "Réunion" (in *Tous les feux le feu*) un récit non fantastique qui retrace la geste castriste de la Sierra Maestra, la musique qui obsède Ernesto "Che" Guevara - le quatuor à cordes de Mozart, "La Chasse" - est une métaphore de la discipline intellectuelle face à un chaos de l'Histoire, de la supériorité de la musique sur le bruit et la fureur.
Dans "L'homme à l'affût" la musique provoque un transport des sens, suggérant un trajet abject entre le labyrinthe de l'oreille et les entrailles : "Il est la bouche, lui, et moi, l'oreille, pour ne pas dire qu'il est la bouche et que je suis ... " (p. 237). "Quand j'écris que parfois tu jouais comme ... - Comme s'il me pleuvait dans le cul" (p. 298) : ce qui dépasse l'entendement, c'est le résiduel, l'excrémentiel.

dévo(ra)tion féminine : on retrouve ainsi chez Cortázar les images obsédantes de *la femme qui s'érige* ("son corps droit", *erecto* dit Cortázar (64) et de la *bête à l'affût* :

> "La femme en rouge et son fidèle cortège. Les hommes la suivaient [...] la femme, elle, marchait fièrement en tête" (71). "Une tache rouge [...] elle avançait lentement *comme une bête à l'affût* [...] comme une bête qui va sauter" (65, je souligne).

Comme Mario face aux débordements de Délia, le narrateur ici a quelques réticences à entrer dans le jeu de ces femmes métamorphosées en tigresses. Si la femme fantastique jamesienne, malgré sa cohabitation avec un tigre, n'est jamais bestiale, la femme cortázarienne est au contraire une ménade moderne.
"Cela me désolait de me sentir en marge, de regarder tous ces gens du dehors, en *entomologue* " (59, je souligne). La femme abjecte suggérée d'abord comme une bête fauve, provoque aussitôt le retour des démons proprement cortázariens, des épiphanies zoomorphes et de l'*entomophobie* :

> "Madame Jonathan criant comme un rat qu'on écrase" (66). "Cet énorme bourdonnement de ruche en folie [...] une masse noire, des mouches sur un pot de confiture" (59) ; "Une foule délirante encerclait les violonistes, leur arrachait leurs instruments (on les entendait craquer et éclater comme d'énormes *cafards jaunes*)", (67, je souligne).

C'est l'horreur, de quoi *se boucher les oreilles* : la dislocation de l'orchestre par les femmes avides est rapprochée, par une série d'échos intertextuels, du cafard désarticulé dans le bonbon de Délia. Le geste alimentaire abject de Délia-Circé vient en surimpression sur la communion alimentaire des Ménades, qui renvoie dès lors à une même souillure : quand les choses s'*enveniment,* quand les femmes s'emmêlent (*enmarañarse*) et ont toute licence, l'insecte noir terrible à regarder et à entendre apparaît. Le cafard désarticulé dont nous avions déjà suggéré à propos de "Circé" la dimension sexuelle et apotropaïque, apparaît encore ici comme une abomination féminine qui fige d'horreur.
On observe ainsi que dans "La fanfare"[1], un récit publié originellement dans le même recueil que "Les ménades", *Final del juego,* Cortázar met en scène une situation assez similaire, même si cette fois-ci la référence mythologique est occultée. Un homme entre dans une salle de cinéma pour voir un film attendu : tout est normal mais dès le début de la séance il est gêné par la présence inexplicable, pour un tel film, de "matrones [...] fardées comme des cuisinières endimanchées" (134). Et soudain, à la place du film, surgit sur la scène "un vaste orchestre féminin" (135) et "la musique qu'il jouait était si terrifiante que la souffrance auditive ne [lui] permettait de coordonner ni idées ni réflexes" (136). Ici encore, les femmes — "une centaine d'aimables saucisses" (137) — ne sont guère appétissantes mais exhibent en retour une chair agressive, et leur intrusion bruyante fait resurgir un chaos primordial où l'*insecte noir* apotropaïque ne tarde pas à être exhibé :

---

1   CORTÁZAR, J., "La fanfare" in *Gîtes.* En ce qui concerne l'imbrication des deux textes on relèvera en marge dans "Les ménades" : "*La Cinquième* [...] je pensai que cela eût tout à fait convenu à un titre de *film* et je fermai les yeux" (p. 63).

> "Le chef d'orchestre était un jeune homme tout à fait inexplicable [...] il était en habit [...] se découpant en ombre chinoise sur le fond rouge et or de la fanfare, il avait l'air d'un *coléoptère* totalement étranger au chromatisme environnant. Il agitait dans toutes les directions une interminable baguette [...] décidé à mettre de l'ordre dans ce chaos [...]. Ce fut ensuite : *défilé de la fanfare* [...] il sortait des cuivres un *huhulement discordant* [...] le jeune *coléoptère* ouvrait la marche" (137, je souligne).

Le spectacle aberrant achevé, "le rideau s'abaissa comme une vaste paupière" (138). Cette association répétée de la femme en transe, de la mascarade bruyante (le *cômos*), du cafard hideux et du *bouche à oreille*, crée un réseau sémantique complexe qui s'origine autant dans les récits mythologiques que dans une mythologie personnelle.

Dans "Les portes du ciel"[1] un texte antérieur aux "Ménades", on retrouve encore un univers sonore, visqueux et moite, et des "monstres", des "noiraudes" que le distingué narrateur met en "fiche" comme un entomologue :

> "J'allais à ce bal pour les *monstres* [...] d'où sortent-ils, quelles sont les professions qui de jour les métamorphosent ? (73) ; "On ne conçoit pas ces monstres sans cette odeur de *talc* mouillé [...] *poudre sur le visage* de toutes ces dames ; *croûte blanchâtre* avec dessous des plaques brunes" (74, je souligne).

Les monstres en chaleur exhibent ce masque gorgonéen qui hante la fantastique cortázarienne et dont on a repéré déjà la présence chez James. Dans "Les portes du ciel", la référence mythologique qui est absente de "La fanfare", devient évidente lors du bal infâme au Palace :

> "Le chaos, la confusion résolue en un faux semblant d'ordre : l'*enfer et ses cercles*. [...] Placés dans un passage intermédiaire, (moi Virgile), on entendait les trois musiques à la fois et on voyait les trois cercles de danse. [Le chanteur] s'accrochait au micro comme s'il allait vomir [face au] *sourire tétanique* de la grille" (71, je souligne).

De toute évidence le héros est pris dans une spirale infernale : la musique qui devient un *bruit monstrueux* et les monstres au masque gorgonéen, signifient que le héros est dans l'Hadès face à Gorgô. L'ensauvagement de la femme stylisé par le *gorgoneion* omniprésent, place le héros cortázarien face à l'horreur mythique de l'avalement, à la fantasmatique de l'incorporation par un corps-bouche. Ces défilés de masques, ces faces obscènes, ces phobies animales, renvoient à une peur archaïque de *la femme montée contre l'homme*, à l'angoisse de la castration. L'*apotropaïon* par excellence enseignent les mythes, est constitué par les attributs sexuels, la béance de la femme et la rigidité de l'homme toujours menacé d'être complètement pétrifié.

Le seul homme qui dans "Les Ménades" manque d'enthousiasme, mis à part le narrateur-entomologue, est un aveugle ; celui qui scrute les femmes comme des

---

1   CORTÁZAR J., "Les portes du ciel" in *Les armes secrètes*. En marge nous ajouterons à cette mascarade, "l'aventure démente" du héros de "Directives pour John Howell" (in *Tous les feus le feu*) : à cause d'une *machination* "qui prétendait le transformer en pantin" et d'une "inévitable dame en rouge", un spectateur est obligé d'entrer dans la pièce de théâtre et d'y improviser un rôle face au public, "à la grande caverne, quelque chose comme une gigantesque respiration" (p. 134). Le masque lui collera à la peau.

insectes — qui les tient ainsi à distance — et celui qui est tout ouï, partagent la même froideur. Tous deux échappent à l'échange de regards médusants, à l'horreur viscérale exhibée sur la scène, mais ne peuvent rester sourds à ce qui se passe autour d'eux : pris dans la *panique*, l'aveugle ne peut se représenter où il est et erre comme dans un labyrinthe : il "se traînait à quatre pattes par terre, se heurtant aux fauteuils, perdu dans cette forêt symétrique qui n'offrait aucun point de repère" (70). Significativement le narrateur *entend* craquer les cafards mais, s'agissant d'une *otosuggestion*, il ne peut les figurer. Pas plus qu'il ne peut se représenter le sacrifice du Maître — "je crus apercevoir la tête argentée du Maître [...] mais elle disparut [...] comme si on l'eut fait tomber à genou [...] j'étais sûr à présent que le Maître était là, entouré par la femme en rouge et ses acolytes" (69) — ; pas plus encore qu'il ne peut imaginer sa fin :

> "La femme, elle marchait [...] avec un regard hautain et quand elle arriva près de moi, je vis qu'elle passait sa langue sur ses lèvres, lentement d'un air gourmand, elle passait sa langue sur ses lèvres et elle souriait" (71).

Le texte, évidemment, ne va pas plus loin : le fantastique nous laisse devant cette bouche vorace.

Dans "Maison occupée" où l'espace génère une écoute panique similaire, on se souvient que le frère est saisi par la voix onirique de sa soeur "cette voix de *statue* [...] qui vient des rêves et non de la gorge" ("Maison occupée", 27). Se mettre à l'écoute de l'Inouï *c'est être pétrifié par ce qui dépasse l'entendement et excède toute représentation.*

"L'idole des Cyclades" : le bacchant d'Hadès

La toponymie — qui réfère au monde cycladique et à sa circularité —, de même que l'apparition d'un objet de culte de la Grèce archaïque, avertit *in limine* que le récit prolonge la trame mythologique de Délia-Arachné. Mais si dans les deux récits précédents Circé et les Ménades désignaient du dehors du récit — le titre — un dedans enfoui, et n'entretenaient que des *rapports analogiques* avec les personnages de la fiction ; dans "L'idole des Cyclades" le mythe grec apparaît au contraire sous la forme *palpable* d'une pièce archéologique.

Certes, le thème n'est pas a priori original, il existe en effet de nombreux textes fantastiques où la Surnature dresse un *objet de fouille* : dans la seconde partie de cette étude, j'ai déjà analysé précisément les rapports intertextuels entre "L'idole des Cyclades" de Cortázar, "Le dernier des Valerii" de James et "La Vénus d'Ille" de Mérimée. La femme archéologique qui pétrifie son admirateur est une figure privilégiée de la littérature fantastique : le "jeté dessous" — le sujet — se lève au-dessus du trou noir, se dresse là devant, l'objet de la peur. Hors du ci-gît, se dresse le sujet devenu objet : le cadavre revenant est la première statue, la statue mobile est un cadavre lapidé.

L'objet de fouille dans le fantastique est un reste, un morceau du mort ; la décomposition du sujet coïncide avec son retour en tant qu'objet sculpté par la mort. Dessous les restes, la chose innommable ; et dessus, remonté, revenant, la pierre, l'objet, la statue. Des bouts des restes : des riens qui font peur. Le fantastique naît de l'objet, il vient des choses inidentifiables mais pourtant là-devant après avoir été là-dessous.

Les trois archéologues de "L'idole des Cyclades"[1] découvre la statuette dans l'île de Skoros aussi inidentifiable que Xiros "L'île à midi". Nous sommes dans un trou, dans un *pagus* hors univers, là où les idoles du polythéisme fixent les lieux : l'île singulière est hors du cercle (Cyclades, *kuklos,* cercle), elle est une déchirure locale dans la variété spatiale, c'est une île lointaine — un *lieu de rêve* dirait James —, à l'insularité irréductible. Ce reflux du fantastique vers la multiplicité grouillante d'espaces ilôtiques originaux, se double d'une exploration du local. C'est en effet au fond du trou — et de l'île comme trou — qu'apparaît la chose gisante : comme dans "La Vénus d'Ille" de Mérimée et "Le dernier des Valerii" de James, le texte s'articule sur le trou noir du site primordial (le ci-gît) et sur l'érection de la chose venue d'ici et maintenant arrivée là ; sur l'*être-là* de ce qui était d'abord ci-gît.

La statuette de culte — *amalga* — possède une schématisation hiératique — visage mort, seins esquissés, bras repliés sur le ventre au pubis incisé —, et apparaît comme une figurine cultuelle égéenne dont la signification, aujourd'hui encore, interroge les archéologues et les anthropologues. Le texte montre l'apparition de la Vénus de l'île, d'une déesse néolithique de la Fécondité et des Cycles : la mystérieuse *Dea Mater* méditerranéenne :

> "Ce blanc corps lunaire d'insecte antérieur à toute histoire, élaboré en des circonstances inconcevables par quelqu'un d'inconcevablement lointain [...] en un horizon vertigineux de cri animal, de sauts, de rites végétaux alternant avec les marées et les solstices, les époques de rut et les frustes cérémonies propitiatoires [...] l'idole des origines, de la première terreur sous les rites du temps sacré, de la hache de pierre des sacrifices sur les autels des collines" (128).

La récurrence de la métaphore de l'insecte est équivalente à la phobie jamesienne du tigre à l'affût ; le héros cortázarien est une fois encore placé devant l'*imago* de la femme terrible. *Imago,* au sens où l'emploie l'entomologie pour désigner l'ultime métamorphose d'un insecte ; et au sens où les psychanalystes parlent d'une représentation inconsciente, d'un *cliché statique et obsédant.*

Cette femme lunatique et archaïque extraite d'un trou se révèle être une femme-carapace dont le dedans, corruption de la fécondité, empoisonne la vie. La femme pétrifiante, la femme *narkaïa,* règle encore une pratique sacrificielle sanglante, peut-être de nature alimentaire car le sacrifice humain est attesté dans les Cyclades.

La bipenne rituelle est ici une référence cryptée au Labyrinthe, le palais de la double hache (du mot égéen : *labrys)* et à un récit fondateur, *Les Rois,* au "fil abominable de la hache à double tranchant" qui doit décapiter le Minotaure.

D'autre part, la pratique sacrificielle déterminée par les cycles lunaires semble nourrir quelques affinités avec l'*obscène* ; on observe en effet que Thérèse, la seule femme du trio, apparaît comme un élément perturbateur entre les deux amis : Morand son mari, pense que Somoza est amoureux d'elle, et l'extraction de la statuette est juxtaposée à l'exhibition de Thérèse :

---

1   CORTÁZAR, J., "L'idole des Cyclades" in *Gîtes.* Voir l'étude de stricte orthodoxie greimasienne de MOZEJKO D.-T., *Lecture des contes de Julio Cortázar,* Thèse de 3e cycle, Paris III, 1974, chapitre I : "La structure narrative fondamentale : "El ídolo de las Cícladas" (pp. 3-36) : à partir d'une formalisation souvent absconse l'auteur définit ce récit comme un texte paradigmatique du conflit entre le pouvoir et le vouloir.

"Thérèse [...] s'était retournée en entendant le cri de Somoza et avait couru vers eux, oubliant qu'elle tenait à la main le soutien-gorge de son maillot, et elle se penchait au-dessus du puits d'où sortaient les mains de Somoza brandissant la statuette [...] Morand [...] lui avait crié de s'habiller [...] l'ombre de Thérèse marchant sous la lune entre les oliviers [...] les mains de [Somoza] avaient tenu la statuette et l'avaient caressée pour lui enlever sa fausse robe de temps et d'oubli ; Thérèse parmi les oliviers, était toujours furieuse à cause du reproche de Morand" (122-123).

L'objet de fouille révèle une altérité envoûtante : le corps d'une *féminité primitive*, les seins que Thérèse exhibent au-dessus du puits d'où Somoza remonte avec la statue. Somoza dès lors, n'a d'yeux que pour la statue — "il leva une main et la posa doucement sur les seins et le ventre" (129) — dont il sculpte une série de répliques, avant de lui vouer un culte sanguinaire. Somoza entre dans la statue, devient statue : il est pétrifié par un impossible à dire — "Il n'y a pas de mots pour cela, dit Somoza. Du moins pas nos mots" (121) — ; par un impossible à voir, la face insoutenable du *gorgoneion* :

"Le spectacle de l'idole au visage ruisselant de sang, les filets rouges qui glissaient sur son cou, contournaient les seins, se rassemblaient dans le fin triangle du sexe, tombaient le long des cuisses" (132).

Cette femme terrible à la représentation insoutenable, exhibe son corps en sang et orchestre une geste musicale épouvantable que nous avons appris désormais à reconnaître :

"Ne les entends-tu pas ? Les flûtes doubles [...] le son de la vie à gauche, le son de la discorde à droite. La discorde est aussi la vie pour Haghesa mais quand s'accomplira le sacrifice, les joueurs de flûte cesseront de souffler dans la flûte de droite et l'on n'entendra plus que le sifflement de la vie nouvelle qui boit le sang répandu. Et les joueurs de flûte rempliront leur bouche de sang et ils le souffleront par la flûte de gauche et moi, j'oindrai de sang son visage et ses yeux et sa bouche apparaîtront sous le sang" (130).

L'horreur du *gorgoneion* peut être, on l'a vu, aprotropaïque : elle peut détourner sur un ennemi la menace qu'elle contient, et inverse alors son pouvoir pétrifiant au bénéfice de son détenteur. Somoza par ses incantations et son culte exalté, tente de domestiquer le *gorgoneion* : il est *entheos,* occupé par la divinité qui l'enthousiasme.
Après l'audition des "Ménades" on constatera ici que le pouvoir de la flûte, comme le *gorgoneion,* est ambivalent ; la flûte remplit d'allégresse, rythme le transport dionysiaque mais peut aussi jouer "l'air de l'épouvante" de la terrible Lyssa. On se souvient qu'Athéna jouant de la flûte aperçut le reflet de son visage complètement déformé, les joues gonflées par le souffle, les yeux écarquillés : Athéna qui invente la flûte pour imiter les sons criards de Gorgô, comprend alors que mimer la Gorgone est dangereux et que simuler, prendre le masque, c'est *entrer dans le personnage.* Athéna jette la flûte aussitôt, qui devient l'attribut du satyre Marsyas. Ces affinités que les mythes grecs définissent entre la flûte et le masque de Terreur, nous avertissent que la flûte est l'instrument de l'orgiasme.

Dans un essai sur la flûte et le masque, J.-P. Vernant met en relation le visage mortifère de Gorgone et l'air de l'Epouvante joué par les flûtes qui, on l'a lu, fait d'Héraclès "un bacchant d'Hadès" :

"Certains instruments de musique, utilisés à des fins orgiastiques pour provoquer le délire, jouent de cette gamme de sonorités infernales. L'effet d'Epouvante est d'autant plus intense que [...] les sons ne semblent pas émaner d'eux mais surgir directement de l'invisible, monter de l'au-delà [...] Quand un homme est possédé de *Lyssa* [la Rage] et qu'il mime la Gorgone par ses gestes, son visage et ses cris, il devient lui-même une sorte de danseur des morts, un bacchant d'Hadès. La terreur qui l'agite, qui le fait danser sur l'horrible mélodie de la flûte, remonte directement au monde infernal"[1].

De fait dans le récit de Cortázar, la symbolique buccale liée au rite cannibalique et à l'ingestion phobique de l'insecte — l'idole et son "blanc corps lunaire d'insecte" est bien ici le corps du délit —, se trouve particulièrement sollicitée : si les musiciens se gorgent de sang, Somoza, lui, refuse de boire car "il faut être à jeûn pour le sacrifice" (130), et quand il entre en transe, "de sa bouche entrouverte coulait un filet de salive" (131) ; Morand vomit après avoir tué Somoza — "Morand alla vomir [...]. Il se sentait comme vide, cela lui faisait du bien de vomir" (133) —, puis lèche avidement la hache sanguinolante en attendant sa nouvelle victime.

Enfin, comme Délia à la fois ouverte et découverte par le bonbon que Mario lui jette à la figure, comme la Ménade aux lèvres maculées, l'idole égéenne retrouve son vrai visage "à la bouche absente" (129) quand Somoza la couvre de sang : ses yeux et sa bouche apparaîtront sous le sang" (130). Au lieu de servir de voie de passage, d'"altérer le temps et l'espace, ouvrir une brèche pour accéder à ..." (125), le culte de la femme primitive — ou mieux, du primitif dans la femme — mène à la perte d'identité et à la métamorphose bestiale.

Comme dans "Cou de petit chat noir" — et sur le modèle de la métaphore cynégétique —, l'agressé devient l'agresseur par un retournement de situation imprévisible : Morand, l'archéologue parisien calme et pondéré — apollinien —, doit sauver sa vie face à Somoza, le portègne *monté contre lui* ; ce faisant, Morand se métamorphose, prend goût au sang, ingère le *pharmakon* — "il trempa sa main dans le sang [...] il attendit [...] en léchant le fil de la hache" (132) —, et s'*ensauvage*, attendant sa proie, entendant "la voix de Thérèse dominant le chant des flûtes" (132).

Succomber à la fascination de la femme dionysiaque, *pénétrer le mystère de la statue*, c'est entrer dans son jeu et être hors de soi.

"Pour "L'idole des Cyclades", est-ce après ou avant avoir écrit le conte que tu as associé dans ton esprit l'idole et la sculpture de Giacometti, "La femme portant le vide dans les mains", dont parle Breton, avec une illustration à l'appui, dans *Les Vases Communicants* ?
- "Non, en aucune manière. D'abord je ne connais pas cette sculpture de Giacometti [...]. Non, l'idole des Cyclades est une idole des Cyclades. Quand je

1   VERNANT J.-P., "La flûte et le masque : la danse d'Hadès" in *La mort dans les yeux, op. cit.*, p. 55 et p. 62. Voir HERACLITE (*Fragments*, 15) et le Dionysos infernal : "Si ce n'était pour Dionysos qu'ils mènent le cortège et chantent l'hymne phallique, ils commettraient l'action la plus honteuse. Mais Hadès et Dionysos c'est le même pour qui ils sont en délire et célèbrent les bacchanales" (trad. A. Jeannière).

suis allé à Athènes pour la première fois j'ai visité au musée d'Athènes les deux premières salles consacrées à l'art cycladique, l'art le plus primitif de Grèce. Il y a là une série de petites idoles de marbre d'une beauté extraordinaire, sauvage, terrible, des figures féminines qui ensuite se retrouvent à l'époque moderne, mais plus dans la sculpture de Brancusi que dans celle de Giacometti. Et ces idoles des Cyclades m'impressionnèrent beaucoup parce qu'elles me firent une sensation de profonde méchanceté, elles me semblèrent des forces très négatives pour moi : un effet magique"[1].

La déesse nommée Hagessa n'appartient à aucune généalogie mythologique, comme l'île où elle se dresse, elle ne ressemble à rien d'autre qu'à elle-même : *une chose unique en son genre*. L'apparition, la chose qui a lieu là et fixe le lieu, est non dédoublable, Somoza tente en vain d'en sculpter des répliques et de communiquer avec elles. La chose statuaire qui a lieu dans l'île est inconnaissable sinon en tant que telle : apparition singulière, surgissement d'une chose statuaire hors langage, hors de cause. Une production plastique sans raison.

De même dans ses poèmes — pour la plupart encore inédits en français —, Cortázar sollicite souvent les mythes grecs : dans "Helecho" apparaît "Diane des carrefours ultimes / lune de sang parmi les chiennes noires / assemblage de Méduse et de Licorne" ; dans "El nombre innominable" : "Elle a le pouvoir de réveiller les morts […]. Elle, Lilith, aux noms innommables, l'intercesseuse, la toile d'araignée, Diane des carrefours […], Lamie …" ; dans "Grecia" le poète interroge : "Comment dormir si près du combat de Gorgô et de Thersites ?" ; dans "Mediterránea" la *Gioconda* et la *Gorgona* exhibent deux rictus similairement inquiétants …[2].

M. Detienne et J.-P. Vernant avertissent que :

> "S'il fallait enfin suggérer un élément focalisateur qui pourrait être l'image la plus frappante ou la plus fascinante du point de vue des Grecs, ce serait une femme couverte de sang"[3].

Nous avons observé que c'est le même personnage imagoïque qui préside chez Cortázar aux rites, jeux et passages à finalité sacrificielle. La femme fantastique cortázarienne emprunte beaucoup aux figures archaïques de la mythologie gréco-latine. On retiendra déjà deux éléments : d'une part, elle est une femme *gorgôpis* dont le regard foudroyant pétrifie d'horreur ; d'autre part, elle est une femme à *mètis* dont l'intelligence retorse, capable des pires retournements, agit comme une ligature magique.

La terreur panique qui dès "Maison occupée" s'empare du héros cortázarien, est une terreur nocturne qui noue inextricablement les structures mythiques et les structures oniriques, et conduit à ce que Cortázar appelle "les zones interstitielles où vivent les larves de notre nuit la plus profonde"[4]. Face à Delia-Circé, aux

---

1   PICON GARFIELD, E., *Cortázar por Cortázar, op. cit.*, p. 107. Sur le thème de la statue voir "La fin d'un jeu" in *Les Armes secrètes*, une nouvelle non fantastique où trois fillettes jouent aux statues sur le remblai d'une voie ferrée : "Quand le jeu disait attitude, l'élue s'en tirait généralement bien, mais les statues furent parfois des échecs effroyables […]. Comme nous avions des robes sans manche cela faisait tout à fait grec" (p. 109 et p. 111).

2   CORTÁZAR J., *Salvo el crepúsculo*, Madrid, Alfaguara, 1985 (je traduis). Outre ces trois poèmes, voir : "les Dioscures", "Tombes romaines", "Les ruines de Knossos", "Les dieux" …

3   DETIENNE M., VERNANT J.P., *La cuisine du sacrifice en pays grec*, Paris, Gallimard, 1979, p. 213.

4   CORTÁZAR J., "Promenade entre les cages" in *Le bestiaire d'Aloys Zötl*, Milan, F.M. Ricci, p. 130. Dans ce texte trop méconnu, il évoque encore ses cauchemars comme des "morsures

ménades, à l'idole égéenne et aux autres masques de terreur, le héros vit un véritable cauchemar. Le masque gorgonéen itératif relie les angoisses les plus archaïques au démon nocturne :

"A ceux qui la nuit ont des épouvantes, des terreurs, des délires, des sauts du lit et des fuites hors de la maison, ils disent qu'il s'agit des attaques d'Hécate"[1].

Hécate, la terreur des carrefours — des passages —, gouverne la Folie et l'Empuse, elle est la déesse des cauchemars et préside à cette sensation insupportable que rend suggestivement le mot espagnol de genre féminin, *pesadilla* (*pesar, peser, presser*).

"L'hygiéniste qui interdit la viande le soir oublie que la *nourriture lourde* n'est que la métaphore de la *lourdeur d'une digestion* [...]. Les contorsions du rêveur, ses mouvements contournés dans la matière du rêve, ont *pour sillage un labyrinthe.* [On] gagnerait à bien distinguer les deux périodes du rêve : le rêve vécu et le rêve raconté. On comprendrait mieux certaines fonctions des mythes. Ainsi [...] on peut dire que le fil d'Ariane est le fil du discours. Il est de l'ordre du rêve raconté. C'est un fil de retour"[2].

Le *rêve retors* dont nous parle ici Bachelard évoque l'*Ephialtès* des Grecs, l'*Assailleur,* que l'on nomme en latin *Incubo,* et qui figure autant le cauchemar oppressant que le démon phallique. La mythologie grecque et, de là, la mythologie cortázarienne, identifie l'utérus et l'estomac, *delphys* et *gastêr.* Ces procédés d'assimilation déterminent à la fois une structure textuelle (l'emboîtement labyrinthique des textes les uns dans les autres) et une image mythique du démon oppresseur : le démon nocturne est un être mythique qui pèse sur la poitrine *comme une pierre statuaire sur/dans l'estomac.* Ce qui paralyse le héros c'est une pierre, autrement dit une chose pétrifiée et pétrifiante.

L'apparence chevaline du démon de la nuit se fonde sur la mythologie du *cochemare* [3] : Charles Nodier dans la première préface à *Smarra* indique ainsi que "*Smarra* est le nom primitif du mauvais esprit auquel les anciens rapportaient le triste phénomène du *cochemar* ". Dans "Les sorcières espagnoles" de Mérimée, des sorcières transforment une barque en un cheval chthonien : "Si la barque eut été un cheval, on aurait pu dire qu'elle prenait le mors au dent"[4] ...

La mise en équation de la jument — *mare* — et de l'incube —*mara*—; de *nightmare,* cauchemar, et *nightmara,* sorcière de la nuit, révèle un glissement linguistique d'une valeur mythologique suggestive[5]. Pour le héros fantastique cortázarien qui, contrairement au héros jamesien ne rencontre jamais de vestale apaisante, le démon nocturne est un spectre féminin *gorgôpis* — au regard de terreur — et *narkaïos* — qui pétrifie.

---

littéraires".

1   JAMBLIQUE, *De la maladie sacrée,* IV, 37-39. Cité par VERNANT J.P. in *La mort dans les yeux,* op. cit., p. 60.
2   BACHELARD G., *La Terre et les rêveries du repos,* op. cit., p. 215.
3   DURAND G., *Les structures anthropologiques de l'imaginaire,* op. cit.,, p. 79 et *passim.*
4   Sur "Les sorcières espagnoles" de MERIMEE et le cauchemar, voir TERRAMORSI B., "Des tenants et des aboutissants du fantastique" in *Du Fantastique en littérature,* op. cit.
5   On retrouve le démon hippomorphe du cauchemar dans "La morte amoureuse" de GAUTIER, voir TERRAMORSI B., "Une cure d'amour : "la morte amoureuse" de Th. Gautier", *Bulletin de Liaison et d'Information de la Société Française de Littérature Générale et Comparée,* (13), automne 1992, pp. 75-101.

Le démon nocturne hippomorphe est enfin la figure mythique de la *caracole fantastique* : une chevauchée et un chevauchement — insomnies prémonitoires, *mania* dionysiaque, altération de l'espace-temps par une figurine envoûtante ... — renvoient à un voyage nocturne, à des *distances monstres*. Ephialtès celui qui assaille, signifie aussi la *tempête* ; la caracole fantastique, la voie tourbillonnaire, puise dans la mythologie des Puissances de Terreur un modèle structural : *la poursuite de/par la femme terrible se métamorphosant en cheval écumant et bruyant, et qui passe la bride au cavaleur pour le monter contre lui-même.*

Comme le pêcheur de Mérimée, dans "Les sorcières espagnoles", rejoint l'Andalousie et l'Amérique en une seule traite, les héros cortázariens relient le Buenos Aires de 1945 au Paris de 1870, la Rome Impériale au Paris du XXe siècle, le voyage en métro sous-terrain à une geste orphique, Délia à Circé, l'enthousiasme portègne au ménadisme, la Grèce contemporaine aux âges farouches de la *Dea Mater* ...

Le héros fantastique cortázarien est moins sédentaire que chez Maupassant ou James où domine la claustration, le *tourment intérieur*. Le héros cortázarien, à l'image des premiers héros fantastiques américains — Rip Van Winkle et Peter Rugg —, accomplit des distances monstres dans une géographie aporétique.

2 • DES MYTHES PRECORTESIENS AUX MYTHES CORTÁZARIENS

"Axolotl" : l'abyssal

Axolotl [1] : le nom est d'origine aztèque, et il est remarquable que Cortázar n'emploie pas l'espagnol *ajolote* ; le titre joue ainsi sur la polysémie — l'axolotl, le batracien et Xolotl, le dieu aztèque —, et induit une généalogie mythique :

> "Qu'ils étaient originaires du Mexique, je le savais déjà, rien qu'à voir leur petit visage *aztèque* " (29) ; "Les axolotls n'étaient pas des animaux. De là tomber dans la *mythologie,* il n'y a qu'un pas, facile à franchir, presque inévitable. Je finis par voir dans les axolotls une *métamorphose* qui n'arrivait pas à renoncer tout à fait à une mystérieuse humanité. Je les imaginais [...] *esclaves* de leurs corps" (32, je souligne).

Le récit fantastique semble encore écrit sous la dictée du mythe. Le romancier urugayen Eduardo Galeano, raconte dans *Les Mémoires du Feu*[2] — une œuvre qui embrasse tous les mythes fondateurs de l'Amérique précolombienne — la naissance mythique du monde aztèque ; et il rappelle que tous les dieux acceptèrent l'impératif cosmique sauf un, *Xolotl,* dieu protéiforme et double infernal de Quetzalcoalt le "serpent à plumes". L'ethnohistorien Christian Duverger, dans une étude sur l'économie du sacrifice aztèque à laquelle j'emprunte beaucoup, analyse précisément le mythe de *Xolotl* :

---

1 CORTÁZAR, J., "Axolotl" in *Les armes secrètes.* Nous renvoyons sur le même thème aux récits de ARREOLA J.-J., "El ajolote" in *Bestiario*, Mexico, J. Mortiz, 1972 ; et CALVEYRA A., "Guide pour un jardin des plantes" in *Iguana, iguana*, Actes Sud, 1985.
2 GALEANO, E., *Les mémoires du feu. Les naissances.* Paris, Plon, 1985, p. 17.

"*Xolotl* refuse de se sacrifier pour la bonne marche du monde et il prend la fuite : pour échapper à ses poursuivants, il se transforme en double épis de maïs, un peu plus loin en double maguey et pour finir, il se dissimule dans la lagune où il se métamorphose en *axolotl,* ce curieux avatar larvaire et néoténique de l'amblystome. *Xolotl* est l'une des très rares figures divines à se rebeller contre les exigences de l'ordre cosmique [...]. La mutation en *axolotl* est particulièrement riche de symboles : car l'*axolotl* est une larve, donc une créature infernale, double aquatique de *xolotl,* le chien souterrain. Mais cette larve de salamandre possède une étrange particularité : elle peut atteindre l'âge adulte sans se métamorphoser et se reproduire à l'état larvaire. L'*axolotl* vit donc en deçà de ses potentialités évolutives [...]. Le mythe éclaire le personnage de l'esclave, *xolotl* : c'est effectivement un homme qui renonce à l'extériorité de son être [...] en s'attachant à demeurer sous l'ombre d'autrui"[1].

La transmutation du héros de Cortázar en une larve chthonienne n'est pas l'œuvre de Circé ou de Métis : placée sous le signe de Xolotl — dieu des jumeaux, des épis et des plantes doubles, dieu psychopompe — cette transmutation possède néanmoins un fondement mythologique évident[2].

La contemplation hypnotique des axolotls apparaît comme une cérémonie rituelle de possession par *une idole pétrifiée-pétrifiante*[3]. La fantastique cortázarienne met ainsi explicitement en rapport le rituel sacrificiel de la *Dea Mater* égéenne, et le rituel sacrificiel aztèque, une distance culturelle monstre :

"La tête vaguement triangulaire, aux contours courbes et irréguliers qui la faisaient ressembler à une statue rongée par le temps. La bouche était dissimulée par le plan triangulaire de la tête" (29) : "Derrière ces visages aztèques inexpressifs, et cependant d'une cruauté implacable, quelle image attendait son heure ?" [...] "L'impossibilité forcée de ces visages de pierre" (33) ; "Les axolotls pensent comme les humains sous leur masque de pierre rose" (35).

Comment ne pas voir dans la figure de Xolotl le dieu aztèque cynomorphe, l'épiphanie pétrifiante de l'idole égéenne (qui a passé la frontière dans *le ventre d'un chien* en peluche ...). Le visiteur de l'aquarium du Jardin des Plantes réitère la scène de la rencontre avec le *gorgoneion* ; la dé-personnalisation du héros coïncide avec l'apparition du masque aztèque qui désormais va lui coller à la peau : la *personne est un masque,* c'est la vérité étymologique qu'enseigne le mythe, hellénique ou précolombien. Et il est significatif qu'il revienne à Xolotl — l'*esclave* — celui qui n'est que l'ombre de lui-même, qui n'a pas d'identité propre, de révéler cette *mascarade fantastique.* Somoza et le visiteur de l'aquarium font l'expérience fantastique de la dé-figuration des êtres et des choses : Somoza est pétrifié par la statuette gorgonéenne "à la bouche absente" et au "visage inexpressif" ("L'idole ...", 128) en voulant "altérer le temps et l'espace, ouvrir une brèche pour accéder à ... (*Ibidem,* 125) ; parallèlement, le visiteur est médusé par "les visages aztèques inexpressifs" en voulant "abolir l'espace et le temps par une immobilité pleine d'indifférence" ("Axolotl", 31). Somoza entend "remonter cinq

1   DUVERGER, C ; *La fleur létale : économie du sacrifice aztèque,* Paris, Seuil, 1979, pp. 90-91.
2   SOSNOWSKI, S. malgré le but avéré de son étude, *Julio Cortázar una búsqueda mítica* (Buenos Aires, Ediciones Noé, 1973) a occulté la référence au dieu Xolotl. De même, les références mythologiques précises des récits que j'analyse dans ce chapitre, ne sont abordées que de manière allusive.
3   PLANELLS, A., *Cortázar : metafísica y erotismo*, Madrid, J.P. Turanza, 1979, voulant commenter ce récit (p. 168) rapproche l'axolotl de la physionomie d'un Cortázar exolphtalmique, aux traits éternellement juvénils.

mille ans de fausses routes" [et trouve] "étrange que les descendants des Égéens eux-mêmes se soient rendus coupables de cette erreur ("L'idole" ..., 129) ; de son côté le visiteur a la prescience que "quelque chose [le] liait à eux, quelque chose d'infiniment lointain et oublié qui cependant [les] unissait encore" ("Axolotl", 29), et ne peut finalement échapper à leur aura divine : "Loin d'eux je ne pouvais penser à autre chose, comme s'ils m'influençaient à distance" (33).

Xaiacatl désigne le masque chez les Aztèques : mais comme les Grecs qui avec *prosopon* désignaient le masque *et* le visage, *xaiacatl* signifie le masque et le visage : personne. Octavio Paz observe à propos des *masques*, que l'idéal de virilité du mexicain est de ne pas se "fissurer", de ne pas s'*ouvrir* comme le font les femmes, et de garder le masque ; ainsi la femme sacralisée est-elle une *idole fermée* :

> "La Mexicaine oppose un certain hiératisme [...]. L'homme voltige autour d'elle [...] et fait caracoler ses chevaux ou son imagination. Elle se voile de sa réserve et de son immobilité. C'est une idole. Comme toutes les idoles, elle émane à volonté des forces magnétiques [...] Analogie cosmique : la femme ne cherche pas, elle attire. Et son centre d'attraction est son sexe, caché, passif. Immobile soleil secret"[1].

Une fois encore l'*assimilation* à/par la face mortifère passe par le symbolisme de l'avalement : les axolotls ex-olphtalmiques ont la mort dans les yeux, littéralement ils mangent des yeux le visiteur :

> "On signalait qu'ils étaient comestibles" (28) ; "Je découvris leurs yeux, leur visage. Un visage inexpressif sans autre trait que les yeux, deux orifices comme des têtes d'épingle entièrement d'or transparent [...] qui regardaient et se laissaient pénétrer par mon regard" (29) ; "Les yeux d'or continuaient à me brûler de leur douce et terrible lumière, continuaient à me regarder du fond d'un abîme insondable qui me donnait le vertige" (31) ; "Leurs yeux voyaient peut-être la nuit, et le jour pour eux n'avait pas de fin. Les yeux des axolotls n'ont pas de paupières" [...] "Ils me faisaient peur [...] — "Vous les mangez des yeux", me disait le gardien [...] il ne se rendait pas compte que c'était eux qui me dévoraient lentement des yeux en un cannibalisme d'or" (33).

L'inhibition de l'acte orificiel de manger/être mangé, et particulièrement cette dynamique de l'avaleur-avalé, fait surgir l'image abjecte de "Circé" : le "petit corps rose, translucide" (29) de l'axolotl est une nouvelle métamorphose du "petit poisson rouge translucide [dont l']oeil froid regardait Mario comme une perle vivante" ("Circé", 51) tandis que celui-ci, fantasmatiquement, "se voit" le croquer et l'avaler. De même, l'engloutissement de/par l'axolotl rappelle l'engloutissement de/par "la tortue dorée" de "L'île à midi" : "la bouche répugnante" ("L'île"...,130) de la blessure mortelle de Marini montrait que le passage de l'autre côté de la vitre — d'un hublot ou d'un aquarium — provoque une *béance* vorace.

Chez James on peut repérer un *fantasme endoscopique de la caverne aquatique*[2] ; Cortázar privilégie plutôt la fantasme d'une oralité agressive. Le complexe de

---

1   PAZ, O., *Le labyrinthe de la solitude*. Paris, Gallimard, 1983, p. 37.
2   Voir TERRAMORSI, B., "Henry James et la chose des profondeurs" in *Le Nouveau Monde et les territoires d'altérité...*, op. cit.

Jonas, selon la formule de Bachelard[1], est amplifié ici non plus par le *pharmakon* de Circé ou la tortue d'or cosmophore mais par la présence sous-jacente de Xolotl : l'image d'abord ambiguë du "cannibalisme d'or" est dans cette perspective la métaphore évidente qui désigne *Tonatiuh*, le Soleil prédateur alimenté par le *chalchiuatl*, "l'eau précieuse" : le sang du sacrifice rituel auquel Xolotl a voulu se soustraire par une série de métamorphoses. C. Duverger remarque encore à ce propos :

> "Le Soleil est assoiffé de sang humain [...] Les Aztèques affirment ainsi leur conviction : l'Energie n'est pas source ; l'Energie *consomme*. Et il est assez curieux de noter que l'entropie dans le registre mythique nahuatl s'exprime largement par la fonction *orale* : le Soleil doit *manger* les sacifiés pour se nourrir"[2].

A la frénésie extatique du culte dionysiaque se sustitue maintenant la contemplation hypnotique : la cérémonie d'envoûtement transporte Somoza dans la nuit des temps et précipite Marini, le steward, dans les abysses de la mer Egée. La précipitation du héros fantastique dans les abysses est à l'évidence une image d'engloutissement : Hector, fiancé de Circé, se jette à l'eau, Mario est fasciné par le poisson de l'aquarium, *La Mer* de Debussy déchaîne l'enthousiasme des Ménades, la mer Egée est un décor récurrent, l'axolotl de l'aquarium vient d'un lac mexicain ... L'ordalie par l'eau renvoie à une expiation et à la génèse d'un être métamorphosé.

Dans le récit jamesien "Le coin plaisant", l'affrontement avec le double — proprement *l'envoûtement* [3] — s'accompagne d'une sorte d'ordalie par l'eau dans une maison new-yorkaise transformée en un gigantesque aquarium où le héros manque d'être dévoré par un tigre. Le héros cortázarien, tel Jonas englouti par un poisson monstrueux pour fuir l'ordre cosmique, est "enterré vivant dans un axolotl" (34) : la référence à la geste mythologique de Xolotl fuyant l'avalement par le Soleil prédateur — *le cannibalisme d'or* — participe ici à la construction de la phylogénèse du sujet :

> "En fait, dévorer éveille une volonté plus consciente. Avaler est une fonction primitive. Voilà pourquoi avaler est une fonction mythique[4].

1   BACHELARD G., "Le complexe de Jonas" in *La Terre et les rêveries du repos, op. cit.*, pp. 129-182.
    Une analyse d'obédience jungienne insisterait sur la dimension eucharistique du poisson avalé/avaleur : "La manducation du poisson opère une participation mystique avec le dieu", JUNG C.-G., *Les racines de la Conscience*, Buchet/Chastel, 1971, p. 345.
    DURAND G. note parallèlement : "Le poisson est le symbole du contenant redoublé, du contenant contenu. Il est l'animal gigogne par excellence [...]. Géométriquement parlant la chasse des poissons est celle qui se prête le mieux aux infinies manipulations d'emboîtements des similitudes. Le poisson est la confirmation naturelle du schéma de l'avaleur-avalé" (*op. cit.*, p. 243).
2   DUVERGER, C., *op. cit.*, p. 50. Une thèse qui s'oppose à celle de G. BATAILLE pour qui "le sacrifice est l'antithèse de la production" chez les Aztèques, in *La part maudite. Oeuvres Complètes*, Paris, Gallimard, t. 7, 1976.
3   *Envoûtement*, on le sait, vient de *vultus*, visage, et particulièrement de ces figures de cire utilisées pour jeter des sorts.
4   BACHELARD, G., *op. cit.*, p. 157. Dans "Orientation des chats" in *Nous l'aimons tant Glenda*, la femme du narrateur possède un regard de félin, semblable à celui de leur chat Osiris. "Une dernière transformation fit d'elle une lente statue" : cette sphinge se perd dans la contemplation d'une peinture, elle passe de l'autre côté pour dévorer des yeux son spectateur.

La description de l'avalement vécu comme *passage*, rite initiatique, est une scène proprement suffocante qui, par association d'images textuelles, évoque le rêve récurrent de *poisson suffoqué* de Marco le gladiateur de "Tous les feux le feu", ou de Miles dans "Le tour d'écrou" : "dans ces profondeurs cristallines, passait en un éclair, comme la lueur argentée d'un poisson dans un fleuve" ("Le tour d'écrou", 191).

> "Sans transition, sans surprise, je vis mon visage contre la vitre, je le vis de l'autre côté de la vitre. Puis mon visage s'éloigna et je compris [...] je ressentis l'horreur de celui qui s'éveille *enterré vivant*. Au dehors mon visage s'approchait à nouveau de la vitre, je voyais ma bouche aux *lèvres serrées* par l'effort pour comprendre les axolotls [...] je me croyais prisonnier dans le corps d'un axolotl [...] *Les ponts sont coupés* à présent, [...] je crois qu'au début je pouvais revenir en lui [...]. Maintenant je suis définitivement un axolotl" ("Axolotl", 34-35, je souligne).

Dans "Le coin plaisant" de James, si Spencer Brydon n'est pas proprement avalé par un monstre marin, il apparaît néammoins comme un homme-grenouille, un être amphibie :

> "c'était le fond de la mer (...) qu'il vit (...) pavé des carrés en marbre de son enfance. A ce moment il se sentit indiscutablement "mieux" (...) cette halte lui avait permis de reprendre haleine" [1].

Chez Cortázar la transformation fantastique dans l'élément liquide correspond encore avec la rencontre déchirante d'Alina Reyes et de la mendiante sur le *pont* de Budapest, au-dessus de l'eau. A propos de ce dédoublement spéculaire, Cortázar a confié à E. Picon Garfield :

> "Axolotl" est plus confus [que "La lointaine"] parce que lorsque l'homme devient prisonnier de l'axolotl, il est dit à la fin du conte que de temps en temps l'autre venait le voir mais que maintenant il ne venait plus [...] Alors, qui était cet autre ? Qu'est-ce qu'il y avait dans cet autre ? Ça ne peut pas être l'axolotl, l'axolotl n'a pas de conscience. De sorte que c'est un peu plus confus. Ce n'est pas ainsi une transformation à cent pour cent comme dans "La lointaine". [...] En réalité c'est comme si le corps de l'autre demeurait une sorte de "zombi" [...] une espèce de zombi qui, par habitude, par réflexe conditionné, retourne parfois à l'aquarium pour regarder les axolotls et ensuite ne revient plus, car qui sait ce qui lui arrive ? [2].

L'emboîtement des espaces-temps renvoie à l'avalement du sujet contenant-contenu : l'être qui se penche désormais sur l'aquarium "les lèvres serrées" (à la fascination qui laissait bouche bée succède la posture pétrifiée), n'est plus qu'une enveloppe vide, un être agi par un dedans creux : un zombi comme le dit précisément Cortázar. Autrement dit, le dedans et le dehors de l'aquarium s'évacuent comme des vases communicants : entre le dedans et le dehors il n'y a de place que pour un zombi, enveloppe de chair renfermant un désordre

1 JAMES, H., "Le coin plaisant" in *Histoires de fantômes*, Aubier, 1970, pp. 166-167.
2 PICON GARFIELD, E., *op. cit.*, pp. 93-94. Dans "Une fleur jaune" (in *Gîtes*) un homme découvre l'immortalité en rencontrant son double adolescent, non pas son "calque" mais "une figure analogue [...] tout est analogie" (p. 78). Cette rencontre spéculaire est "une petite erreur dans le mécanisme, un pli du temps, un avatar simultané plutôt que consécutif" (p. 77).

indescriptible : "Qu'est-ce qu'il y avait *dans* cet autre ?" se demande Cortázar. Un zombi : autrement dit un *corps occupé* par quelque chose de plus fort que lui. Nous dirons littéralement qu'ici *l'impossible prend corps.*

Octavio Paz analyse significativement cette dynamique comme un procès de dépersonnalisation structurant toute la *mentalité* mexicaine :

> "La dépersonnalisation est une opération qui consiste à faire de Quelqu'un Personne. Le néant s'individualise soudain, prend un corps et des yeux, devient Personne. [...]. C'est pourquoi celui qui dépersonnalise se dépersonnalise aussi : il est l'omission de Quelqu'un. Et si nous sommes tous Personne, nul d'entre nous n'existe. Le cercle se referme et l'ombre de Personne s'étend sur les pyramides et les sacrifices [...] le silence, antérieur à l'Histoire, règne à nouveau"[1].

Le récit de Cortázar s'achèvera cyniquement en queue de poisson : "Il va peut être écrire quelque chose sur nous ; il croira qu'il invente un conte et il écrira tout cela sur les axolotls" (35). Le dédoublement du point de vue génère une *disproportion* de l'écriture matérialisant le récit comme méconnaissance de ce dont il est censé parler. Le héros fantastique apparaît ici comme la métaphore intenable du dehors comme tel : l'axolotl ou le "zombi" sont des *demeures fantastiques,* ainsi la "Maison occupée", espace vidé puis rempli par quelque chose qui n'a pas de nom.

"Il était hors de l'aquarium. Tout en le connaissant, tout en étant lui-même, j'étais un axolotl et j'étais de mon monde" (34) : le visiteur, *mangé des yeux,* ne voit plus seulement le spectacle qui le cloue sur place : il est du spectacle. Le cannibalisme d'or, la mort dans les yeux, renvoient encore à cet angle mort de l'écriture — la chose à dos jamesienne — constitutif du fantastique cortázarien. A propos d'"Axolotl", Cortázar précisera à O. Prego :

> "Ceci est une expérience personnelle [...] j'observais intensément les axolotls et ce fut la panique [...]. Vous sentez qu'il n'y a pas de communication mais en même temps [...] s'ils te regardent c'est qu'ils te voient, et s'ils te voient ils voient quoi ? [...] Et soudain j'ai eu comme la sensation d'une ventouse, d'un entonnoir qui pourrait m'entraîner là-dedans"[2].

Jonas reste trois jours dans le ventre de la baleine, comme le Christ est resté trois jours au tombeau avant de ressusciter ; le héros fantastique est quant à lui totalement assimilé : avalé et non dévoré, il réactive sous l'égide de Xolotl le thème obsédant de la métamorphose et de la chrysalide, de l'enveloppement et du développement. On observera que la particularité de l'axolotl, notamment par rapport à l'insecte, est le non fonctionnement de la métamorphose puisqu'il croît en conservant son organisation larvaire et en acquérant sa maturité génitale. L'*homme-grenouille* de Cortázar — de même que le Spencer Brydon jamesien — est la figure emblématique de la néoténie humaine, à la fois immaturé et

---

1   PAZ, O., *op. cit.*, pp. 43-44. T. Todorov verrait là un des traits caractéristiques du fantastique : "l'effacement de la limite entre le sujet et l'objet", et de citer GAUTIER T. : "Par un prodige bizarre, au bout de quelques minutes de contemplation, je me fondais avec l'objet fixé, et je devenais moi-même cet objet" in *Introduction à la littérature fantastique,* Seuil, 1970, p. 123.
2   PREGO O., *op. cit.,* p. 59. Voir également le commentaire de CORTÁZAR, "Promenade entre les cages" in *Le bestiaire d'Aloys Zötl, op. cit.,* p. 112 : "Je ne revins jamais au Jardin des Plantes de Paris où j'avais découvert les axolotls et pris peur ; j'ai écrit une nouvelle qui n'a pas réussi à les exorciser : il y a des rencontres qui effleurent des puissances hors de toutes nomenclatures, et que peut-être nous ne méritons pas encore".

prématuré, qui se plonge dans le liquide amniotique de l'aquarium, dans les eaux primordiales : l'intériorisation *de* l'axolotl — l'envoûtement par la figurine aztèque — devient une intériorisation *par* l'axolotl.

La figure mythique de la femme dévorante est occultée, dans le mythe précortézien, au profit du *cannibalisme d'or* (Xototl est lié toutefois au symbolisme vénusien), mais il faut néanmoins souligner les affinités qui relient les liqueurs de Circé, le bain de sang des Ménades ou de l'idole cycladique, au liquide amniotique de l'aquarium. L'océan féminin est une *mer intérieure* — mer Egée ou lac mexicain —, un dedans creux — tombeau vide ou chrysalide — d'où l'on sort à la fois identique à soi-même et tout autre. La geste mythique de Xolotl en *arrière-fond,* suggère peut-être que la précipitation fantastique dans cette *mer intérieure,* nécessairement bouche abyssale, est encore une ordalie par l'eau impliquant à la fois une damnation et une salvation : Le "lointain royaume aboli [...] temps de liberté où le monde avait appartenu aux axolotls" (33) est dès lors la référence à un *illo tempore,* au temps euphémisé du mythe où le sacrifice (l'avalement) était un gage d'intégration dans un ordre cosmique.

La nuit face au ciel : le sidérant

"La nuit face au ciel"[1], le titre original, reprenant la litanie du récit, dit "la noche boca arriba". Le passage d'une langue à l'autre semble surfiler l'excès et le défaut constitutifs de la rhétorique fantastique : *boca arriba* (mot à mot : "bouche en l'air") / *face contre ciel* [2]. Pour rendre l'image d'un homme *couché sur le dos*, la traduction française doit recourir à un détour qui dit à la fois plus et moins : plus, parce que le ciel remplace "la nuit" du titre original et anticipe sur la *sidération* du héros (on pourrait traduire alors par : "la nuit, la tête dans les étoiles") ; moins, parce que le "face au ciel", même en renouant avec la face de terreur, nous fait perdre l'image de la bouche bée devant le désordre sidéral, l'image d'un *corps-bouche* et d'une *bouche d'ombre* face à face. James dans "Le coin plaisant" dit "*he lay looking up* " (*op.,cit.,* 173), et signicativement, il est question dans les deux cas d'un retour cauchemardesque aux *temps primitifs de la chasse à l'homme.*

Ainsi le titre, sans utiliser l'onomastique mythologique, situe le récit fantastique dans un schéma rituel reconnu qui réitère les thèmes archaïques et phobiques du *corps-bouche,* de la dynamique du dedans-dehors, de l'endroit et de l'envers. En étudiant les *distances monstres* couvertes par les héros fantastique, j'évoquais ce motard qui à la suite d'un accident est poursuivi par un cauchemar où il est un guerrier traqué puis mis à mort rituellement par les sacrificateurs aztèques, avant de "réaliser" *in fine* que le rêve était la réalité et vice versa. Le cauchemar du motard hospitalisé établit une liaison génétique entre l'expérience onirique et le récit mythologique, et cela n'est pas sans conséquence pour l'inversion finale qui

---

1   CORTÁZAR J., "La nuit face au ciel", in *Les armes secrètes.* Sur le même thème du *passage* des temps modernes aux temps précortésiens, voir le récit de C. FUENTES, "Por la boca de los dioses" in *Los días enmascarados,* México, 1954 (inédit en français).
2   SERRA E., "El arte del cuento : "La noche boca arriba", in Lagmanovitch D. (ed.), *Estudios sobre los cuentos de Julio Cortázar,* Barcelona, Hispam 1975. Le critique souligne la répétition du syntagme "la noche boca arriba" qu'il retrouve dans "L'Ode au roi de Harlem" un poème de Federico García LORCA (in *Un poète à New York*). Pour ma part je relève, chez CORTÁZAR, dans le récit "Le Fleuve", la femme précipitée qui *gît sur le dos* "boca arriba" (in *Gîtes,* p. 120) ; dans le poème "Les dieux", la référence au *pesadilla,* et à "las nubes boca abajo" (in *Salvo el crepúsculo, op. cit.,* p. 79).

dès lors n'est plus tant l'inversion du rêve et de la réalité que la confusion, au niveau de l'impensé, du réel et de sa mythologie.

> "C'était un rêve curieux, car il était rempli d'odeurs et lui ne rêvait jamais d'odeurs [...] sa plus grande torture c'était cette odeur [...] l'odeur encens douceâtre de la guerre fleurie" ... (16-17).

A la fantastique gustative — "Circé" —, visuelle — "Axolotl" —, tactile — "L'idole des Cyclades" —, auditive — "Les Ménades" —, succède maintenant une fantastique olfactive : le fantastique est bien une littérature païenne s'originant dans les sensations fortes. Les miasmes de mort qui répétitivement viennent submerger l'odeur médicamenteuse de l'hôpital ont un pouvoir absorbant ; le héros est aspiré par l'odeur qui le *transporte* du lit d'hôpital à la pierre du sacrifice aztèque : "il ne fallait plus penser au cauchemar (*pesadilla*) [...] le sommeil le gagnait de nouveau, l'attirait lentement vers le fond (*abajo*)" (21-22)[1].

Le récit mythologique va de plus en plus occuper tout le récit, comme le bruit dans "Maison occupée" gagnait inexorablement l'espace du texte et l'espace dans le texte : la vague submergeante n'est plus sonore, elle est ici l'odeur *sui generis* qui suffoque : "L'odeur de guerre était insupportable" (20) ; "il respira profondément pour délivrer ses poumons, pour chasser ses images toujours collées à ses paupières" (24). Le mythe paralyse le mouvement et la respiration comme un rêve pesant, un cauchemar (*pesadilla*, en espagnol) ; le mythe, comme le démon nocturne pétrifiant, coupe le souffle et si l'on peut dire, *en met plein la vue* [2].

Le mythe aztèque fait revenir les choses et les sensations oubliées. Le héros là encore est du spectacle. On a observé que l'idole cycladique est exhumée dans l'inaccessible Skoros (lieu a-topique) et que le visiteur de l'Aquarium devenant un axolotl, intègre le mythe de Xolotl ; pareillement, je constate que le motard en état de choc se met dans la peau d'un *motèque* : nulle trace, évidemment, d'une civilisation "motèque" dans l'histoire de la Mésoamérique. Le *motèque* réfère à une tribu *lointaine*, doublement mythique — il évoque l'onomastique aztèque mais n'y a pas sa place —, qui naît peut-être d'une hybridation entre *olmèque* — civilisation mésoaméricaine du Mexique oriental — et *toltèque* — civilisation plus récente, de la famille des nahuatl. Le motèque de Cortázar — *moteca*, en espagnol — pourrait aussi évoquer un diminutif de Motecuzoma, l'empereur qui durant la *pax azteca* créa la *xoachiyaoyotl*, "la guerre fleurie" : une guerre ritualisée en un *jeu* exclusivement présacrificiel, destiné, à intervalle régulier, à alimenter les autels en prisonniers vivants. L'épigraphe du récit est de fait explicite : "Et, à certaines époques, ils allaient chasser l'ennemi : on appelait cela la geurre fleurie". Et le narrateur précisera :

> "La guerre fleurie avait commencé avec la nouvelle lune [...] il fallait que le Temps assigné fut révolu, le temps sacré [...] Tout acte portait en soi un chiffre et une fin prévus d'avance et il était, lui, à l'intérieur de ce Temps sacré, face aux chasseurs" (21).

---

1   Dans "La caresse la plus profonde" (in *Le tour du jour en quatre vingts mondes*) l'homme qui croit s'enfoncer inexorablement en "une lente immersion", se retrouve "la bouche pleine de terre" face à face avec "un petit cafard", avant d'être complètement aspiré non pas par le haut comme le motard-motèque, mais par le bas, par le sol vorace.

2   "C'est derrière, à l'intérieur, sur l'écran des paupières que se déplient les visions" : CORTÁZAR, "Les grandes transparences", *Le Monde*, avril 1984, pp. 22-23.

Enfin, on observera que le "moteca" descend du maïs : *mote* e n hispanoaméricain signifie *maïs*, ce que les aztèques nomment *xilotl*, la plante sacrée placée sous l'égide de Xilonen, la déesse des jeunes épis, et de Xolotl le dieu des épis doubles. "Remuant à peine les lèvres, il murmura la prière du maïs qui amène les lunes heureuses" (19) : on peut comprendre que la geste du guerrier "motèque" fuyant le sacrifice héliaque des aztèques, réitère à la fois la geste mythologique de Xolotl et le scénario pré-cortésien et cortázarien du sacrifice de nature alimentaire.

Le "motèque" qui veut fuir la zone des marécages — lieu mythique de la métamorphose de Xolotl en axolotl, mais aussi de la *précipitation* et de l'ordalie par l'eau —, refuse le jeu mortifère qui alimente le Soleil prédateur des aztèques ; il refuse la destinée sacrificielle que l'aztèque vit comme une valorisation tellurique :

> "O miroir fumant, fais que tous, guerriers — aigles et guerriers — jaguars, soient méritants. Puissent-ils être couverts de craie et de duvet ... Fais que leur coeur ne ressente point la peur. Qu'ils goûtent la douceur de la mort d'obsidienne. Qu'ils réjouissent avec leur coeur la lame au double tranchant, le papillon d'obsidienne, la parure de plumes. Qu'ils désirent, qu'ils convoitent la mort fleurie, la mort d'obsidienne"[1].

Comme Xolotl, fuyant "la mort d'obsidienne", se dédouble par la magie de ses métamorphoses et entre dans le mythe, le "motèque" court après son ombre :

> "*Le rêve merveilleux c'était l'autre, absurde comme tous les rêves* ; un rêve dans lequel il avait parcouru, *à cheval sur un énorme insecte de métal,* les étranges avenues d'une ville étonnante, parée de feux verts et rouges qui brûlaient sans flammes ni fumées" (25-26, je souligne).

On se souvient que dans "La fanfare" le spectacle bouleversant des ménades dirigées à la baguette par un coléoptère, provoque une sidération similaire :

> "Et soudain, il lui sembla comprendre tout en des termes qui dépassaient infiniment l'événement lui-même. Il sentit confusément qu'il lui avait été donné de voir enfin la réalité. Un moment de la réalité et elle lui avait paru fausse parce qu'elle était la véritable, celle qu'il ne voyait plus à présent. *Ce qu'il venait de voir, c'était le vrai, c'est-à-dire le faux*" ("La fanfare", 139, je souligne).

De fait les liens entre "La nuit face au ciel" et "La fanfare" — et par delà avec le théâtre Corona des "Ménades" — sont complexes ; l'homme hospitalisé frappé par *le cauchemar qui n'en est pas un,* remarquera étrangement :

> "La nuit tombait et la fièvre l'entraînait mollement vers un état où les choses avaient un relief semblable à celui que donnent les *jumelles de théâtre,* elles étaient réelles et douces, et, aussi légèrement répugnantes, un peu comme un *film ennuyeux* mais où l'on reste parce que dans la rue c'est encore pire" (18, je souligne).

---

1 *Florentine Codex,* Part. VII, livre IV, p. 13. Cette symbolique ludique de la fleur pourrait suggérer un rapprochement entre Xochipilli, le dieu aztèque de l'exubérance et de la musique, et Dionysos.

Le réel est une affluences des choses, il est comme un mauvais film, un mauvais spectacle qui déborde de lui-même et envahit tout parce qu'on ne peut plus garder ses distances. L'interversion de la réalité et de sa représentation illusoire ouvre un passage vers une réalité interstitielle : dans "La nuit face au ciel", l'*inter-version* du récit onirique et du récit mythologique passe significativement par les images obsédantes, cette fois-ci confondues, de l'*insecte* et du *cheval* : l'imago et le démon nocturne pétrifiant, le dedans creux et la monture chthonienne. A *posteriori* des éléments sporadiques viennent alors s'agréger.

> "La main qui serrait sans qu'il s'en rendit compte le manche du poignard grimpa comme *le scorpion des marécages* jusqu'à son cou où était suspendue l'amulette protectrice" (19) ; "il voulut se lever et il sentit des *cordes* à ses poignets et à ses chevilles [...] Une *corde* l'attrapa par derrière ..." (20, je souligne).

Le "motèque" ne peut se métamorphoser dans le marécage mythique, et "très loin sans doute de l'autre côté du grand lac, des feux de bivouac devaient brûler ; une lueur rougeâtre teignait le ciel" (17) : cette scène mythique des origines (le feu primordial, le lac de Xolotl, le ciel rouge de sang, l'astre lunaire, *metztli*) est ici sans issue. Le "motèque" est pris dans un *piège tissé,* il est victime d'une ligature magique, comme le héros des "Fils de la Vierge", comme Mario, Somoza, ou encore Marco le gladiateur suffoqué par le filet du rétiaire durant les Jeux du Cirque.

Le scorpion, l'animal noir, est un arachnide : le renversement du récit, *in fine*, apparaît comme un dard retourné qui apparente le récit, en son fonctionnement même, à un piège noir carapaçonné : *in cauda venenum*. Ce que nous avons appelé précédemment l'*inter-version fantastique*, le retournement propre à l'intelligence à *mètis*, apparaît de plus en plus nettement comme une machination du récit fantastique à l'appendice foudroyant. On pourrait en partie décrire le récit fantastique cortázarien au moyen de la métaphore utilisée par Barthes pour évoquer la forme de la maxime :

> "La maxime [le récit fantastique] est un objet dur, luisant — et fragile — comme le corselet d'un insecte ; comme l'insecte aussi, elle [il] possède la pointe, ce crochet de mots aigus qui la [le] terminent, la [le] couronnent — la [le] ferment — tout en l'armant"[1].

Or, Barthes le montre minutieusement, la pointe de la maxime *ferme* la pensée, et la maxime n'est armée que parce qu'elle est fermée : par contre, dans le récit fantastique la pointe (ce qu'habituellement on désigne comme sa chute), fige le sens, cloue de terreur, et ouvre sur un doute, une hésitation qui constituent en quelque sorte la queue de la comète, la nébuleuse tourbillonnaire du texte. Le renversement final — *in cauda venenum* — n'établit pas une vérité, une "image dans le tapis" pour parler comme James : dans le récit fantastique, et c'est un des mérites de ce récit de le faire apparaître aussi nettement, la pointe est un procédé rhétorique spectaculaire — la véritable *arme secrète* de Cortázar —, qui arrête toute déduction, tout rétablissement de l'ordre extérieur. Alors que dans la maxime par cette pointe le sens éclate au milieu de l'insignifiance, dans le récit fantastique

---

1   BARTHES R., "Réflexions ou Sentences et Maximes" in *Nouveaux essais critiques*, Paris, Seuil, 1972, p. 71.

c'est inversement l'insignifiance qui éclate au milieu du sens. Et c'est cette apparition de l'informe sous la forme qui méduse le héros :

> "Tout son corps se défendait par ce cri contre ce qui allait venir [...]. Il poussa un autre cri, étouffé celui-là ; il ne pouvait presque plus ouvrir la bouche, ses machoires étaient collées comme si elles avaient été de caoutchouc et n'avaient pu s'ouvrir que lentement, en un effort interminable" (23) ; "Le couloir était interminable, il prendrait fin cependant et l'odeur du plein air criblé d'étoiles le frapperait soudain au visage" (24) ; "Lui, face contre ciel [*boca arriba*], il gémit sourdement, parce que la voûte allait prendre fin, elle montait, elle s'ouvrait, comme une bouche d'ombre, les acolytes se redressaient et une lune en croissant tomba du haut du ciel sur son visage, sur ses yeux qui ne voulaient pas voir" (25).

Le scénario archétypal de la mise à mort sur la pierre du sacrifice *(techcatl)*, réitère à partir de "Circé" l'image de la pétrification et du *gorgoneion* : "il vit la pierre rouge brillante de sang frais [...] quand il ouvrit les yeux il vit le sacrificateur couvert de sang qui venait vers lui, le couteau de pierre à la main" (25). La *mort d'obsidienne* c'est la *mise en pierre,* le corps sculpté par la mort.

> Le héros fantastique, *boca arriba,* bouche bée, est une fois encore *sidéré,* la tête dans la lune, le visage "criblé d'étoiles" et les machoires tétanisées. Ce gisant est une statue cultuelle.

Cortázar, dans "Récit sur un fond d'eau" — un récit publié initialement avec "La nuit face au ciel", dans *Final del juego* —, on retrouve une même terreur sidérante : tout commence et finit dans le labyrinthe du Delta du Tigre — "le Delta aurait dû s'appeler l'alpha"— où le narrateur rapporte à son ami Mauricio un cauchemar qu'il a déjà raconté à Lucio leur ami commun disparu : la nuit sur le fleuve il voit un cadavre à la dérive et alors que le visage vient de lui apparaître, le rêve s'interrompt brutalement devant une révélation aussitôt refoulée et inaccessible. Le labyrinthe fluvial et végétal, l'oppression du cauchemar, la lune obsédante, le face à face insoutenable avec l'altérité et le masque macabre : tous les éléments repérés dans "La nuit face au ciel" — ce récit sur un fond de ciel —, se retrouvent ici mais *déplacés* pour établir un pont avec les autres îles mythiques de Cortázar[1] :

> "J'étais seul dans l'île [...] la solitude avec une lune qui commençait à grimper dans le ciel de l'autre rive [...] l'air était devenu poisseux [...] avec une lune que j'avais toujours en plein visage" [...] je m'avançais vers la pointe de terre, pas à pas, m'enfonçant dans la boue jaune et tiède de lune" (46). "Le canal n'était plus qu'une lune, un *immense étal de lames qui me tailladaient les yeux,* et au-dessus de moi un ciel qui s'écrasait contre ma nuque et mes épaules (..). Le corps du noyé [...] tache noire à la dérive [...] s'approchant en cadence de la berge nue où la lune allait tomber droit sur son visage" (47). "La *lune s'enfonce dans sa poitrine, le mord au ventre et aux jambes,* le dévêt à nouveau [...] je vis son visage et je poussai un cri [...] un cri qui m'arrachait à moi-même, m'a fait remonter vers le

---

1   CORTÁZAR J., "Récit sur un fond d'eau" (in *Gîtes*). On rapprochera cette mort au fil de l'eau de l'image de "L'île à midi", où Marini, croyant repêcher un rescapé rencontre son *masque mortuaire* : "le visage plein d'écume où la mort était déjà installée, la blessure béante à la gorge comme une bouche répugnante" (p. 130). Mais ici, on l'a vu, c'est l'île toute entière qui figure un masque "d'un blanc éclatant comme pétrifié" ... (p. 121).

réveil [...] je ne me rappelais déjà plus ce visage que je venais de reconnaître" (48). "Tu la vois là-bas ? Elle se lève, parmi les joncs, et dans un moment tu l'auras en plein visage" (49). "J'ai vu le noyé avec la *lune agenouillée sur sa poitrine* et le visage du noyé c'était le mien" (51). "Quelque chose grimpe le mur de la jetée et se dresse sur le quai, couvert d'algues et de morsures de poissons, quelque chose s'approche et vient me chercher. Je peux encore changer les rôles, je peux le tuer de nouveau, mais il s'obstine et il revient, et une nuit il m'emportera [...] [je serai] Couché sur le dos [*boca arriba*] resplendissant de lune" (52).

Le démon nocturne agenouillé sur la poitrine d'un gisant *boca arriba*, le face à face pétrifiant avec l'Autre sous l'astre mort ; l'isomorphisme de la lune et du masque de terreur ; les eaux chthoniennes, désignent un spectre sémantique désormais reconnu que j'appellerai *la catastrophe lunaire,* et qui participe d'une mythologie littéraire.
Il est remarquable que dans le fantastique de Henry James on trouve déjà cette catastrophe lunaire : un masque blême qui se rapproche dans notre dos pour nous figurer notre tête, une fois mort...

"Le dernier des Valerii" :

"dans ce gisant en prières, je reconnus le Comte (..) le clair de lune se déplaça, couvrant sa poitrine et sa face (...). La lune blanchissait son visage..." (...) "cette interminable lune de miel païenne"[1].

"De Grey" :

"il était debout, appuyé contre un arbre (...) son visage semblait luire dans l'ombre comme un *masque* de reproche rendu *phosphorescent* par la rosée de la mort "[2]

"La troisième personne" :

"sa tête est si affreusement tordue (...) si horriblement de travers (...). Ca le rend horrible (...) cette façon qu'il a de vous regarder (...) son cou brisé et ce regard horrible (...) un regard blême et vitreux"[3].

"Le coin plaisant" :

"rigide et conscient, spectral et humain (...) les mains blanches qui le masquaient (...) avaient perdu deux doigts" (169) ; il gisait là les yeux levés" (173) ; "le masque mortuaire d'un beau visage (*death— plaster*, 121) " ; "de grands vides construits (...) posent souvent au coeur des villes, durant les premières heures du jour, une sorte de masque sinistre" (161).

"La redevance du fantôme" :

1   JAMES, H., "Le dernier des Valerii" in *Le dernier des Valerii*, Albin Michel, 1984, p. 5O et p. 35
2   JAMES, H., "De Grey" in *Les fantômes de la jalousie*, Néo, 1982.
3   JAMES, H., *La troisième personne*, Mare Nostrum, 1992, pp. 85-87.

> "*deux mains blanches* apparurent de part et d'autre de la haute masse noire (...) elles s'appuyèrent *sur l'emplacement du visage* puis s'écartèrent et le visage apparut. Il était indistinct, blanc, étrange" (...) ; "un masque imprécis, couleur de craie" [1].

"La bête de la jungle" :

> "il en était venu à porter un masque, le masque peint de la grimace mondaine (...). May Bartram avait réussi ce tour de force de rencontrer de face les yeux du personnage et de partager cependant sa vision, comme si, penchée sur son épaule, elle regardait elle aussi par les trous du masque" [2].

Chez Cortázar, les héros de "La nuit face au ciel", d'"'Axolotl" ou de "Récit sur un fond d'eau" — à la manière de ces héros jamesiens — sont poursuivis par un masque de terreur lunaire, qui leur fait horreur pour trop leur ressembler.

Le héros de "Récit sur un fond d'eau", en l'absence de mythe qui désignerait illusoirement un sens premier — l'image dans le tapis —, ne peut qu'inverser les rêves comme deux faces d'une même médaille : "Tu as rêvé un rêve qui ne t'appartient pas" (51) lui dit Lucio : "Je ne peux encore changer les rôles" comprend *in fine* le narrateur persécuté, ne pouvant plus repousser la rencontre avec soi-même, *boca arriba*.

Le motard-motèque de "La nuit face au ciel", en se jetant dans la gueule du Soleil aztèque, fait de sa fuite cauchemardesque une *course cosmique* : Morand lèche le fil sanguignolant de la bipenne ; le motard-motèque "d'une coupure qu'il avait au sourcil, du sang coulait sur tout son visage, et une ou deux fois il passa sa langue sur ses lèvres pour le boire" (15). Il mime "quelque chose" qui transcenderait son rêve, le Soleil dévorateur qui attend sa mise à mort au sommet du Teocalli. Le sacrifice aztèque interfère bien sûr avec le sacrifice grec : songeons à "l'idole des origines, de la première terreur, sous les rites du temps sacré, de la hache de pierre des sacrifices sur les autels des collines" ("L'idole des Cyclades", 128) ; ou encore au démentèlement de l'orchestre par les Ménades voraces.

"Tout son être se révoltait mais comment empêcher l'inévitable puisqu'on lui avait arraché son amulette, son coeur véritable, le centre même de sa vie" ("La nuit face au ciel", 24) : l'arrachement du talisman anticipe sur l'arrachement du coeur au sommet du Teocalli. Dans le sacrifice aztèque

> "les prêtres renversaient la victime sur la pierre du sacrifice, l'un d'eux lui ouvrait la poitrine d'un coup de couteau en silex et arrachait le coeur que l'on brûlait dans une urne de pierre [...]. Une partie de leur chair était aussi mangée rituellement[3].

La tête de mort (véritable *gorgoneion)* était exposée jusqu'à sa putréfaction complète sur les marches du temple (*teocali)* : une vision qui horrifia les espagnols, et dont le conquistador et chroniqueur Diaz del Castillo témoignera.

---

1   JAMES, H. "La redevance du fantôme" in *La redevance du fantôme*, UGE, coll. "10/18", 1984, p. 134, p. 147.
2   JAMES, H., "La bête de la jungle" in *L'élève et autres nouvelles*, UGE, coll. "10/18", 1963, p. 140.
3   SOUSTELLE J., *L'univers des aztèques*, Paris, Hermann, 1979, p. 51.

En définitive, les deux niveaux du récit — la mort chirurgicale dans un hôpital du XXᵉ siècle / la mort d'obsidienne — s'assemblent et se déconstruisent réciproquement ; le récit raconte l'impossibilité de se représenter sa propre mort qui est toujours mort de l'Autre.

Le récit initial du motard accidenté puis hospitalisé, est surfilé, dédoublé, par le récit mythologique qui l'accompagne en parallèle et le creuse : le renversement final — "le rêve merveilleux c'était l'autre …" — qui tend à poser comme premier le récit jusque là considéré comme second, est un coup d'écriture qui ne réhabilite pas tant le rêve, le cauchemar, que le *récit mythique de sa propre mort*. Coup d'écriture, mystification : car cette pointe finale voulant relier l'un et l'autre ne rétablit rien mais déstabilise tout. Nul "motèque" ne peut rêver avec autant de justesse sa mort médicalisée au XXᵉ siècle, et il n'y a pas de "motèque" : *il est une représentation de quelqu'un à l'article de la mort*, une manière, *in extremis*, de changer les rôles comme dans "Récit sur un fond d'eau".

Le ciel au-dessus du gisant, c'est le "trou (*hueco*), le vide qu'il n'arriverait pas à combler […] comme si dans ce trou il avait parcouru une distance fabuleuse"(21) ; le héros cortázarien ne peut pas s'appuyer comme chez James, sur une femme qui comble : "aussitôt qu'il eût entendu sa voix, le trou fut comblé"… ("La bête de la jungle", 126).

Chez Cortázar, ce trou aspirant, ce maelström évoqué déjà à propos des distances monstres, c'est aussi bien le "trou d'air où la musique n'entre pas" au treizième rang du théâtre Corona des "Ménades" ; c'est le "rêve confus avec des trous d'oubli aux moments où il aurait pu le comprendre" de Marco le gladiateur ; c'est encore "le trou qu'il […] faut raconter" dans "Les fils de la Vierge" où un narrateur-photographe au regard mort fixe *machinalement* le ciel et les nuages, comme un appareil photo renversé sur le trottoir, *boca arriba*.

De fait les liens entre le narrateur-photographe des "Fils de la Vierge" et le motard-motèque de "La nuit face au ciel" ne s'arrêtent pas là, et le texte se déboîte à l'infini :

> "Je sais que tout regard est entaché d'erreur car c'est la démarche qui nous projette hors de nous-même […] tandis que l'*odorat* … ("Les fils de la Vierge", 131) ; "Je laissai le soleil m'envelopper, me ligoter, je lui tendis mon visage, mes oreilles, mes mains" (*Ibid.*, 130).

Le motard-motèque est pareillement *transporté* par l'odorat, puis fasciné — *ligare* — par le soleil prédateur qui va l'absorber. Mais surtout, le héros de "La nuit face au ciel" à l'article de la mort, décrit une opération impossible de la Représentation — *se voir mourir* — qui est tout à fait similaire à l'expérience du héros de "Récit sur un fond d'eau" (qui se voit mort), et de celui des "Fils de la Vierge" pour qui "combattre le néant c'est […] prendre des photos" (Les fils …129), "je suis bien obligé d'écrire (…) autant que ce soit moi, je suis mort" (*Ibid.*, 126)[1].

---

1   Cette vision très borgésienne du Réel contribue encore à rapprocher "La nuit face au ciel", du récit de BORGES J.-L., "Le Sud" in Caillois R., *Anthologie du Fantastique, op. cit.*, t. 2) : le héros absorbé par la lecture des *Mille et une Nuits* se blesse à la tête. La fièvre produit un délire qui mêle les contes et la vision d'un Sud mythique où s'origine la geste familiale et nationale du héros. Le voyage généalogique vers le Sud débouche sur "un duel au couteau *à ciel ouvert* […]. Il sentit que si, alors, il eut pu choisir ou rêver sa mort, celle-ci était la mort qu'il aurait choisie ou rêvée" (p. 245).

Le "motèque" de "La nuit face au ciel" est un prisonnier de guerre : un esclave, autrement dit un xolotl … une larve. Dans et par le jeu (la Guerre Fleurie), il va trouver un sens à son existence : sur la pierre du sacrifice (*techcatl*), après le prélude près-sacrificiel de la guerre-jeu, il devient "l'image du dieu" (*ixitpla*), il sort de l'histoire et entre dans le cosmos sacré.

Le récit mythologique et le récit onirique qui s'associent et se contredisent, répètent dans et par l'écriture la même terreur archaïque devant la néantisation, la même sollicitation des origines face au non-sens et la fin. Cortázar inclut le mort et la Mort dans une représentation unique, comme Fussli dans son *Nightmare* incluait la rêveuse et son rêve en une même peinture : dans "La nuit face au ciel" nous voyons non plus un héros qui échappe à la mort par un dédoublement fantastique mais quelqu'un qui *passe* par *jeu*.

De façon similaire, dans "Tous les feux le feu" (un récit reposant également sur une structure en diptyque) Marco le gladiateur est tétanisé par la coïncidence de son rêve et de sa mort : "sentir qu'on est *l'image même de son rêve* face au filet [qui] semble capter tous les rayons du soleil" (159, le souligne) ; ce soleil qui va là aussi tout engloutir en consumant les deux récits.

La "distance fabuleuse" que le motard-motèque de "La nuit face au ciel" parcourt dans ce trou de mémoire, la geste mythique d'une mise à mort rituelle qui ne serait pas destruction mais transsubstantiation, sont bien la métaphore fantastique du comble de tout déplacement : le *Grand Voyage*.

TITRE	THEMES MYTHOLOGIQUES	THEMES FANTASTIQUES
Circé	Circé, magicienne grecque dont les philtres transforment en bête	femme maléfique irruption de l'altérité dans les aliments
Les Ménades	rite sacrificiel dionysiaque, mythologie grecque de la *mania* (folie)	public transformé en meute vorace sous l'effet de la musique
L'Idole des Cyclades	culte de la *Dea Mater*, rite sacrificiel égéen (rituel grec archaïque) divinités : Pohk, Haghesa	pouvoirs maléfiques d'une statuette égéenne
Axolotl	Xolotl, dieu aztèque infernal métamorphosé en axolotl pour fuir le sacrifice primordial	transmutation d'un homme en larve aquatique
La nuit face au ciel	rite aztèque de la "guerre fleurie", alimentant le Soleil prédateur en sacrifiés. Divinités : la lune, le maïs	interversion du "rêve" et de la "réalité"

Fantastique & mythologie dans les nouvelles de Julio Cortázar

Ces cinq récits constituent un essaim sémantique, un système non clôt dans lequel chaque récit remplit une fonction à la fois originale et répétitive par rapport à l'ensemble. L'isomorphisme de la mythologie lunaire et de la destinée sacrificielle, la femme maléfique comme personnage imagoïque, le masque gorgonéen, les inhibitions buccales et scopiques dans l'espace-temps ritualisé du sacrifice, privilégient explicitement les mythes helléniques ou précortésiens comme axes résolutifs et ce parfois dès le titre du récit.

Le récit fantastique voudrait être lu à travers, par le biais d'un autre récit : *l'image du tapis* fantastique cortázarien serait un mythe grec ou aztèque. Une manière en quelque sorte de se défiler : le récit fantastique cortázarien se pose immédiatement comme un avatar du récit mythologique vers lequel il dévie la lecture pour rester lui-même dans l'ombre. Une façon aussi pour le récit fantastique de surfiler ses apories, de faire *jouer* les analogies et d'induire une lecture essoufflée par son travail associatif. Le mythe est avant tout ici la permanence d'un type de relations et de thèmes narratifs, et l'on peut dire que ces cinq récits constituent cinq mythèmes, cinq éléments mythiques de base communs à l'ensemble de la fantastique cortázarienne qui en est l'organisation. Cette constellation sémantique développe en effet une texture mythologique dont on retrouve des éléments dispersés dans d'autres récits où la référence mythologique est apparemment moins évidente : je l'ai souligné déjà pour "La sorcière", "Les fils de la Vierge", "La fanfare" ou "Récit sur un fond d'eau".. Aussi bien, on repère la dimension mythologique du tigre de "Bestiaire", l'*ocelotl* chthonien des aztèques, le prédateur sacré dont les ocelles criblent la voûte céleste et relient fantasmatiquement la gueule vorace à l'oeil — l'ocelle — maléfique[1].

De même, dans "Lettre à une amie en voyage" la dimension mythologique pour être plus diffuse n'en est pas moins prégnante : un homme à qui une amie a prêté son appartement, se sent oppressé par cet espace domestique féminin, cet

"Ordre établi, prévu jusque dans les moindres détails [...], il est difficile de s'intégrer, même si l'on s'y soumet entièrement, à l'ordre minutieux qu'une femme instaure subtilement autour d'elle"[2].

Le malaise qui le saisit dans le temple de la femme débouche finalement sur l'accouchement répété de petits lapins :

"Une terrible tâche qui emporte mes jours et mes nuits d'un seul coup de rateau et me *calcine* peu à peu intérieurement et me *pétrifie* comme cette étoile de mer [...] qui m'emplit le corps" (15).

Cette horreur dégurgitée qui une fois encore foudroie et pétrifie, réitère l'image obsédante de l'avaleur-avalé ; et significativement on retrouve chez le héros de "Lettre à une amie en voyage" la même *assimilation* animale que pour le héros d'"Axolotl" : "Une fois la porte fermée, l'armoire leur est une nuit divine" (15) / "*Je* vous écris la nuit, il est trois heures de l'après-midi mais c'est leur nuit à *eux* " (17)... Mais par delà ces échos intertextuels, le support mythologique du récit apparaît plus significativement dans la scène hallucinante de l'adoration rituelle, une nuit face au ciel :

"Ils lèvent leurs museaux tièdes vers les lampes du salon, les trois soleils insolites de leurs journées, et l'on sent qu'ils aiment cette lumière, eux dont la nuit n'a ni lune, ni étoiles, ni réverbères. Ils regardent leur triple soleil et ils sont heureux [...] ils vont et viennent en une mouvante constellation. Et moi qui voudrais tant les voir immobiles, couchés sagement à mes pieds, — c'est un peu le rêve de tous les dieux [...] un rêve jamais réalisé" (16) ; "C'est presque touchant de les voir se dresser sur leurs pattes de derrière, nostalgie de l'homme lointain, imitations peut-

---

1   Dans un récit de la rioplatéenne C. PERI ROSSI, "Estate violento" (in *Le soir du dinosaure, op. cit.*) on retrouve ce tigre cosmophore et les ocelles envoûtants.

2   CORTÁZAR J., "Lettre à une amie en voyage" in *Gîtes*, pp. 9-10. J. ALAZRAKI voit dans ce récit une fiction emblématique du "néofantastique" : les lapins, comme "le bruit" de "Maison occupée" ou le tigre de "Bestiaire", disent et représentent *quelque chose* de non énonçable, une "métaphore épistémologique" (*op. cit.*, pp. 71-82).

être de leur dieu qui va et vient et les regarde d'un air irrité" (18) ; "Ils ont crié, assis en rond sous la lumière de la lampe tous en rond comme s'ils m'adoraient et criant comme je ne savais pas que des lapins puissent crier" (20).

Faut-il voir dans ces lapins envahissants les "quatre cents lapins" (*Centzon Totochtin*), les divinités de l'abondance et de l'incontinence que les aztèques relient aux phases lunaires ? Le lapin appartient on le sait au bestiaire lunaire au point d'être considéré souvent comme une cartophanie de la lune : doit-on entendre ici une référence aux taches de la lune que les aztèques assimilent à un lapin qu'un dieu jeta à sa face lors de la fondation du monde ? Le lapin (*tochtli*) en tant que symbole agro-lunaire du renouvellement cyclique de la vie, ne réfère-t-il pas à la geste mythique de la transmutation et du double animal ?

De toute évidence ces accouchements par la bouche qui apparentent le héros narrateur à un démiurge et transforment le plafond de l'appartement et les divers paliers de l'immeuble en autant d'*autres ciels*, ("je franchis au retour les cieux rigides du premier et du deuxième étage", 19) ne réfèrent pas uniquement à un univers psychopatologique. Le héros n'avale aucun *phármakon* pour présider à ces naissances mythiques, mais on retrouve dans ce geste magique du lapin sortant d'une bouche, une mythologie littéraire désormais reconnaissable qui relie le trajet alimentaire au rituel initiatique, l'engloutissement à la re-naissance, la bouche au cosmos. Emboîtement vertigineux : c'est durant le trajet ascendant de l'ascenseur qu'il vomit le premier lapin, comme si le fait d'être transporté vers le haut le faisait mettre bas, comme si littéralement, ça le *soulevait* ... La mise à bas des lapins par l'orifice buccal provoque encore un désastre, et à la *catastrophe lunaire* succède ici pour la première fois une *catastrophe solaire* : "ils regardent leur triple soleil et ils sont heureux"... L'homme qui se prend pour un dieu commet une faute fatale : d'où la chute, la défénestration, comme le héros de "N'accusez personne" pris à la gorge non plus par "le duvet tiède du lapin qui frémit" (11) mais par la laine d'un pull-over tentaculaire.

On observe finalement que dans la fantastique cortázarienne le *manger* gouverne aussi bien une mythologie littéraire qu'une économie libidinale ; un "régime nocturne de l'imaginaire" dirait G. Durand :

> "Dans le *Régime Nocturne*, et spécialement ses structures synthétiques, les images archétypales ou symboliques ne se suffisent plus à elles-mêmes en leur dynamisme intrinsèque mais par un dynamisme extrinsèque se relient les unes aux autres sous forme d'un récit. C'est ce récit [...] que nous appelons "mythe" [...] faisant entrer sous ce vocable tout ce qui est balisé d'un côté par le statisme des symboles, de l'autre par les vérifications archéologiques"[1].

Le *trajet alimentaire,* souvent aberrant et toujours pétrifiant, surfile l'image fondamentale du labyrinthe onirique. Pour autant, chez Cortázar comme chez James il n'y a pas de repas : dans le fantastique la convivialité est impensable, et le geste alimentaire est singulier, réduit à son fantasme essentiel : l'*introjection* d'un *corps étranger dans le propre corps*. J.-P. Richard a remarqué dans cette perspective :

> "Tout aliment connaît la suspicion d'être autre que ce qu'il prétend être, de ne plus correspondre à la propriété d'une définition ni d'un principe, et donc de se trouver

---

1   DURAND G., *op. cit.*, p. 411.

de toute façon impropre, fondamentalement impropre à être avalé, repris par le corps (impropriété à laquelle pourra seule répondre, peut-être, cette autre impropriété continuée, cet autre "poison", l'écriture)"[1].

L'écriture-poison — *in cauda venenum* — : si au niveau sémantique l'adultération de l'aliment dénature le trajet alimentaire et en pervertit l'origine nourricière, on peut dire à un autre niveau que l'écriture fantastique est une écriture dénaturée dont la fonction d'origine — la communication du sens et non sa rétention —, est pervertie. A l'indétermination de l'aliment — cafard désarticulé, chairs humaines, boule de poils... —, correspond une indétermination de l'écriture, souvent produite par le héros empoisonné.

Le fantastique c'est le *reste* : le dégoût qui souvent cède à l'horreur est constitutif d'une écriture qui génère le dégoût du résiduel (l'horreur de la chose) et qui fait de l'inavouable un inavable, de l'inassimilable un immangeable. Dans la mythologie fantastique cortázarienne la métaphore de l'*insecte noir* structure l'articulation entre *le fond* et *la forme*, et la dynamique des emboîtements. André Siganos, dans son étude des mythologies de l'insecte, vient ainsi alimenter ces inquiétudes :

> "Plus encore que Satan, c'est par lui [l'insecte] le double *noir* de nous-même que s'exprime le plus souvent, ce double virtuel qu'une hypothétique métamorphose peut faire se révéler [...] ; l'insecte fascinant nous révèle un double spatio-temporel de nous-même auquel il nous ramène brutalement. Pendant quelques instants, toute chose prend un sens différent [...] avant que l'insecte poursuivant sa route et nous la nôtre, nous réintégrions un cadre d'habitudes mentales [...] subitement appauvri. Encore enfant, l'insecte nous propose en une initiation patiente, maintes réflexions sur la réalité extérieure [...]. Plus tard [...] investi psychiquement par son image obsédante, c'est la forme même de l'insecte que nous prendrons essentiellement pour répondre, consciemment ou non, à notre angoisse existentielle. En quelque sorte affligé d'un *complexe du scarabée* [...] "vouloir être insecte", c'est [...] perdre son identité dans un perpétuel *changement de masque*"[2].

La peur d'avaler un insecte c'est l'*idée noire,* c'est la peur de devenir un homme-insecte kafkaïen, une chose rigide et aveugle, un "coléoptère carapaçonné" comme dit Cortázar l'écrivain-caméléon :

> "Il est rare que l'artiste se soit *coléoptarisé* au point d'éliminer la contradiction comme le font les coléoptères philosophes ou politiques, ignorant tout ce qui naît au-delà de leurs ailes monobloc, de leurs petites pattes rigides et comptées. Nietzsche [...] dit que seuls les imbéciles ne se contredisent pas trois fois par jour. Il ne parlait pas des fausses contradictions [...] mais de cette disponibilité à battre avec les quatre coeurs à la fois de *la pieuvre cosmique* [...] ce caméléonisme que tout lecteur trouvera, aimera ou détestera dans ce livre et en tout livre où le poète refuse le coléoptère" (je souligne)[3].

L'opposition du coléoptère et du caméléon, de la rigidité et de la *mètis,* fonde un projet d'écriture qui emprunte beaucoup, cela est désormais tout à fait lisible, à

1   RICHARD J.-P., "Le texte et sa cuisine" in *Micro-lectures,* Paris, Seuil, 1979, p. 143.
2   SIGANOS, A., *Les mythologies de l'insecte. Histoire d'une fascination.* Paris, Librairie des Méridiens, 1985, p. 275. Sur le thème du monde enfantin et des insectes, voir "Julio Cortázar et la réalité en forme d'éponge", *op. cit.*
3   CORTÁZAR, J., "Case du caméléon" in *Le tour du jour ...*, *op. cit.*

l'univers culturel des mythes helléniques et précortésiens. L'articulation entre l'écriture carapaçonnée et l'écriture à *mètis* (l'entrelacs vivant, "la pieuvre cosmique") est je crois structurale pour le fantastique cortázarien : je dirai à propos de "La nuit face au ciel" et en reprenant une métaphore de Roland Barthes, que la nouvelle fantastique cortázarienne à la fois par le fond — thème obsédant de l'insecte venimeux — et par la forme — structure cerclée à l'appendice menaçant — évoque la stratégie de l'arachnide. L'écriture fantastique, par ce fonctionnement mimétique, apparaît bien comme une chose repoussante et venimeuse.

Rites, Jeux, Passages : l'image mythique de la *femme dure,* se situe dans un spectre de représentations qui s'étend depuis l'hystérique au visage convulsé ("Circé", "Les Ménades" ...), au masque mortifère éclairé par la lune ("La nuit face au ciel", "Récit sur un fond d'eau" ...), en passant par l'idole pétrifiée-pétrifiante ("L'idole des Cyclades", "Axolotl" ...). La *femme dure* est à l'évidence une image privilégiée de la catastrophe lunaire qui l'associe à l'insecte hideux : en ce sens la répulsion face au coléoptère maléfique et carapaçonné est aussi une image de la répulsion face à la *femme dure,* à l'idole "au blanc corps lunaire d'insecte antérieur à toute histoire" ("L'idole des Cyclades", p. 128). Ainsi la peur de l'insecte, par delà "le complexe du scarabée", révèle l'image de *l'assimilation par/à la femme-insecte,* sorcière-mouche d'Apulée (*Les Métamorphoses,* II, 22), ou *empuse.* Le mouvement vers l'origine détermine la hantise de *l'avalement rituel par la violence féminine et féminisante.*

"Les Ménades" est un récit exemplaire en ce sens, de cette violence féminine qu'il faut suivre en un cortège servile si on ne veut pas être sacrifié, si on ne veut pas ressembler à ces instruments — cafards qu'on écrase. La brésilienne Clarice Lispector semble se faire l'écho de ce rituel extatique où se mêle inextricablement la symbolique de la *mania* féminine et féminisante, du masque gorgonéen, et de la chair adultérée :

> "Je suis seulement en train d'aimer le cafard. Et c'est un amour infernal. Mais tu as peur, je sais que tu as toujours eu peur du rituel [...] Ecoute, car je suis aussi sérieuse qu'un cafard qui a des cils [...] le rituel est l'accomplissement de la vie du noyau, le rituel n'est pas extérieur à lui, le rituel est inhérent. Le cafard a son rituel dans son unique cellule [...] La seule destinée pour laquelle nous sommes nés est celle de servir le rituel. [...] Nous aurions dû mettre des masques de rituel pour nous aimer. Les scarabées ont déjà en naissant le masque avec lequel ils s'accompliront. Par le pêché originel nous avons perdu notre masque. J'ai regardé : le cafard est un scarabée. Tout entier il n'est que son propre masque (...). La grandiose différence d'un astre est l'âme du cafard, l'astre est l'outrance même du corps du cafard [...]. Je ne peux pas m'atteindre, pas plus que je ne pourrais atteindre un astre"[1].

Rites, Jeux, *Passages* : l'insecte (l'imago) repoussant qui passe symboliquement pour renaître de sa propre décomposition et dont les métamorphoses sont emblématiques de la quête initiatique du héros fantastique, est rapproché ici de la tête de Gorgô, l'égide terrifiante du mythe hellénique. A cet *objet* qui tient du bouclier et de la cuirasse et dont Hésiode nous dit qu'il s'agit d'un cadeau de Mètis à sa fille Athéna. Gorgô : la femme dure, l'aporie en face.

---

1   LISPECTOR, C., *La passion selon G.H., op. cit.,* p. 131 et p. 139. Sur les liens entre l'œuvre de CORTÁZAR et celle de LISPECTOR, voir MARTINS T.-P., *Julio Cortázar, Clarice Lispector e a nova narrativa latino-americana,* Université New Mexico, 1971.

Rites, *Jeux*, Passages : dans l'univers narratif cortázarien, comme chez les Aztèques, le jeu est létal et cultuel. Il n'est pas dans l'irréalité ou dans la représentation du monde ; il est au contraire une forme particulière de rapport au monde. Chez Cortázar — comme chez James —, le jeu est compris au sens d'un *écart*.

Rites, Jeux, *Passages* : les structures anthropologiques de la fantastique cortázarienne révèlent un objet insaisissable par le regard et qui durant un instant interstitiel saisit le héros fantastique. Pensons à la métaphore de l'*appétit de l'oeil*, de "la pulsion scopique" lacanienne : "Ce que je regarde n'est pas ce que je veux voir" dit Lacan ; de même le narrateur-photographe des "Fils de la Vierge" cherche à "savoir ce que l'on veut : regarder ou voir ce qu'on regarde" ... On ne peut voir un regard car c'est insoutenable, enseigne le fantastique qui se fait fort de rappeler les précédents mythologiques. Les récits explorés dans ce chapitre sont aussi bien des histoires ophtalmologiques que des histoires gastrologiques : l'appétit de l'oeil (le manger des yeux) rencontre répétitivement les figures chosifiées de l'Impossible à voir, ces choses qui coupent l'appétit et la vue.

Ces récits, diversement, mais toujours à partir de l'isomorphisme du regard et du récit qui l'écrit, montrent ce dont la vision ne peut s'accommoder : *l'impossible à voir* et l'impossibilité d'échapper à ce qu'on voudrait voir. Cette bévue fantastique constitue parallèlement une dimension fondamentale du sacré et du mythe : le système allégorique archétypal que génère la surdétermination mythique de ces récits, de même que la structure carapaçonnée et foudroyante du *corps d'écriture*, font du récit cortázarien une variété du récit énigmatique. "L'essence de l'énigme, dit Aristote, est de joindre ensemble, tout en disant ce qui est, des termes inconciliables" (*La poétique* 22, 1458 a). Circé/Délia Mañara ; femme/ménade ; axolotl/Xolotl ; motard/motèque ... : le Mythe dans sa forme authentique apporte des réponses sans jamais formuler explicitement les problèmes ; et le fantastique quand il réfère aux récits mythologiques, les utilise pour poser à travers eux des problèmes qui ne comportent pas de solution. En ce sens on peut affirmer que la mythologie dans la fantastique cortázarienne n'est pas un moyen de décryptage mais au contraire de cryptage : c'est un *moyen de surdétermination sémantique*. Le Mythe communique au récit fantastique quelque chose qui tient à lui-même (un symbolisme archétypal, un système d'échos culturels ...), mais parallèlement le récit problématise le mythe en le déplaçant, en le mettant en fiction et particulièrement en fiction fantastique. Ainsi le texte fantastique peut-il jouer de l'articulation paradoxale d'un récit primitif où la parole archaïque offrirait une image du sens déjà-là et disponible ; et d'un récit second fondé sur un croisement de signes hétéroclites qui répète ses propres apories et sape toute résolution.

Par delà l'évidence du titre et de la lecture comparative qu'il détermine, le mythe est dans le récit fantastique par la lecture qu'on en fait. Le mythe n'est pas déposé au fond du texte, déjà-là comme cette idole égéenne posée au fond d'un puits en attendant son archéologue : le Mythe est lu, analysé et rapproché du fantastique parce que nous l'avons cherché. Le texte fantastique contient un récit primitif à condition que nous le mettions en mythe, à condition qu'*à travers* Délia Mañara nous lisions Circé. Autrement dit (et c'est là un des traits essentiels du fantastique que de le faire apparaître aussi nettement) la lecture apporte avec elle une part de mythe.

Les emboîtements-déboîtements du mythe et du fantastique permettent aussi de comprendre le travail de déliaison du fantastique comme ce que Jaime Alázraki appelle une *anacoluthe du discours littéraire* :

> "Le fantastique fonctionne comme une anacoluthe. L'anacoluthe n'est pas une inconséquence syntaxique [...], l'anacoluthe et le fantastique sont des expédients qui cherchent à provoquer une rupture dans un ordre établi. Le fantastique, en niant ou en contredisant momentanément la grammaire qui gouverne la réalité, produit un ébranlement, un frisson ou l'horreur : il pourrait ainsi se définir comme une anacoluthe dans le discours littéraire"[1].

L'anacoluthe c'est bien sûr une rupture, mais c'est surtout un *sous-entendu*, un manque, un "chaînon manquant" dit souvent James : *Tous les feux le feu.*

Dans le fantastique moderne cortázarien l'impossibilité de trouver *in fine* ce chaînon manquant, l'escamotage d'une maille cruciale du tapis textuel, fonde une économie de la dissimulation radicalement différente de celle du récit policier (où la fin restitue la pièce manquante) et du récit fantastique classique (où la reconstitution finale est au moins partielle). Dans le récit cortázarien, l'absence de liens entre divers éléments du réel, l'aspect finalement a-paradigmatique et a-syntagmatique de la narration, marquent la faillite du principe de causalité et le développement d'un discours littéraire défini essentiellement par l'anacoluthe et la syncope.

En acceptant, comme ces récits semblent nous y inciter, une lecture comparative du récit principiel et du récit fantastique, on constate que l'on débouche sur un grouillement de signes :

> "A la différence du récit réaliste "mimétique" construit de façon métaphorique, le récit fantastique est de construction métonymique [...] ; il est composé de séquences qui à la fois s'articulent rhétoriquement et se dénient sémantiquement. D'où le sens de ces multiples "versions" d'un événement dans le texte fantastique, dont aucune n'est soutenable jusqu'au bout [...] quelque chose qui ne peut avoir de nom y est à l'œuvre. Violence au niveau de la *diégésis* puisqu'il en résulte un récit disloqué dont la dislocation même est signe de la présence latente de cette violence"[2].

La force d'adresse des récits fantastiques cortázariens multipliant les références culturelles et les axes d'interprétation, est aussi la marque de la *force des choses* : les rites ne régulent jamais, comme chez James, l'affluence d'une matérialité non pacifiée, d'une violence païenne irréductible. Le récit se fait violence, se mutile, se dilapide. Ces nouvelles oscillent entre la protection rituelle contre une menace *sentie* mais *non sue,* et l'apparition insoutenable. Les récurrences textuelles observées s'apparentent à des rituels littéraires qui voudraient créer un lien — un passage — entre la quotidienneté et une symbolique archaïque.

> "Les rites tentent *d'arranger les choses,* ils s'efforcent de canaliser [la violence] et de l'amener à résolution, c'est-à-dire à la réconciliation de la communauté aux dépens d'une victime supposée arbitraire"[3].

---

1   ALAZRAKI, J. ,*op. cit.*, p. 33 (je traduis).
2   BOZZETTO, R., "De l'absence du même à la présence de l'Autre. Notes sur le fantastique", *Revue philosophique*, 33/6, août 1983, p. 39.
3   GIRARD R., *Des choses cachées depuis la fondation du monde*, Paris, Grasset, 1978, p. 34.

Dans le fantastique on sait bien que la victime émissaire n'est pas la cause du mal mais on la sacrifie quand même. Il n'y a chez James que "Le tour d'écrou" (1898) pour approcher cette violence sacrificielle ; le rite, chez l'écrivain nord-américain, fait *revenir*, il ne fait pas partir.

Violence ajoutée ... Il n'y a pas chez Cortázar d'effet salvateur et encore moins fondateur du sacrifice humain, on ne trouve pas de réconciliation finale : le passage ouvert par le fantastique est une déchirure par laquelle le sens s'évacue. Il y a hémorragie du réel.

Les rites et les jeux ne peuvent empêcher que la chose impensable ait lieu. En référant au mythe le récit suggère qu'il serait une de ses épiphanies secondaires, et que son sens résiderait dans un retour aux époques principielles des sacrifices égéens et aztèques. Cette explication dans et par le mythe, le récit fantastique en montre l'échec, et de là nous fait *passer* dans une terreur radicale, sans généalogie : singulière et inidentifiable. Ce qui arrive là, la chose qui se dresse, n'entre pas dans une catégorie de la Totalité initiale. On ne peut remonter à l'origine de l'apparition de la chose car celle-ci n'est pas créée mais *se produit*. La chose qui arrive est là pour rien : l'horreur en somme !

En convoquant itérativement le mythe, le récit cortázarien met en scène rituellement la tentative de remonter à un réel matricie. Ce *regressus* (voyez l'anamnèse impossible d'Alina Reyes sur le fleuve pétrifié) est obtenu par des rites et des jeux qui reproduisent le graphe aporétique d'un labyrinthe.

On a remarqué enfin l'importance des *sensations* : ces récits appartiennent à une littérature littéralement *esthésique,* païenne, qui substitue les choses et leurs effets au langage. Le paganisme c'est les sensations mêlées, indiscernables ; la partition de l'espace et du temps en passages circonstanciels qui engendrent un paysage rapiécé, un manteau d'Arlequin pour reprendre l'image privilégiée de M. Serres. Le retour des sensations fortes, de l'affluence de l'indistinct et du mélange, marque aussi le retour des jardins et des îles, des statues, des idoles et des rites cultuels. L'apparition de la Chose *lointaine* puis *là,* se situe hors entendement mais réactive tous les autres sens : l'ouïe, l'odorat, le toucher. C'est une

> "entrée en *matière* de ce qui était sorti par l'entendement [...] ; si le fantastique ne cesse de répéter la *réalité* comme insaisissable, il impose en même temps le *réel* comme impossible à oublier. Le vide n'est pas son dernier mot mais bien le "submergeant", la "pléthore" [...] ; l'Informe c'est l'être-là de l'Etre comme matière"[1].

---

1   CHAREYRE-MEJEAN, A., "La pléthore et le vide", *Reuve philosophique, op. cit.,* pp. 29-30.

TROISIÈME PASSAGE

FANTASTIQUE ET FANTASMATIQUE DANS LES NOUVELLES DE JULIO CORTÁZAR

"Comment peut-on écrire un délire ? Au fond, telle est la question formulée de manière radicale".

Jean BELLEMIN-NOËL,
L'inconscient du texte

"Ces deux phrases aussi contradictoires et impossibles que le fameux je mens *et qui désignent toutes deux la même auto-référence vide : j'écris et je délire".*

Michel FOUCAULT,
Histoire de la Folie à l'âge classique.

Nous avons observé que dans le récit fantastique moderne le lecteur rencontre un savoir qui ne peut se savoir, un savoir dirait Lacan, "qui ne supporte pas qu'on sache qu'on sait". Le récit cesse d'apprendre et ne manifeste plus hors de tout langage possible, que la présence erratique d'une "chose" ou d'une "bête". Le récit gravite autour de sa propre méconnaissance et de la multiplication du sens par lui-même. Le récit fantastique est un *récit en souffrance.*

Tout récit fantastique cortázarien réfère de manière plus ou moins insistante à un monde pathologique de fantasmes au moins aussi symbolique, pour le lecteur contemporain, que les mythologies helléniques et précortésiennes. Le héros paraît sombrer dans la folie, entraînant le texte dans son délire : à l'instar du mythe, la "folie" voudrait apparaître, *dans* et *par* la fiction, comme le fondement, la vérité de l'homme et de l'écriture fantastiques. Le récit fantastique cortázarien — héritier direct du "Tour d'écrou" (1898) de James —, est constitutif de ce paradoxe qui voudrait que le délire, après le mythe, apparaisse comme un axe de résolution du fantastique et fasse de la psychanalyse son herméneutique convenue. Ainsi T. Todorov d'affirmer :

> "La psychanalyse a remplacé (et par là même a rendu inutile) la littérature fantastique. On n'a pas besoin aujourd'hui d'avoir recours au diable pour parler d'un désir sexuel excessif [...] la psychanalyse, et la littérature qui, directement ou indirectement s'en inspire, en traitent en termes non déguisés. Les thèmes de la littérature fantastique sont devenus, littéralement, ceux-là même des recherches psychologiques des cinquantes dernières années [...]. Le psychanalyste a là une attitude analogue à celle du narrateur d'un conte fantastique affirmant qu'il existe une relation causale entre des faits en apparence indépendants"[1].

Autant dire que la criminologie aurait remplacé le récit policier, et les recherches des astrophysiciens la Science Fiction... Considérons plutôt que par des références itératives au pathologique le récit fantastique utilise un univers symbolique aussi puissant que le mythe, mais surtout *écrit sa propre lecture.* Le texte induit un discours sur lui-même — la psychanalyse — mais, et c'est ce que je voudrais montrer maintenant, invalide finalement ce discours. De manière retorse le récit fantastique se constitue à partir de sa lecture, de son *analyse* ; et ce serait

---

[1]   TODOROV, T., *Introduction à la littérature fantastique, op. cit.,* pp. 169-170.

une folie de l'interprétation que de réduire le récit fantastique moderne à une nosographie psychiatrique. La lecture qui fait du héros fantastique un héros "fou" (donc non "fantastique") voudrait rejeter la folie sur l'Autre en tant qu'il échappe précisément à son analyse. Shoshana Felman l'a montré suggestivement :

> "Occuper le point aveugle, c'est ignorer qu'on occupe une place à l'*intérieur même* de l'aveuglement qu'on cherche à démystifier, c'est ignorer qu'on est *dans* la folie, qu'on est nécessairement dans la littérature, c'est croire qu'on *peut* être dehors : hors du piège de la littérature, de l'inconscient ou de la folie. Le piège [...] c'est donc d'inviter le lecteur, justement, à tenter d'échapper au piège : à croire qu'il y a un dehors du piège. Or, cette croyance elle-même participe au piège et en fait partie. Tenter d'échapper au piège, c'est précisément y tomber, c'est s'y prendre. "L'insconscient, dit Lacan, n'égare jamais mieux qu'à être pris sur le fait"[1].

On partira du principe que le lecteur est partie prenante de la folie par la lecture même du récit fantastique, et que le *dérangement* du héros est la condition rhétorique de notre perception du fantastique. Le fondement du récit fantastique ne serait donc pas dans la référence à la Folie mais dans l'acte même de la référence et de la lecture qu'elle fonde, qu'elle *écrit*.
Texte fantastique ou texte psychopathe ? L'analogie subtilement entretenue par la fiction cortázarienne, entre le fantastique et le fantasmatique, permet de se demander si le délire n'est pas un trait constitutif du récit fantastique moderne. Jacques Goimard, dans sa préface aux *Histoires de délire,* n'hésite pas ainsi à affirmer que :

> "Le fantastique commence dans le quotidien, glisse dans le doute et finit par basculer dans la conviction sans qu'on y prenne garde : c'est-à-dire que tout texte fantastique nous fait assister à la naissance d'un délire [...]. Toutes les histoires fantastiques sont des histoires de délire, même si certaines sont plus délirantes que d'autres"2.

De son côté, Maurice Lévy note de façon similaire :

> "L'approche la plus satisfaisante du texte fantastique serait celle [...] se donnant pour objet l'analyse des rapports de toute évidence conflictuels entre délire et écriture, car le fantastique n'est peut-être bien que cela : l'inscription sur la page et *dans ses marges* de ce conflit [...]. Le fantastique se manifestant dans le conflit fécond qui oppose délire et écriture : le délire voulant parler et l'écriture le contenant, le texte se fabriquant et progressant d'occultations en révélations"3.

Ainsi le délire, parallèlement au mythe, participerait à la résurgence d'un *Ur-Text* "révélateur" au sein de la fiction fantas(ma)tique. En ce sens on pourrait voir dans le délire quelque chose comme une *sous-cription* au fantastique : autrement dit, à la fois une marque d'identification (une *signature*) et une adhésion, une validation. Le délire serait bien la marque, au sein du discours fantastique, de

1   FELMAN, S., *La folie et la chose littéraire*, Seuil, 1978, p. 337.
2   GOIMARD, J., *Histoires de délire*, in *La Grande anthologie du Fantastique, op. cit.*, t. 10, p. 34.
3   LEVY, M., "Approches du texte fantastique", *Caliban* (16), 1979, p. 14.

l'*Unheimliche*, "l'étrange de l'intérieur"[1] : ce qui par moment nous revient et nous saisit, parce qu'*on ne le connaît que trop.*

TITRE	THÈMES FANTASTIQUES : LA SURNATURE	THÈMES FANTASTIQUES : LE PSYCHOPATHOLOGIQUE
Cou de petit chat noir	mains autonomes et maléfiques, femme - tigresse	délire zoopathique, démonopathie.
L'autre ciel	communication de deux espaces-temps : Buenos Aires 1945/Paris 1870	délire onirique, dédoublement de la personnalité
La lointaine	communication de deux espaces-temps : Buenos Aires/Budapest	délire schizophrénique : détachement ("la lointaine"), galimatias (schizo - phasie) ; dissociation (Reine/Men - diante).
Tous les feux le feu	communication de deux espaces-temps : Antiquité/Paris XXe	délire onirique, déperson-nalisation.
L'île à midi	communication de deux espaces-temps : île égéenne - cabine avion de ligne	délire onirique, dédoublement de la personnalité.
Continuité des parcs	communication de deux espaces-temps : littérature <-------> "réalité"	délire de persécution, onirisme.
Circé	femme aux pouvoirs occultes et maléfiques	délire hypocondriaque, phobies, hallucination visuelle (zoopsies) suicides.
Les fils de la Vierge	transgression visuelle et malédiction diabolique	délire schizophrénique, animation machinale, incohérences idéo-verbales (schizophasie).
La sorcière	une femme crée son univers propre grâce à ses pouvoirs occultes	délire fantastique : hallucinations vi - suelles (zoopsies) ; démonopathie, mégalomanie
Les Ménades	femmes dévoreuses agies par une Puissance	hallucinations psychosensorielles (acoustiques et visuelles) délire de persécution, démonopathie.
Les portes du ciel	apparition d'une revenante	délire d'interprétation : hallucinations visuelles, mégalomanie.
L'idole des Cyclades	idole de la *Dea Mater* aux pouvoirs occultes et maléfiques	délire schizophrénique : mythologie délirante, possession démonopathique, mégalomanie. Homicide.
Axolotl	communication de deux espaces-temps : aquarium-axolotl/dehors-humain	délire schizophrénique : posses-sion zoopathique, fissuration du Moi, incohérences idéo-verbales (schizo - phasies).
La nuit face au ciel	communication de deux espaces-temps : monde moderne/temps précortésiens	délire onirique : thèmes fantastiques, hallucinations olfactives, thème de persécution.
Récit sur un fond d'eau	interpénétration du rêve et de la réalité	délire onirique terrifiant, thème de poursuites, homicide.
Lettres à une amie en voyage	un homme met bas des lapins par la bouche	délire zoopathique : thèmes hypo - condriaques, mégalomanie

Je voudrais montrer que la référence à l'univers symbolique de la folie reliant l'Inconscient et l'Archaïcité, ne désigne par l'*étymon* authentique, l'archi-trace du palimpseste fantastique. La Folie dans la fantastique cortázarienne (James le suggérait déjà au tournant du siècle en inaugurant le fantastique moderne avec "Le tour d'écrou"), n'est pas une manière de démystifier, de révéler : ici nous rencontrons autant un procédé rhétorique de *marquage* — construction d'une réalité autre évoquant la forclusion et le délire du psychotique —, que de *démarquage* — mise en contiguïté du délire psychotique et de l'impossible fantastique, de deux *illisibilités* — :

---

1   BELLEMIN-NOEL, J. *L'inconscient du texte, op. cit.*, p. 129.

"Il existe entre littérature et folie, un rapport obscur mais constitutif : ce rapport tient à *ce qui les barre*, à ce qui les *voue* l'un et l'autre au refoulement et au démenti" (...) ; "La folie intégrée à la littérature pose donc d'emblée la question de savoir comment l'illisible se lit : pourquoi et de quelle manière le non-sens produit-il du sens ?"[1].

1 • L'APORIE DE LA PSYCHOSE

Les tableaux ci-dessus voudraient représenter un état récapitulatif des liens étroits de la surnature et du psychopathologique dans les récits abordés jusqu'ici. On observe immédiatement que si la liste des récits se référant à un univers mythologique pouvait être circonscrite à une constellation de cinq récits, les nouvelles qui selon J.-L. Andreux et Y.-R. Fonquerne possèdent "une coloration maladive"[2], englobent la majeure partie de l'œuvre et excèdent le cadre de *Bestiario*, le recueil initial.

"Le fou" dans les récits fantastiques cortázariens n'est pas suivi par un médecin : preuve encore que cette folie *signifie* dans et par un texte littéraire, et relève essentiellement d'une *lecture*. La folie est ici le principe du mal : *quelque chose de profond et de douloureux parle sans pouvoir se dire*. La folie a ici une fonction démonique et la prolifération des indices textuels sont autant de signes pathogènes révélateurs d'une altérité au travail :

"Héros fou, texte fou, on peut proposer comme caractéristiques de cette écriture et de cette signification, ce qui déjà marchait assez bien pour *Hamlet* et *Le Misanthrope* : 1. l'errance du héros qui a perdu son lieu et n'en trouve pas d'autres ; 2. la disparition du raisonneur ; 3. le réinvestissement massif du texte par l'irrationnel et le folklore ; 4. la "misogynie"[3].

On observe que cette sémiologie est pertinente pour la fantastique cortázarienne :

1. Le héros fantastique ne tient pas en place, ne se sent pas à sa place surtout, et accomplit sans trop savoir comme des distances monstres qui ne le mènent à rien ("L'autre ciel", "La lointaine", "L'île à midi" ...)
2. La faillite du principe même de causalité fait que nul ne peut "rétablir la vérité" ou raisonner le héros, car il n'y a pas de "dehors" du Fantastique ou de la Folie ("Maison occupée", "Axolotl"..)
3. Dans le texte surgit un récit primitif où s'inscrit un irrationnel primordial, une culture refoulée où l'on devrait se "retrouver" ("Les Ménades", "La nuit face au ciel", "Circé" ...)
4. L'épiphanie de la femme fatale est l'élément perturbateur qui cristallise les angoisses de castration et de perte de l'identité. ("Les fils de la Vierge", "L'idole des Cyclades"...)

---

1 FELMAN, S., *op. cit.*, p. 15 et p. 128.
2 ANDREUX, J.-L., et FONQUERNE, Y.-R., *"Bestiario* de Julio Cortázar : essai d'interprétation systématique", *Caravelle* (11), 1968, p. 115.
3 BARBERIS, P., "Etre fou en littérature" in *Le Prince et le Marchand*, Fayard, 1980, p. 316.

Le tableau *supra* montre qu'il y a chez Cortázar *une mythologie littéraire du fou* : son fantastique se constitue en partie dans ce mouvement de renvoi entre folie et irréel porté à son comble par "Le tour d'écrou" de James en 1898. Lorsque le texte fantastique réfère à la "folie", de *façon littéraire,* au point d'en faire un thème majeur, que veut-il dire ? Faut-il lire dans cette démarche du texte un déni de sa propre fantasticité ? un procédé rhétorique d'occultation et de diversion ? Ou bien le contenu du récit fantastique — *l'image dans le tapis* disait James — serait-il en définitive ce signifié barré — le délire — qui ne porte que les marques de sa propre biffure ? Si selon S. Felman, "le propre de la chose littéraire est de faire en sorte qu'*on ne puisse plus savoir* quel est le statut rhétorique de sa propre folie"[1], quelle est la spécificité de la littérature fantastique dans son "traitement" de la folie ?

Les récits de Cortázar explorés jusqu'à présent, s'inscrivent *dans* le fantastique *et* (donc ?) réfèrent répétitivement à un désordre psychopathologique : la Folie n'est pas un genre littéraire mais voudrait apparaître comme le trait constituant d'un genre — le Fantastique —, ainsi jadis la Surnature Noire pour le Fantastique classique. En ce sens les commentaires de Cortázar sont significatifs ; je m'y référais à propos de "Maison occupée" et de "Bestiaire" : pour l'auteur, bon nombre de ses récits fantastiques furent des autothérapies d'une névrose insidieuse. De fait, Cortázar a souvent insisté sur la névrose dont il souffrait à l'époque de l'écriture de ses premiers récits ; ainsi à propos de "Lettre à une amie en voyage" il précise encore :

> "L'histoire de l'homme qui vomit le petit lapin : ce petit lapin évidemment incarne à ce moment là de ma vie une névrose, une névrose assez forte, assez grave [...] et ça trouve son incarnation, son expression symbolique, dans l'image du petit lapin"[2].

Pour "Circé" dont on a lu les échos mythologiques, Cortázar décrit très précisément ses troubles névrotiques, et le récit, à travers ce commentaire extratextuel, se dédouble encore et prend une coloration plus fantastique que mythologique :

> "Circé", je l'écrivis dans une période où j'étais excédé par les études que je menais pour être reçu traducteur public en six mois, quand tout le monde était reçu au bout de trois ans. Je réussis. Mais au prix, évidemment, d'un déséquilibre psychique qui se traduisait par des névroses très étranges, comme celle qui donne naissance au conte. Je vivais avec ma mère à cette époque. Ma mère faisait la cuisine [...] elle méritait toute ma confiance. Et soudain je commençais à noter qu'en mangeant, avant de porter une bouchée à ma bouche, je la regardais soigneusement car j'avais peur qu'il y soit tombé une mouche. [...] Et d'un coup, un jour, [...] il me tomba dessus [...] l'idée d'une chose qui arrivait à Buenos Aires, dans le quartier Medrana d'Almagro, une femme très belle et très jeune, mais dont tout le monde se méfiait et qu'on haïssait car on la prenait pour une sorte de sorcière parce que deux de ses fiancés s'étaient suicidés. [...] J'achevai le conte, quatre ou cinq jours passèrent, et d'un coup je me surpris moi-même en train de manger un pot-au-feu chez moi [...] sans la moindre méfiance. Alors avec mes lectures de Freud je me demandai pourquoi il y a quatre jours je regardais chaque bouchée et maintenant, d'un coup, je ne les regardais plus. S'il y a une

---

1   FELMAN, S., *op. cit.*, p. 348.
2   *Julio Cortázar et la réalité en forme d'éponge, op. cit.*

mouche, il y a une mouche ! Quelle importance ? Je me dis qu'il devait y avoir une explication [...]. Et alors, d'un coup, la liaison s'est établie. [...] Mais ce conte fut un exorcisme parce qu'il me guérit de la peur de trouver un cafard dans ma nourriture. Maintenant, ce qui est étrange [...] c'est comment une psyché [...] est-elle capable d'établir une relation entre la névrose, écrire un conte, se guérir de la névrose et ne pas se rendre compte que ce conte était une thérapie. Et le découvrir ensuite"[1].

A propos de "Eté" et de l'apparition de la monture fantastique en pleine nuit, Cortázar révèle encore sur le même mode :

"Cela vient d'une hallucination visuelle, parce que dans la grande fenêtre de cette maison estivale, un soir où j'écoutais de la musique, il n'y avait de l'autre côté que les ténèbres de la campagne, du jardin, et à ce moment-là j'ai senti comme si d'une seconde à l'autre une grande tête de cheval blanc pouvait se précipiter contre la vitre et [...] me menacer de l'extérieur rien qu'en me regardant. Et j'ai eu très peur. Ce fut comme un cauchemar éveillé. J'ai senti la présence d'un cheval blanc. Bon, et après j'ai oublié. Mais mes contes se déclenchent toujours comme ça"[2].

Les troubles névrotiques auxquels Cortázar se réfère avec insistance (du *dehors* de ses textes, dans ses commentaires) se cristallisent à l'évidence autour d'objet et de situations phobogènes (animaux, espaces) et de cauchemars traumatisants. Mais ces témoignages, s'ils éclairent le *contexte* de la production de l'œuvre, ne signifient pas que le héros fantastique cortázarien souffre pareillement de troubles névrotiques. Le passage à l'écriture a certes un effet curatif pour l'écrivain, — les psychiatres verraient là *un bénéfice secondaire de la névrose* —, mais ce n'est pas parce que celui-ci aurait sublimé sa névrose dans ses créations, et se serait délesté de ses troubles dans la fiction fantastique.

Le tableau ci-dessus montre assez que l'univers psychopathologique auquel réfère ces personnages est celui de la *psychose*. Nous rejoignons là l'hypothèse de lecture de Roger Bozzetto :

"Le Fantastique classique, comme le Fantastique moderne, incarnent deux avatars du Fantastique : genre qui permet de thématiser l'innommé ou l'innommable [...]. Mais l'indicible, dans les deux cas, n'est peut-être pas identique [...] le texte fantastique classique est semblable à une sorte de compromis névrotique. Le texte fantastique moderne ne se situe pas comme un compromis [...]. La prise au pied de la lettre de la métaphore [...] implique un statut de pur signifiant pour tous les objets textuels [...] il n'y a aucun au-delà où la signification serait donnée, [...] du sens existe mais il n'est pas possible de le saisir ailleurs que dans le texte. Le texte fantastique moderne met en scène un univers proche de la psychose [...]. A la différence de la structure névrotique du Fantastique classique qui supposait un refoulé auparavant symbolisé, il est impossible dans le Fantastique moderne de remonter à un symbolisme antérieur. Il y a "forclusion". D'où la présence non plus de l'innommé mais de l'innommable"[3].

---

1   PREGO, O., *La fascinación de las palabras, op. cit.*, p. 183. Voir également CORTÁZAR J., "Me he curado de algunas neurosis escribiendo cuentos fantásticos", *Ya*, Madrid, 3 nov. 1977. L'auteur insiste sur ce point dans la plupart de ses interviews.
2   *Julio Cortázar et la réalité en forme d'éponge, op. cit.*
3   BOZZETTO, R., "Le fantastique moderne" in *Europe* (611), mars 1980, pp. 63-64. Voir aussi du même auteur : *L'obscur objet d'un savoir*, Publications de l'Université de Provence, 1992

Nous avons rappelé à propos du bout de table forclos dans "Bestiaire", que le mécanisme à l'origine du fait psychotique est le rejet primordial d'un "signifiant" fondamental hors de l'univers du sujet ; dès lors un signifiant "forclos" fait retour au sein du réel et essentiellement dans le phénomène *hallucinatoire*. Freud précise que :

> "La névrose ne dénie pas la réalité, elle veut seulement ne rien savoir d'elle ; la psychose la dénie et cherche à la remplacer [...] la psychose a pour tâche de créer de telles perceptions propres à correspondre à la nouvelle réalité, but qui est atteint de la façon la plus radicale sur la voie de l'hallucination [...] ; le monde fantastique [...] représente le magasin où sont pris la matière ou les modèles pour la construction de la nouvelle réalité. Mais le nouveau monde extérieur fantasmatique de la psychose veut se mettre à la place de la réalité extérieure"[1].

Les héros fantastiques cortázariens sont chacun confrontés à une altération du système de la réalité ; dans le récit il n'y a pas de recul ou de sens critique : *on n'en sort pas*. La différence entre réalité et imaginaire (Buenos Aires de 1945 et Paris de 1870 ; concert/orgie dionysiaque ; salle d'opération/sacrifice aztèque ...) est effacée, et l'on passe d'une chose à l'autre sans transition, sans qu'il soit envisageable qu'il y ait une transition, la fabulation ou l'hallucination tenant lieu d'*intime conviction* : Marini, "le fou de l'île" ("L'île à midi", 124) parle de Xiros *comme si* elle existait réellement et le lecteur pris par le texte fait lui aussi *comme si*. "Ce n'était pas Horos mais Xiros" (*ibid.*, 122) : "Quand on voyage par la pensée on invente des noms" disait Alina Reyes ("La lointaine", 95). L'île est une invention, Xiros c'est à peu près pareil que la *Dobrina Stana* d'Alina, la reine des palindromes et des chevauchements de pensées. L'île semble une *vision* à heure fixe, une tortue cosmophore produite par un délire mégalomaniaque aux thèmes cosmiques. L'île à midi est la figure hallucinée d'un *désastre intérieur*. La chute finale c'est ainsi le héros qui, à la lettre, *sombre* dans la folie et permet au lecteur de refaire surface ; le texte devient texte finalement par ce coup d'écriture qui "littérarise" le délire et le donne à lire par un effet rétroactif. Le délire, il en *reste* toujours quelque chose : essentiellement le fantastique.
La psychose dans le texte pose impérieusement la problématique du *passage* et de l'*écart* :

> "Il fut une époque où *je* pensais beaucoup aux axolotls [...] et maintenant *je* suis un axolotl" ("Axolotl", 27).

> "Il m'arrivait parfois que tout se laissait parcourir, mollissait et cédait du terrain, acceptant sans résistance que l'on puisse passer d'une chose à l'autre [...]. Les choses m'arrivaient quand j'y pensais le moins, en poussant de l'épaule le premier coin d'air que je rencontrais" ("L'autre ciel", 169).

Le héros et le narrateur ne sont guère effleurés par le doute : ce qui est dit est tenu pour vrai. Comme le discours paranoïaque, le récit fantastique est dépourvu des indices induisant la dimension fabulatrice ou délirante du récit : *le lecteur est placé à l'intérieur même du récit et de sa psychose, et il ne peut être amené à les lire du dehors ; la psychose est la condition de notre perception du fantastique.*
Dans "Siestes", une nouvelle placée dans *Le tour du jour en quatre-vingts mondes*,

---

1   FREUD, S. "La perte de réalité dans la névrose et dans la psychose", in *Névrose, psychose et perversions* ,Paris, P.U.F., 1978, p. 301 et p. 303.

l'univers psychotique de la jeune Wanda confère au récit fantastique un ton onirique, une structure décousue, qui semblent d'abord refouler le fantastique au profit du psychopathologique. Dar. s ma perspective, "Siestes" est un récit exemplaire de l'ambiguïté qu'entretient le fantastique cortázarien entre le fantastique et le pathologique, la lecture et le diagnostic.

L'adolescente, comme nombre de personnages cortázariens, est poursuivie par un cauchemar terrifiant. Le récit s'élabore à partir des correspondances inextricables des scènes oniriques, des images d'un album de Paul Delvaux[1] et des expériences érotiques que la censure contient mal. Très rapidement, Wanda ne sait plus où elle est et nous le communique (comme on dit qu'une maladie se communique) : le récit confisque au lecteur les marques distinctives des divers niveaux de réalité (cauchemar, fantasmes, peintures). Pas plus que le lecteur, Wanda ne peut faire la différence, et elle va glisser dans un monde autistique, dans un univers aussi cotonneux qu'un rêve ; *sa vie n'est plus qu'un cauchemar* :

> "Elle ne pouvait pas dire à tante Lorenza que ce n'était qu'un rêve parce qu'elle n'en était plus sûre" ("Siestes" in *Le tour du jour* ..., 309) ; "tout ressemblait tellement à l'album du père de Teresa et rien ne finissait vraiment, elle était dans ces paysages de l'album qui se perdaient au loin comme des cauchemars" (*Ibid.*, 302) ; "c'est comme le cauchemar, on croit qu'on y est mais on n'y est pas" (*Ibid.*, 311).

On observera que l'univers psychopathologique dans lequel Wanda et le récit vont sombrer, s'origine dans un traumatisme infantile qui voudrait être la clé du comportement de Wanda et, par delà, du déréglement de la fiction. En effet le récit qui s'élabore à partir du dérangement de Wanda — *comme si* il (on) était dans sa tête —, mêle quatre scènes récurrentes s'associant de manière désordonnée pour construire un texte qui s'achèvera sur une scène de *démence* : c'est-à-dire sur le *ravissement* définitif de Wanda par une de ces réalités hallucinées. Les quatre scènes peuvent être présentées ainsi :

1 — Le cauchemar :

> "Le rêve de l'homme avec la main artificielle [...] l'impasse où un soir l'homme en noir l'avait acculée [...] la regardant avec cette pleine lune sur son visage [...] la bouche aux lèvres minces" (301).

2 — L'album de Paul Delvaux (les images interdites) :

> "même si on ne la voyait pas sur l'image tout se passait dans des endroits où il y avait toujours une pleine lune et les femmes se promenaient nues dans les rues et dans les gares [...] et parfois des messieurs en complet noir ou en blouse grise les regardaient passer [...] "elles sont folles" disait Teresa" (303).

---

1   En ce qui concerne CORTÁZAR et le peintre bruxellois Paul DELVAUX, voir SPERATTI PINERO, E.-S., "Julio Cortázar y tres pintores belgas : Ensor Delvaux, Magritte", *Nueva Revista de filología Hispánica*, 25 (2), Mexico. Ici, on reconnaît quelques toiles de DELVAUX : *L'homme de la rue ; Les mains ; Les deux amies ; Orphée* .... des femmes inquiétées et inquiétantes, dans un décor lunaire ou/et archéologique.

3 —   L'initiation érotique (les jeux interdits) :

"C'est vrai que t'as des poils mais pas beaucoup, avait dit Teresa. [...] Allume-moi
une cigarette et viens. — Non, non, avait dit Wanda, en essayant de se libérer.
Qu'est-ce que tu fais ? Je ne veux pas, laisse-moi. [...] Ecoute, tu vas voir, je te
montre" (308) ; "Teresa lui avait appris ça" [...] "Teresa lui avait dit [...] fais
gaffe avec ça, s'agirait pas de, et Wanda qui avait essayé d'oublier redevint toute
rouge" (304).

4 —   L'onanisme et sa répression :

"Il avait fallu que ce soit tante Ernestina qui la surprenne à la fin de la sieste [...]
le pantalon de pyjama roulé aux chevilles [...] tante Adela lui avait pris la main et
la lui avait tordue et tante Ernestina lui avait donné une gifle [...] et elles avaient
parlé de dégénérée" (305).

L'homme à la main artificielle apparaît comme le personnage fantastique de la
catastrophe lunaire rencontré dans d'autres textes : souvenons-nous seulement de
l'homme au masque diabolique ("clown enfariné") dans "Les
fils de la Vierge", qui traquait de même un enfant innocent. La lune maléfique,
l'homme en noir au masque gorgonéen, la femme ouverte-découverte, forment, on
le sait maintenant, des images fortement référentielles dans la fantastique
cortázarienne. Ainsi Wanda, en soulignant cette filiation littéraire — *la
catastrophe lunaire* — se place délibérément dans la lignée des personnages
fantastiques cortázariens ; elle entre en littérature et non en clinique ...
Ce qui est particulièrement intéressant dans "Siestes", c'est que l'imaginaire
pathologique de l'adolescente mêlant onirisme et onanisme, induit un ordre
fantasmatique transformant les indices textuels en symptômes. L'herméneutique
psychanalytique est ici séduisante : la *main artificielle* — "une main de cire rose
avec des doigts raides" (308) —, est à l'origine la main de la transgression :
l'instrument des jeux interdits qui *dégénèrent* et de l'autoérotisme : c'est la main qui
agit contre la raison, la main indépendante guidée par le plaisir (on se souvient des
mains de Dina dans "Cou de petit chat noir" ...). Autant dire, pour les tantes, que
c'est la main (d'une) dégénérée : la main qu'on tord, la main punissable ; la main
coupable et donc la main *coupée par sa faute*.
En découvrant les mystères (fantastiques) du sexe, Wanda découvre qu'on lui a
coupé quelque chose qui dès lors va lui faire douloureusement défaut. Le
fantastique s'articule de manière complexe sur cette dynamique fantasmatique de
l'*excès* et du *défaut :* la prothèse orthopédique — la main de cire aux doigts
raides — est à la fois l'objet en moins (le pénis) et l'objet en trop : "Orphée, il a
l'air d'une femme [sur l'image de l'album] mais évidemment il y a ça" ... (307). La
prothèse c'est l'objet dur, *le membre* qui vient remplacer quelque chose de
manquant (de coupé parce que coupable) et qui désigne autant un *trop*, une
prothèse, qu'une *béance*. L'aporie fantastique ici, fait symptôme : le symptôme
d'être femme revient à une expérience de l'altérité, à une métamorphose.
Ustera, c'est ce qui est au fond, à la limite : la matrice. Wanda réveille au fond
d'elle-même ce que Freud appelait dans les *Etudes sur l'hystérie*, "la bête noire".
Wanda est ébranlée : "Qu'est-ce que c'est des hallucinations ? — Je ne sais pas,
quelque chose de terrible, on crie et on se tord par terre" (310). Wanda, poursuivie
par l'homme à la main artificielle est bloquée dans une impasse ; Wanda à qui sa

tante administre répétitivement des laxatifs ; Wanda (cette Wanda n'a rien de *la Vénus à la fourrure* qui plie l'homme à ses désirs) est une adolescente fragilisée, ébranlée par "ça" : "Elle ne voyait pas d'autre possibilité que de se suicider" (310). L'*homme* à la main artificielle : la main *à défaut* d'homme.

> "Regarde Ringo [...] cher amour va. Vous aimez ce petit ventre, cher ange ? Regardez-le bien, frottez-vous contre lui comme ça et comme ça. Malheur ! Chola me tuera quand elle verra la photo froissée" (304).

La main *au lieu* de l'homme : le membre de plastique (en trop et en moins) c'est le membre viril qui dépasse l'imagination (le "ça") :

> "T'as vu des hommes, toi ? — Ben non, comment veux-tu ? dit Wanda. Comme Grock, mais c'est un chien, c'est pas pareil. [...] Quand ils sont amoureux ça grandit du triple" (307).

Le membre monstrueux et irreprésentable, *artificiel* donc, l'homme de l'impasse le "sortait lentement [...] de sa poche" (312). Le délire onirique et ses thèmes de persécution sexuelle, culmine sur la scène finale où tout *dégénère,* où Wanda sombre dans la démence (l'impasse) :

> "Wanda contre la vigne vierge et l'homme en noir [...] la main en cire rose cherchait quelque chose sous elle, sous sa jupe, et la voix de l'homme lui disait [...] nous allons faire ce que t'a appris Teresa" (312).

Nous avons vu jusque là que le héros cortázarien n'est pas catatonique (le texte se murerait alors dans le silence et n'en sortirait pas), et son dérangement ("littérarisé" par l'écriture fantastique) évoque le plus souvent, comme dans ce dernier récit, le délire propre aux psychoses hallucinatoires et oniriques. Le héros cortázarien peut toutefois, même si cela est assez rare, développer un rapport au monde extérieur proche de celui qu'on observerait dans la psychose schizophrénique : le processus de désagrégation mentale génère d'abord une véritable dissociation autistique, puis un système délirant à la limite du communicable où la capacité des mots à se référer aux choses existantes est largement altérée, et où les incohérences idéo-verbales obéissent à une pensée paralogique. Ici le fantastique, dans et par l'écriture, désigne un *in extrémis* :

> "Quelque part dans le monde je traverse un pont au moment même (mais je ne sais pas si c'est au moment même) où le petit Rivas accepte mon thé [...] c'était à l'*autre* qu'il arrivait quelque chose, à *moi* si loin" ("La lointaine", 91).[...] "Il faut guérir [...]. Hier soir *je l'* ai sentie souffrir de nouveau. *Je* sais que là-bas on recommence à *me* battre [...]. Mais ça je ne l'écris pas, *je ne l'* écrirai jamais à présent [...] Qui sait si je ne me perdrais pas ! [...] Dobrina Stana, Sbounaia Tjeno, Burglos [...] Là-bas où un nom est une place" (*Ibid.*, 95. Je souligne).

> "Si l'on pouvait dire : je vîmes monter la lune ; ou : j'ai mal au fond de mes yeux, ou, en particulier : toi, la femme blonde, étaient les nuages qui passent si vite devant mes tes ses notre votre leurs visages [...] Le trou qu'il nous faut raconter est celui d'une autre machine [...] et il se pourrait bien qu'une machine en sache plus long sur une autre machine" ("Les fils de la Vierge", 12)

"De très loin la fourmi dicte : huit cent quatre-vingt-huit. "Ne viens pas", dit Jeanne, et c'est amusant d'entendre ses mots mêlés aux chiffres, ne huit cent viens quatre-vingt pas huit" ("Tous les feux le feu", 163)
"Ça me prend n'importe quand […]. Je vous dis qu'il faudrait m'enfermer" ("Cou de petit chat noir", 161) ; "Comprenez-moi je veux dire ..." (*Ibid.*, p. 163). [...] "Tu ne sais pas ce que ..." (*Ibid.*, p. 166). [...] "Ça recommence. Qu'est-ce qui recommence ? Ça. Quoi ça ? Non, rien" (*Ibid.*, p. 170).

"Mais tout expliquer par une brusque folie de Somoza, c'était trop facile. — Oui, il n'y a pas de mots pour cela, dit Somoza. Du moins pas nos mots" ("L'idole des Cyclades", 12).

"Chère Maman je t'écris pour te dire que ... […] Chère petite maman, avant d'aller manger il faut toujours vérifier ... [...]. Tu m'as dit que je ne devais pas poser de ... ("Bestiaire", 230-231).

Par delà cette pensée hâchée de la dissociation autistique, ces incohérences idéo-verbales (les psychiatres les appellent des *schizophasies* [1]) l'univers psychotique du héros fantastique se caractérise par l'avènement du *délire* et de l'*hallucination* comme formes privilégiées d'existence. Le héros — songeons particulièrement à Alina Reyes, à Marini, au boursier de l'"Autre ciel", au narrateur de "Maison occupée"... — est un *délirant inducteur* qui fait participer à son délire le lecteur du récit, à titre de délirant induit.
Appliquer aux personnages littéraires fantastiques la grille sémiologique d'un manuel de psychiatrie n'est guère pertinent : ces récits, parce qu'ils sont des fictions, échappent à toute taxinomie clinique. Toutefois il est intéressant de relever ici que *la pathologie de l'imagination* (dont le récit fantastique use comme de ce "magasin" de matériaux fantasmatiques figuré par Freud) coïncide souvent avec l'économie des *psychoses hallucinatoires et confusionnelles* et avec les *délires oniriques*. La plupart des récits fantastiques cortázariens empruntent ainsi de manière assez nette au schéma clinique suivant :

1. Phase d'inquiétude : intuitions, insomnie, troubles de la mémoire, désorientation spatio-temporelle.
2. Phase d'interprétation : pensée paralogique ; accès d'onirisme (enchaînement scénique de scènes imaginaires) ; hallucinations psychosensorielles (acoustiques, visuelles, olfactives ...).
3. Phase mégalomaniaque : le délire n'est plus un spectacle, le délirant est du spectacle ; importance des thèmes d'influence (emprise maléfique), des thèmes hypocondriaques (cohabitations zoopathiques), des thèmes de persécution (poursuites cauchemardesques, conjuration de forces occultes ...) ; pathologie des croyances (délire spirite, démonopathie).
4. Phase démentielle : primauté soit de la fabulation soit de l'hallucination. Juxtaposition d'un monde délirant et d'un monde "réel".

---

1   EY, H., BERNARD, P., BRISSET, C. *Manuel de psychiatrie*, Paris, Masson, 1978. Voir particulièrement les chapitres VII "Les psychoses délirantes" et VIII "Les psychoses schizophréniques".

Si l'on compare rapidement le corpus fantastique cortázarien au corpus fantastique jamesien, on observe que les nouvelles jamesiennes fantastiques sont également proches de cette structure, même si la thématique hyponcondriaque y est marginale et, d'une manière générale, si les troubles psychiatriques sont plus diffus[1]. Un homme est inquiété par des troubles psycho-affectifs, un manque de mémoire ; il croit sentir des choses ou des évènements singuliers ; il se sent persécuté par une idole, un tigre, un double, ou menacé de disparaître dans l'abysse ; il pense être en rapport privilégié avec les morts, confond ses croyances et la réalité... On reconnaît là, le scénario de la plupart des récits fantastiques de James : "De Grey", "Le dernier des Valerii", "Owen Wingrave", "L'autel des morts", "Les amis des amis", "Le tour d'écrou", "La vraie chose à faire", "La troisième personne", "Maud-Evelyn", "La bête de la jungle", "Le coin plaisant".

Chez Cortázar, "Céphalée" est parmi d'autres, un récit exemplaire qui s'ordonne assez bien à partir de cette nosographie psychiatrique : les "mancuspies" sont, dans la lignée du tigre de "Bestiaire", *un délire de persécution qui prend corps*. Cette fois-ci l'épiphanie zoomorphe se double d'un néologisme hermétique — "mancuspie" — qui participe à l'éclosion d'une sorte de glossolalie aux thèmes hypocondriaques, qui est la figure textuelle de l'Innommable dans le récit fantastique. Cortázar, à propos de ce néologisme qui évoque la schizophasie de certains psychotiques, révèle à E. Picón Garfield :

> "Le mot *mancuspie*, quand je l'ai entendu pour la première fois, sonna très bien et très étrangement pour moi. Je l'entendis comme un mot inventé par un professeur qui était le doyen de la faculté où j'enseignais la littérature française. Cet homme à qui est dédié le récit, Iréneo Fernándo Cruz, usait de ce mot pour dire par exemple : "Il fait une chaleur de mancuspie" ou "j'ai une faim de mancuspie". Il l'employait comme une sorte de tic verbal qui n'étonnait personne. [...] Et lorsque un jour je lus l'article du docteur Tyler sur les céphalées (un problème qui me préoccupait car je souffrais déjà de céphalée), la liste des remèdes homéopathiques et la description absolument littéraire pour moi des symptômes de la céphalée, j'eus l'idée du récit. J'imaginai ce couple qui tient du couple de "Maison occupée", en plus obscur toutefois car on ne sait pas si ce sont deux hommes ou deux femmes ou un homme et une femme, s'ils sont mari et femme ou frère et soeur. [...] Ils luttent contre la céphalée mais la céphalée est incarnée par des animaux. Alors soudain je vis ces animaux fantastiques comme des *mancuspies*"[2].

A partir de troubles névrotiques vécus — la céphalée et la zoophobie — Cortázar crée une fiction fantastique où textuellement s'élabore un univers proche de la psychose. Le raccourci suivant reprend ainsi d'assez près le schéma de la nosographie psychiatrique précédente :

1 —   Phase d'inquiétude :

"Nous ne nous sentons pas bien [...] de quelle façon décrire cette angoisse qui naît de tout, de rien" ("Céphalée", 98).

---

1   "Le tour d'écrou" reste une exception chez JAMES ; ailleurs la conduite problématique d'un personnage est conçue comme une singularité — voire un don — , et non comme un symptôme. Ainsi, malgré la structure analytique des dialogues de John et May ("La bête dans la jungle", 1903) la folie est évoquée une seule fois pour être écartée.
2   PICON GARFIELD É., *Cortázar por Cortázar, op. cit.*, p. 96.

2 —   Phase d'interprétation :

"C'est une perte de stabilité, un saut intérieur, un vertige qui grimpe le long de la colonne vertébrale jusque dans la tête [...] comme si la tête était pleine de choses vivantes qui tournent en rond" (*Ibid.*, 102).

3 —   Phase mégalomaniaque :

"A chaque secousse c'est comme s'il y avait un poil dans la nuque. Douleur d'éclatement ; comme si on refoulait le cerveau ; pire, si on se baisse c'est comme si le cerveau tombait par terre" [...]. Quelque chose de vivant tourne en rond dans la tête" (*Ibid.*, 108 et 115).

4 —   Phase démentielle :

"Mais c'est la maison qui est notre tête, nous la sentons armée, chaque fenêtre est une oreille contre le hurlement des mancuspies dehors [...] c'est pire dehors, s'il y a un dehors" (*Ibid.*, 115-116).

Cortázar dit lui-même :

"une tentative d'interprétation (d'explication) des contes fantastiques, les miens ou d'autres, peut très souvent opter pour cette solution où finalement le personnage imagine ce qu'il croit avoir vécu"[1]

Par delà sa dimension inachevée voire peut-être naïve, le récit fantastique inédit en français "La sorcière", est exemplaire de cette construction hallucinante, souvent mégalomaniaque, d'une réalité autarcique[2] :

"Paula se rappelle son travail de démiurge ; la lente et méticuleuse réalisation de ses désirs [...] elle créa petit à petit la construction de sa propriété [...] alors elle pénétra dans sa maison qui était véritablement belle [...]. Elle créa son homme. Son homme l'aima [...] ainsi devait-il être"[3].

L'angoisse psychotique, on le sait, résulterait de l'impossiblité pour le sujet de se détacher de l'objet, ou plus exactement de la réalité psychique de celui-ci dont la consistance lui fait défaut cruellement. Dans la psychose, comme dans l'univers fantastique cortázarien, l'angoisse est ressentie comme une dépossession surnaturelle de soi-même, à la manière d'un sortilège. L'aporie apparaît en fonction de la psychose, comme *l'expression de deux désirs contradictoires en un même sujet déchiré*. On l'a lu à plusieurs reprises, deux désirs aux directions opposées (Buenos Aires 1945/Paris 1870 ; dans l'aquarium/ hors de l'aquarium ; ...) *clouent*

1   PREGO O., *La fascinación de las palabras, op. cit.*, p. 83.
2   Le seul exemple similaire chez JAMES, est le personnage de Marmaduke dans "Maud-Evelyn" qui dénie la mort de Maud-Evelyn et partage sa vie avec elle. J'y reviendrai *infra* à propos de la pathologie du deuil chez les deux écrivains.
3   CORTÁZAR, J., "La sorcière" ("Bruja"). in TERRAMORSI, B., *Rites, jeux et passages, op. , cit.*, pp. 448-456

sur place le sujet et le révèle comme déchirure et béance : "visage plein d'écume où la mort était déjà installée, la blessure béante ..." ("L'île à midi", 130).

Aporie irreprésentable, non plus innommée en effet, mais *innommable et là quand même,* qui "réalise" l'occupation d'un même espace par deux corps pleins, le sujet devant être l'objet tandis que l'objet est en lui et qu'il est envahi par l'autre en lui-même : "Je me croyais prisonnier dans le corps d'un axolotl, transféré en lui avec ma pensée d'homme, enterré vivant dans un axolotl [...] Je pense beaucoup à lui". ("Axolotl", 34-35). Cette dissociation du désir et du sujet génère une forme particulière d'identification à un pseudo-objet ; la dimension psychotique du héros fantastique cortázarien s'articule bien là : sur *l'objet en personne.*

La coloration psychotique de la relation du héros fantastique à l'objet, apparaît textuellement dans l'épiphanie itérative du masque gorgonéen qui littéralement, *rend tout chose.* Etre pétrifié c'est devenir fermé comme une pierre, c'est faire bloc et ne rien laisser passser. Le héros est dans l'impasse ; en ce sens il est la mise en abyme du fonctionnement aporétique du fantastique :

> "En marge des circuits" ("L'île à midi", 122) ; au "Passage des Panoramas avec ses ramifications, ses impasses [...] à une inexplicable agence de voyage où [...] on n'a jamais acheté le moindre billet" ("L'autre ciel", 171).

D'où la fermeture sur soi, *le repliement d'un sujet chosifié.* La Gorgone, figure mythique de ces rites, jeux et passages, est condamnée à pétrifier, à chosifier ce qui rencontre son regard car elle n'est pas capable de créer une chose à son image qu'elle interposerait entre elle et l'aporie inextricable du Réel.

Les récits fantastiques cortázariens miment répétitivement l'échec de la volonté de dépasser l'opposition entre les catégories du Même et de l'Autre : en ce sens, la référence à Dionysos le dieu double, et à la folie dévorante qu'il génère, n'est pas fortuite. La mythologie littéraire du "fou" trouve là sa seconde figure mythique après la Gorgone :

> "Le clivage qui structure l'expression de l'individu "normal", est nié par le rituel de la folie dionysiaque. Le *même,* c'est-à-dire ce qui est identique au moi, doit s'y laisser entraîner dans un mouvement incessant vers l'*autre* et réciproquement, [...] d'où une vie enfin conforme au désir, la barrière que constitue l'*autre* étant exorcisée [...]. le *même* et l'*autre* se rejoignent dans l'expression d'une présence qui est tout à la fois dedans (en moi) et dehors [...] le rituel de la folie dionysiaque impose aux bacchants et aux bacchantes de se comporter comme cet *autre* constamment renié par leur culture : la bête"[1]

2 • LE DÉMON DE L'ÉCRITURE

"Lettres de maman", "La santé des malades", "Le tango du retour", "Là mais où, comment" : dans ces quatre récits provenant de quatre recueils distincts, le délire est le *récit* d'un innommable qui dit en abîme l'innommable constitué par le texte fantastique. La fabulation délirante y apparaît chaque fois comme une construction imaginaire reproduisant au sein du texte le

---

1   BOURLET, M., "L'orgie dans la montagne", *Nouvelle Revue d'Ethnopsychiatrie* (1), 1983, pp. 38-39.

travail d'écriture qui l'a constitué. Les lettres échangées dans "Lettres de maman" et "La santé des malades" ; la problématisation de l'écriture par elle-même dans "Le tango du retour" et "Là mais où, comment", montrent diversement l'irruption brutale d'un sens *pris à la lettre*.

Chez Cortázar comme chez James, il y a une *existence du mort*. Voici quatre récits macabres très proches de l'univers jamesien, et particulièrement de "Sir Edmund Orme", de "L'autel des morts" et de "Maud-Evelyn" : entre les lignes et comme par la magie du verbe, *celui qui n'était plus, est là* … Quatre résurrections textuelles que nous appellerons, en empruntant le néologisme de Pedro Córdoba, la *revenance* fantastique[1] : le travail du deuil est essentiellement dans ces récits, un travail de mise en mots où l'on en finit jamais de revivre la mort de l'Autre et, ce faisant, de faire revivre l'Autre mort.

Celui qui "revient", on ne le connaît *que trop* (frère, fils, mari …), et en même temps il est une présence impossible : le fantastique est constitutif de cet *impossible qui est là quand même* et qui fait de la fiction une authentique prosopopée. La chose a lieu "quand même"[2] dans le fantastique, avec cette *revenance* qui fait écho au *déni de réalité* bien connu du psychotique. Quatre récits de revenants donc, où l'écriture devient un *rite obituaire*, quatre récits étrangement familiers :

> "Ce qui semble à beaucoup de gens au plus haut degré *étrangement inquiétant*, c'est tout ce qui se rattache à la mort, aux cadavres, à la réapparition des morts, aux spectres et aux revenants […]. Le mort est devenu l'ennemi du survivant et il se propose de l'emmener pour qu'il soit son compagnon dans sa nouvelle existence"[3].

"Lettres de maman" et "La santé des malades" : à l'article de la mort

"Lettres de Maman" et de "La santé des malades" sont deux textes qui *se correspondent*.

Dans "Lettres de Maman"[4] Laure et Louis ont pris leurs distances avec le passé : Buenos Aires, Maman et la mort de Nico "pendant la lune de miel de celle qui avait été sa fiancée, de celui qui avait été son frère" (209). Entre ce mort et eux, il y a une *distance monstre* : l'océan qui sépare Buenos Aires de Paris, et "l'ordre que Louis avait voulu, décidé et obtenu […], nouvelle vie férocement découpée dans l'écheveau de sa vie passée" (199). Mais "les lettres de Maman altéraient toujours quelque chose dans le temps" (128) et lui faisaient répétitivement "passer le pont" (198). L'écriture on le voit une fois encore, est l'accomplissement d'une *distance monstre* : "Les personnes, elles, s'étaient évanouies depuis longtemps, mais les noms demeuraient, fantômes véritables" (199). L'ordre parisien artificiel de Louis et Laure, "le dérisoire de vivre comme un mot entre parenthèses, séparé de la

---

1   "Temps cyclique, thème du fantôme et reprise littéraire d'un motif folklorique : telles sont donc les trois modalités de ce que nous avons appelé d'un "néologisme […] la *revenance*". CORDOBA, P., "La revenance", *Poétique* (60), nov. 1984, p. 438.
2   Voir, MANNONI, O., "Je sais bien … mais quand même" in *Clefs pour l'Imaginaire ou l'Autre Scène*, Paris, Seuil, 1969, p. 9 et *passim*.
3   FREUD, S., "L'inquiétante étrangeté", *op. cit.*, p. 194 et p. 196.
4   CORTÁZAR, J., "Lettres de maman", in *Gîtes*.

phrase principale dont il est presque toujours le soutien et l'explication" (199), va être brutalement rompu par une lettre de Maman : "ce matin Nico a demandé de vos nouvelles" (200) ...

> "Cela faisait plus de deux ans que Nico était mort. Sa soudaine apparition au beau milieu de la lettre d'aujourd'hui était presque un scandale. Le seul fait que son nom surgisse dans une phrase, avec le *N* étiré et tremblant, le *o* un peu déformé, était déjà ... mais il y avait pire, le nom s'imbriquait dans une phrase incompréhensible et absurde, qu'on ne pouvait prendre autrement que comme un signe de sénilité" (203).

Dès lors le couple *sait* que Maman "perdait la tête" (211), *sait* que c'est "dans le délire de Maman [que Nico] voulait venir en Europe" (211), mais va *quand même* connaître l'enfer d'une vie à trois. Car chez Cortázar, la troisième personne est un ennemi irréductible et non un spectre pouvant être apaisé comme c'est le cas dans la plupart des récits de James : "La troisième personne", "Maud-Evelyn", "Sir Edmund Orme"...

Dans la lettre de Maman, ce mot qui lui a échappé, a ouvert un passage : les lettres de Maman sont des *ponts*, Louis le sait bien qui ressent toujours "cette anxiété, ce besoin urgent de répondre vite, comme il aurait refermé une porte" (199). Ces ponts textuels au-dessus de la fosse océane, rappellent bien sûr les difficiles communications jamesiennes au-dessus de l'abysse : "Ces profondeurs constamment franchies (*bridged over*) sur un échaffaudage solide" ("La bête...", 147).

Le mot de Maman a créé la confusion : entre Louis et Laure il y a le frère et le fiancé bafoué, et l'impossibilité pour le couple maudit de *tourner la page*, de construire une vie sur le dos du mort. Louis est le survivant de son frère, le rival victorieux et cynique qui fait l'amour à la fiancée du frère qui fait le mort : le mort saisit le vif.

Chez James ce thème du nouveau couple dont la joie profane la mémoire du partenaire mort est déjà présent : "L'autel des morts" débute sur la révolte du narrateur devant son ami Paul Creston au bras d'une nouvelle femme peu après la mort de Mrs Creston ; ensuite, le couple cérémonieux qu'il constitue lui-même avec l'inconnue de l'église sera brisé par *l'existence d'un ami mort* : "Acton Hague les séparait", "la présence d'Acton Hague autour d'eux"[1]. Dans "Les amis des amis", la narratrice renonce à se marier avec un homme que sa défunte amie visiterait : "elle vient vous retrouver (...) elle vous a tout entier" et elle laisse l'homme à "son union avec l'inconcevable"[2].

Le "mot" de la Maman cortázarienne est l'équivalent chez James du coffre du "Roman de quelques vieilles robes", de la main statuaire du "Dernier des Valerii", des cierges de "L'autel des morts", des papiers de "La vraie chose à faire"... : c'est un élément conducteur, un *póros* crée dans/par l'aporie. Grâce au pont tendu par Maman — sa correspondance —, Nico le disparu réapparaît, il peut revenir se venger cruellement : la lettre de maman est un laisser-passer pour le mort.

Louis *sait bien que c'est impossible, mais quand même...* : "ce n'était pas une question mais comment le dire autrement" répète-t-il inlassablement. Laure est la fiancée pervertie qui a abandonné Nico dans les bras de la Mort, qui s'est refusée à son étreinte et a trouvé le plaisir — cette "petite mort" — avec le frère rival tandis

1   JAMES, H., *L'autel des morts*, Stock, 1972, p. 65, p. 54.
2   JAMES, H. "Les amis des amis", in *Les fantômes de la jalousie, op. , cit.*, p. 158 et p. 160.

que l'autre trouvait la mort. La lune de miel du couple maudit précipite Nico dans les ténèbres : les râles du plaisir et de la douleur vont sceller un pacte fantastique. La lettre de Maman réouvre une plaie et induit chez le couple maudit le déni de la mort du frère-fiancé. Freud pour distinguer la névrose de la psychose se réfère, on s'en souvient, à un cas étrangement similaire :

> "Une jeune fille amoureuse de son beau-frère est ébranlée devant le lit de mort de sa soeur, par l'idée suivante : maintenant il est libre, il peut t'épouser. Cette scène est aussitôt oubliée. [...] [La névrose] dévalorise la modification réelle, en refoulant la revendication pulsionnelle dont il est question, à savoir l'amour du beau-frère. La réaction psychotique aurait été de dénier (*Verleugnen*) le fait de la mort de la soeur"[1].

Louis et Laure, chacun à leur manière, dénient la mort de Nico à partir du *délire inducteur* de Maman, du mot qui lui "échappe" et de l'écriture qui leur devient un "pont". Les deux ans qui se sont écoulés depuis cette mort, le départ pour Paris, l'échange de correspondance entre le quartier de Flores de Buenos Aires et Paris, le monde clos que Louis et Laure construisent, la "lente zone d'interdit qui se formait peu à peu dans leur langage, les isolant de Nico, enveloppant son souvenir d'un coton sale et poisseux" (208), apparaissent comme l'*incubation* du délire psychotique induit par la lettre confondante. Louis puis Laure vont inexorablement être happés par le *passage* — "le pont" — ouvert par ce mot de trop :

> "Les dates que donnait Maman étaient exactes. C'était sa seule certitude, *le reste était absolument impensable* (213) ; "pourquoi feindre de croire (ce n'était pas une question mais comment le dire autrement) que Maman était devenue folle ?" (221) ; "pourquoi ne pas mettre (ce n'était pas une question mais comment le dire autrement) un troisième couvert à table ? [...] Peut-être était-il dans l'autre pièce [...] Il attendait là ..." (225, je souligne)

A partir du mot de Maman posant *l'existence du fils mort*, Louis et Laure voient Nico partout ("tant de silences où tout était Nico, où il n'y avait rien en elle — ou en lui — qui ne fût Nico", 225) et se sentent persécutés par sa présence spectrale. Significativement, cet univers psychotique réfère comme pour Alina Reyes ("petit pion *Luis* — Maria à côté de sa reine ...", "La lointaine", 99) à la structure quadrillée d'un *échiquier* :

> "Tu ne peux pas croire qu'elle s'est trompée de nom, tout simplement ? Il fallait le croire. Pion quatre roi. Pion quatre roi. Parfait. — Elle a peut-être voulu dire Victor, dit Louis [...] — Ah ! oui. C'est bien possible, dit Laure. Cavalier roi trois fou" (214) ; "Il comprit que la partie continuait et que c'était à lui de jouer. Mais cette partie-là, ils la jouaient à trois, peut-être à quatre. Il était sûr, à présent, que Maman était là, près de l'échiquier" (218).

Alina Reyes, à sa manière, invente aussi des noms, utilise l'écriture comme un *pont* entre Buenos Aires et Budapest, avant de n'être plus que ce *pont* au-dessus de l'eau glaciale. La métaphore de l'*échiquier* réfère d'abord au combat intérieur et au froid calcul, mais surtout à un univers enchevêtré comme un filet — un "échiquier" —, à

---

1   FREUD, S., "La perte de la réalité dans la névrose", in *Névrose, psychose et perversion, op. cit.*, p. 300.

l'*hypos fantastique*[1] ; un univers tressé où l'on devient le jouet des mots, où l'on est pris au piège d'un palindrome comme Alina, ou d'un *lapsus calami* comme Louis et Laure. Le couple maudit est victime du coup d'écriture, du coup de filet de Maman : Louis et Laure sont pris au mot.

Ils prennent aussi Maman au mot ; ils *savent* que ce n'est pas possible *mais quand même* : ils la croient sur parole. D'où cette scène hallucinante de l'entrée en gare du train du fantôme (un vendredi et gare St-Lazare ! ...). Ils savent bien que Nico, mort depuis deux ans, ne peut pas apparaître sur le quai au jour et à l'heure indiqués par Maman, mais ils vont *quand même* (en se cachant l'un de l'autre) l'attendre. Significativement il s'agit de "voir sans être vu" (221), la rencontre du regard de l'Autre ne pouvant être que pétrifiante.

On assiste alors à un spectacle complexe : Louis et Laure ne verront pas ce qu'ils voulaient voir, et Louis verra Laure qui ne le voit pas, ne rien voir. Nico qu'ils voient partout et nulle part, incarne ici l'*angle mort* de la vision et de l'écriture :

> "Il regardait Laure [...] il la regardait sans surprise, comme un *insecte*" (222) ; "Laure s'était mise à le [un voyageur ressemblant à Nico] suivre en le regardant d'un air qu'il [Louis] connaissait bien, ce même air qu'elle avait quand elle s'éveillait de son *cauchemar* [...] qu'elle regardait en *lui tournant le dos*, une fois accompli l'ignoble vengeance qui la faisait crier et se débattre en rêve" (223, je souligne).

Le texte joue de cette articulation entre le délire onirique et la mythologie du cauchemar et du masque gorgonéen. Après une *incubation* de deux ans, le délire se déclare *dans* et *par* les figures de la *catastrophe lunaire* et de *l'incube* pétrifiant. On constate que le fantastique cortázarien mobilise la mythologie littéraire de la terreur et ce, dans sa dimension la plus érotique :

> "La promenade jusqu'*au bout du fleuve, la lune, une grande lune* comme une fenêtre d'hôtel là-haut, Laure un peu ivre se débattant" (213) ; "le plus parfait des cadeaux de mariage, sa mort pendant *la lune de miel* de celle qui avait été sa fiancée, de celui qui avait été son frère" (209, je souligne) ; "appelé à *la pleine lumière* de son nom, l'*incube* se serait évanoui [...] mais Laure évitait de prononcer son nom" (208, je souligne) ; "elle avait eu ce cauchemar pour la première fois [...] à l'époque où ils parlaient encore de Nico [...] Il revenait de temps à autre et c'était toujours la même chose. Elle réveillait Louis par un gémissement rauque, une secousse convulsive et soudain un cri qui était déjà un refus passionné, des deux mains, de tout son corps, de toute sa voix, elle repoussait *quelque chose d'horrible qui tombait sur elle* du haut de son rêve [...] cet autre côté de la vie. Elle disait qu'elle ne se souvenait de rien, que c'était horrible mais que *cela ne pouvait pas s'expliquer* [...] Mais Louis savait qu'elle savait et qu'elle venait d'affronter celui qui entrait dans son rêve (*caché sous quel horrible masque ?*) *et dont les genoux devaient l'étreindre dans un vertige d'effroi*" (215-216, je souligne) ; "Pourquoi ne pas se lever, pourquoi ne pas serrer le poing et frapper ce visage triste et résigné que la fumée de la cigarette déformait, *faisait se balancer entre deux eaux* [...] Peut-être était-il dans l'autre pièce [...] le domaine tiède et blanc des draps où il était accouru tant de nuits dans les rêves de Laure. Il attendait là, *couché sur le dos* [...] *avec cette tête de clown* qu'il avait les

1   On a développé cette notion d'*hypos* fantastique à propos des métaphores halieutiques de l'institutrice du "Tour d'écrou", B. TERRAMORSI, "Le fantastique dans les nouvelles de Henri James : le sentiment océanique" in *Le Nouveau Monde et les territoires d'altérité...*, op. cit.

derniers jours, quand il ne lui restait déjà plus une goutte de sang dans les veines"
(225, je souligne).

La lune maléfique, la femme-insecte, le démon nocturne pesant sur la poitrine comme une pierre, le masque mortuaire et mortifère "entre deux eaux", le masque de plâtre d'un clown satanique, le gisant couché sur le dos — *boca arriba* —, forment une constellation d'images constitutives de la mythologie du fantastique cortázarien.

Dans "La santé des malades"[1], un récit postérieur de sept ans seulement, *la correspondance fantastique* qui permet de faire survivre un mort par un échange de lettres et quelques jeux d'écriture, est à nouveau l'axe majeur de la fiction. Le tableau ci-dessous voudrait montrer le système d'échos reliant les deux récits.

Lettres de maman	*La santé des malades*
- Nico, mort depuis deux ans	- Alexandre, mort depuis moins d'un an
- Laure : fiancée infidèle	- Marie-Laure : fiancée fidèle
- Maman écrit sur son fils comme s'il était vivant	- Le fils écrit à maman comme s'il était vivant
- Correspondance délirante entre Buenos Aires & Paris (mère-fils mort <---> fils vivant)	- Correspondance délirante entre Buenos Aires & Recife (famille <----> famille)
- Le revenant vient persécuter le couple maudit : il est de trop	- Les lettres d'Alexandre diffèrent son retour du Brésil : il manque
- Le couple sombre dans le monde délirant des lettres de maman	- La famille sombre dans la fabulation créée pour maman.

Maman, dont le caractère hypocondriaque rappelle la Maman du précédent récit, croit que son fils Alexandre est toujours vivant alors qu'il est mort il y a près d'un an dans un accident. Et comment se douterait-elle de sa mort puisqu'il lui écrit régulièrement … En effet, afin de ménager la santé de Maman, de ne pas la tuer avec la mort de son fils, la famille fait *comme si* Alexandre était toujours vivant mais retenu au Brésil par son travail. Contrairement à "Lettres de maman", la mort du fils n'a jamais été admise ici : les lettres du fils à Maman, tapées à la machine et à la signature imitée, attestent d'une vie éloignée géographiquement et diffèrent un retour prochain. Il n'y a pas de résurrection littéraire, Alexandre n'est pas un revenant car il n'est jamais parti, il est toujours là dans ses/ces lettres.

La famille construit un réseau complexe qui d'abord "cache la vérité" — le réseau familial fait alors écran : "d'abord faire disparaître *La Nación* [...] puis établir un plan d'action à long terme" (46) — ; et ensuite crée une nouvelle réalité, *un cercle familial* coupé du monde. Maman croyant écrire à son fils, écrit dans le vide : la famille compose un chœur qui est la prosopopée du mort. La famille construit méthodiquement une réalité intellectuelle et un vécu morbide — une pieuse

---

1   CORTÁZAR, J., "La santé des malades" (in *Tous les feux le feu*). Sur le thème des relations épistolaires, voir "Anabel" in *Heures indues* ; "Bouteille à la mer", in *ibid.* : "cette lettre ne vous sera pas envoyée par les voies habituelles car rien ne peut entrer dans le rite social des enveloppes et de la poste [...] C'est ainsi, je pense, qu'opèrent les communications profondes" (p. 167).

comédie" (49) — qui entrent dans un "plan d'action" et instaure *une conviction délirante systématique* :

> "A force de feindre la gaîté ils en arrivaient à rire pour de bon avec maman [...] et après ils se regardaient comme s'il venaient de se réveiller" (49)

La famille, enfermée dans la circularité de sa mise en scène, *feint pour de vrai*. Et à l'inverse du couple maudit de "Lettres de maman", la famille ne vit pas un cauchemar mais un rêve satisfaisant où Alexandre ne doit pas mourir pour ne pas tuer maman :

> "Tout leur était devenu routine et [...] téléphoner à un trou noir à l'autre extrémité du fil[1] c'était aussi simple et quotidien que de lire les articles du journal" (64).

Le *plan d'action* sera suivi à la lettre et quand la tante Clélia meurt à son tour, naturellement la famille fait *comme si* elle était toujours en vie : "Nous sommes déjà si habitués à cette comédie qu'une scène de plus ou de moins ..." (62).
On reconnaît dans ce refus du travail du deuil, dans cette mise en scène qui devient macabre en voulant précisément masquer la mort, le scénario d'une nouvelle de James "Maud-Evelyn" : les Dedrick ont pour leur fille morte depuis quinze ans "un véritable culte", ils se "refusent" à cette perte et "leur amour est devenue une douce manie, une idée fixe excluant les autres". Marmaduke sait bien que Maud-Evelyn est morte mais il va quand même se marier avec elle et l'assister à sa mort... "Une obscure comédie" dit le texte jamesien[2].
Dans "Maud-Evelyn" — et cela est aussi le cas dans "L'autel des morts" —, il y a un culte du mort, et ces rapports rituels effacent peu à peu tout conflit au profit d'une cohabitation sereine, comme exorcisée de tout surnaturel... Au contraire, chez Cortázar il n'y a jamais de cohabitation possible : soit la perte est trop douloureuse et provoque une pathologie du deuil ("La santé des malades", "Là mais où, comment"), soit le revenant est irréductiblement persécuteur ("Lettres de maman", "Le tango du retour"...).
Ce qui est remarquable dans "La santé des malades", par delà le lent processus d'irréalisation de la fabulation délirante, c'est qu' *au plus* la famille joue la "comédie" et s'enferme dans son monde imaginaire, *au moins* Maman y croit : de sorte que l'on ne sait plus qui est acteur et qui est spectateur, et surtout qui est *malade* ... Marie-Laure qui est la seule à le pressentir ne peut se faire entendre :

> "La première à lacher la bombe, ce fut Marie-Laure [...]. Elle le dit à Rose [...] et Rose la regarda d'un air hébété comme si elle ne pouvait croire ce qu'elle avait entendu [...] [mais] dans une maison comme la leur on allait jusqu'au bout de son devoir" (55-56) ; "Rose et Pepa le dirent aussi à Charles qui renonça à trouver une explication *à moins d'accepter ce que personne ne voulait accepter*" (63. Je souligne).

---

1   On retrouve ici la scène de la conversation téléphonique d'outre-tombe entre Délia et Gonny dans "Délia, le téléphone sonne". Mais alors que dans ce récit inédit Délia paraît être en proie à un délire spirite qui la met en communication avec l'au-delà, dans "La santé des malades" l'accent est mis sur la *fabulation* délirante.
2   JAMES, H., "Maud-Evelyn" in *Les fantômes de la jalousie, op. , cit.*, p. 65 et passim.

Dans "Maud-Evelyn", James montre bien comment Lavinia la fiancée vivante, participe sans réserve à la comédie macabre de Marmaduke et en parle sur le ton de l'évidence à Lady Emma la narratrice sceptique puis révoltée ; ainsi ce dialogue inquiétant entre Lavinia et Lady Emma :

> "Il m'a dit des choses. — Quel genre de choses ? pas de charlatanisme, j'espère, sur des communications d'outre-tombe, ni qu'il la voit et l'entend ? — Oh non (…) il laisse ses pratiques au vieux couple (…). Je voulais parler de choses qu'elle lui a dites et qu'ils ont faites ensemble…" ("Maud-Evelyn" 69-70)

Chez Cortázar, la Maman joue la comédie à la famille en faisant semblant de croire à leur comédie, et ce faisant elle l'alimente… ; or chez James, devant le délire croissant de Marmaduke puis la contamination de Lavinia, Lady Emma constitue un irréductible point de vue du dehors qui tente de faire cesser la comédie, puis feint de croire Marmaduke pour le faire parler : "changer de langage (…) ce serait désormais la voie à suivre (…) me maintenir au diapason" (74).

Dans "La santé des malades", quand Maman se meurt le texte s'achève sur un coup de théâtre : la levée du corps est à la fois une levée de masques et un nouveau lever de rideau. Le spectacle continue : la vie continue, "jusqu'au bout".`

> "Que vous avez été bons pour moi, dit maman. Tout le mal que vous vous êtes donné pour que je ne souffre pas. […] Pepa et Rose […] savaient maintenant que Marie-Laure avait raison ; *elles savaient ce que, d'une certaine façon, elles avaient toujours su* […] il semblait que tout reprenait sa place normale, que *la longue comédie redevenait nécessaire* […] — Vous pouvez vous reposer maintenant, dit maman. *Nous* ne vous donnerons plus de travail" (65, je souligne).

Maman donne congé à la troupe familiale pour cette longue comédie qui avait voulu lui (leur) épargner le pire ; mais ce "*nous* " de maman dit bien du côté où elle se trouve : avec son fils Alexandre. Maman meurt pour être avec son fils, laissant les survivants avec leurs masques inutiles tourner en rond comme leur écriture. On peut comprendre aussi bien, qu'elle avait la conviction d'être avec son fils : si elle ne lui écrivait plus c'est bien qu'elle l'avait rejoint, et qu'ils regardaient tous les deux la famille jouer la comédie, une autre comédie que la sienne…
Car maman n'a jamais écrit aucune lettre à son fils : elle les dictait au début, puis par la suite donnait quelques indications pour leur contenu. Ainsi le cercle familial croyant faire correspondre la mère vivante et le fils mort, écrit, lit et répond à ses propres lettres. Le réseau familial *s'écrit* : écriture délirante qui ne correspond pas ; écriture bouclée sur elle-même et qui *décrit* un cercle familial refermé sur sa propre sphère. Ils *savaient bien* que maman savait, *mais quand même* ... : "on fait les choses ou on ne les fait pas, un point c'est tout" (62) ; il n'y a pas de compromis possible dans cet univers psychotique. L'angoisse de tuer maman avec la mort de son fils provoque un pacte familial, une production délirante collective et systématique, et surtout un déni de la mort : mort d'Alexandre d'abord, puis de Clélia et enfin de maman : car il n'y a plus de limite, il faut aller "jusqu'au bout de son devoir" (56) inexplicable :

> "Trois jours après l'enterrement [de maman] arriva la dernière lettre d'Alexandre […]. Rose qui l'avait ouverte se mit à la lire machinalement […] tout en lisant elle n'avait cessé de se demander comment ils feraient pour apprendre à Alexandre la mort de maman" (65).

Une fois encore le fantastique est constitutif d'une prise aux mots : il n'y a pas de sens en dehors du texte comme il n'y a pas de sens en dehors du délire qu'il thématise. Une spirale langagière aspire les personnages.

Dans "Dîner d'amis" (dont l'épigraphe reprend la célèbre métaphore du fragment 59 d'Héraclite sur le Temps et l'*échiquier*), le fantastique est encore produit par le *croisement de cinq lettres qui ne (se) correspondent pas* : tandis que F. Moraes écrit une invitation à dîner pour la fin du mois à son ami A. Rojas, il est interrompu par une lettre de ce même ami, écrite la veille, et lui demandant des comptes à propos d'une mystérieuse altercation durant *ce* dîner ... : "Une extraordinaire plaisanterie épistolaire", à moins que "cela ressemble plutôt à quelque sorcellerie"[1]. Cette fiction fantastique épistolaire apparaît encore comme un *jeu* de l'écriture, un angle mort où un spectre va se glisser. L'écriture du suicide de Louis Funes précède son suicide "réel" ; l'écriture dicte le réel, le réel et l'écriture ne font qu'un. Le texte tourne autour de ces cinq lettres confondantes qui en disent toujours trop ou pas assez, et surtout qui répondent *à côté*.

Louis, dans "Lettres de Maman", choisit de même de répondre *à côté* quand il reçoit la lettre confondante de Buenos Aires : il fait *comme si* il n'avait rien lu en répondant à maman (une manière de ne pas lui répondre) et parallèlement (à côté) il écrit à son oncle. Dans "La santé des malades", le cercle familial qui organise la correspondance entre Buenos Aires et Recife, génère un réseau d'écriture toujours *à côté de la vérité*.

Contrairement à Nico et Alexandre, Louis Funes, dans "Dîner d'amis", ne revi(en)t pas grâce au *jeu* de l'écriture : il est la victime d'une pré-diction, d'un coup d'écriture qui *signe* son destin et l'*expédie* dans l'autre monde.

Deux récits en souffrance, deux articles nécrologiques ; il y a ici la mise en texte d'*une écriture impossible en tant qu'écriture :* le mort qui écrit *comme si* il était vivant, le vivant qui lui écrit *comme si* il n'était pas mort. Dans ces deux récits (on a aussi cité "Dîner d'amis") le *fantastique* n'est pas tant une écriture incroyable qu'une *écriture impossible*. Le fantastique est lettre morte : la psychose entre dans le texte par cette forclusion, par ce retournement de la métaphore en lettre. Dans "Lettres de maman", "La santé des malades" ou encore "Dîner d'amis", le fantastique est un acte d'écriture qui est un *acte de décès,* avec cette dimension toujours inadmissible d'une telle nouvelle qu'il faut lire pour y croire.

"Le tango du retour" et "Là mais où, comment" : quand la Chose arrive

Dans ces deux récits postérieurs de plus de dix ans aux deux nouvelles précédentes, l'écriture n'est plus épistolaire : l'échange, même délirant, des lettres — *la correspondance fantastique* — devient impensable. Il n'y a plus de lieu d'adresse ni de retour possible de la lettre. *Écriture rentrée* donc, où l'Innommable prend encore corps entre les lignes, dans l'épiphanie d'une connaissance (mari ou ami) dont la *revenance* est étrangement inquiétante. Le texte tente vainement d'écrire cette opération impossible de la représentation : voir la mort en face.

Le narrateur du "Tango du retour", à la manière du narrateur-photographe des "Fils de la Vierge", ne cesse de montrer une *écriture prise à revers* dans son travail de représentation : il a du mal à "entrer" dans le texte, à nous faire entrer dans

---

1   CORTÁZAR, J., "Dîner d'amis", in *Gîtes*, p. 92 et p. 94.

l'histoire de Emilio Diaz, parce qu'il sait que ce qu'il veut dire lui échappera toujours. Ainsi le narrateur "brode" autour de souvenirs insaisissables et de fantasmes :

> "Ce besoin baroque de l'intelligence qui la pousse à combler les vides jusqu'à ce qu'elle ait complété sa toile d'araignée [...]. Mais comment ne pas se dire que peut-être, de temps à autre, la toile d'araignée mentale s'ajuste fil à fil avec celle de la vie, bien que de se dire une chose pareille relève tout simplement de la peur car, si on n'y croyait pas un peu, on n'arriverait plus à faire face aux toiles d'araignée du dehors"[1].

Le narrateur a *une araignée en tête*, comme le voyageur de "Manuscrit trouvé dnas une poche" avait une araignée dans l'estomac qui le forçait à jouer, poussé par une nécessité viscérale. Le narrateur du "Tango du retour" est pareillement rongé par un mal intérieur, par ce poison et/ou remède, ce *pharmakon* qu'est l'écriture[2]. La métaphore de l'araignée et de la texture réfère *in limine,,* à cette opposition cortázarienne déjà repérée, du caméléon et du coléoptère, de l'écriture à *métis* et de l'écriture carapaçonnée. Le texte, en évoquant le noir arachnide et son réseau, se définit encore comme un piège tissé.

> "Moi, ce que j'aime, c'est l'écriture et rien que pour moi [...] ce qui me plaît surtout c'est d'*écrire pour écrire* [...] c'est ça écrire, ouvrir les volets à deux battants et que les choses entrent, un cahier après l'autre ; je *travaille dans une clinique* et ça ne m'intéresse pas qu'on lise ce que j'écris [...] quelque chose frappe à la fenêtre et ainsi de suite, un *nouveau cahier comme on appelle une ambulance"* (82, je souligne).

Le narrateur est en clinique, c'est un *pharmakeus* qui tient à la fois du guérisseur et de l'empoisonneur : l'*écriture est ici une question de vie ou de mort,* et la sirène de l'ambulance le signale bruyamment. Le sens reste en souffrance, et l'écriture est aussi dangereuse qu'un philtre, qu'un *pharmakon*. Le texte se donne immédiatement pour *un mélange inassimilable* : il distille une narcose qui tétanise dans l'aporie.
Mathilde est prise dans les mailles de son délire comme Délia-Circé, et finalement succombera à un empoisonnement. Texte en souffrance mais texte de la souffrance aussi, qui réfère à *une crise douloureuse :* la fiction s'élabore en marge de la clinique, elle est encore un écart. Les "cahiers" du narrateur-ambulancier — et de là le texte que nous lisons — sont des tombées, des coupures d'une trame plus vaste, "les points de suture", l'assemblage de tant de choses éparses ou supposées" (83) : le texte exhibe son *analyse,* sa décomposition. L'écriture — *pharmakon* revient aussi à un état second — Cortázar a souvent insisté sur cet "état second" dans lequel il écrit —, un état entre le travail diurne et le travail nocturne : "Flora m'a raconté tant de choses de sa vie sans imaginer qu'après, moi je me les faisais repasser tranquillement entre deux rêves et que certains, je les mettais dans un cahier" (82).
Cette histoire de Emilio Diaz que le narrateur n'en finit pas de commencer, apparaît ainsi comme une répétition originale d'une production psychique. Qui pourrait s'y retrouver ? La fantastique naît de cette confusion, *quand on ne peut*

---

1   CORTÁZAR, J., "Le tango du retour" in *Nous l'aimons tant Glenda,* p. 81.
2   Voir DERRIDA, J., "La pharmacie de Platon", *in La dissémination,* Seuil, 1972, p. 28 et *passim.*

plus faire la part des choses. C'est la faille psychotique : le *coin d'air* que le héros de "L'autre ciel" pousse de l'épaule pour passer d'un continent à un autre, le *pont* d'Alina Reyes ou de Louis, les *volets* du narrateur du "Tango du retour" ... Le passage *(poros)* à une réalité confondante, a-porétique :

> "Vint un jour où il m'aurait été impossible de distinguer entre ce que me racontait Flora et ce qu'elle et moi avions ajouté parce que tous les deux, et chacun à sa façon, nous avions besoin comme tout le monde, que le puzzle se complète" (83).

L'histoire de Emilio Diaz est faite de pièces rapportées, générant une texture remaillée qui représente un réel circonstanciel, non uniforme. Récit disparate donc, fait de souvenirs, de fabulations et de rêves. Une histoire où l'on *sait bien que le réel échappe mais quand même* ... ; où le *pour de vrai* et le *pour de faux* s'enchevêtrent inextricablement en l'absence de point sûr.

Emilio Diaz, "ce n'était pas un fantôme mais on le sentait loin" (84) : Emilio Diaz *le lointain* revient contre toute attente. C'est l'écriture qui génère ce rapprochement aberrant : "Quand j'écris, je vois ce que je suis en train d'écrire, je le vois réellement" (83). Dans cette écriture visionnaire, dans ce qu'il *brode*, Mathilde voit "réellement" sur le trottoir d'en face "Milo qu'elle avait tué il y avait cinq ans de cela" (87), "absurdité de penser une chose qui était là mais en dehors ou à côté de toute pensée" (88). L'écriture nous fait connaître les *à-côtés* qui deviennent insensiblement l'autre scène de la fiction. Mathilde a épousé le riche Germán et a tué *(pour de vrai* ou *pour de faux ?)* Emilio son mari encombrant : un couple maudit persécuté par un passé trop vite enterré, à la manière du couple de "Lettres de maman".

Emilio c'est pour Flora, la servante de Madame Matilde, Simon le charmeur : en l'absence du maître de maison, du riche Germán, Simon commence à avoir ses entrées dans la maison, tout au moins dans la cuisine. Simon courtise Flora, tandis qu'au-dessus Madame Matilde boit, essaye de lire un roman et pense — "ça pouvait s'appeler penser ce brusque vomissement de temps et d'images ..." (85) — à Simon qui pour elle n'est autre qu'Emilio qui *revient.* Emilio-Simon, dans la maison (la tête) de Matilde c'est le *bruit en personne,* la présence impossible surgie de la nuit et qui vient *occuper* le bas de la demeure — "tout le rez-de-chaussée était une zone différente" (95) —, avant de monter en haut dans sa chambre, pour accomplir son horrible vengeance, pour la *posséder* :

> "Elle n'entendit pas s'ouvrir la porte d'entrée mais peu importait parce qu'elle était sûre que la porte d'entrée s'ouvrait ou allait s'ouvrir et qu'on ne pouvait rien faire [...] que pouvait-elle crier à Milo, comment l'empêcher d'entrer chez elle puisque c'est Flora qui allait lui ouvrir pour le recevoir dans sa chambre [...]. En plein impossible il ne lui restait plus qu'une absurde espérance, que Milo [...] fût venu là [...] sans savoir qu'il était mort là-bas à Mexico, Milo qui ne l'aurait pas cherché par-dessus le corps de Flora" (99).

Matilde est une malade :

> "elle accumulait les comprimés sur la table de nuit [...] les yeux perdus vers le rayonnage où était posé le roman, elle le voyait, ouvert et retourné [...] elle voyait le poignard malais" (99).

L'histoire est aussi embrouillée que l'esprit de Matilde qui fait des mélanges (alcool/comprimés/littérature). Dans l'histoire que nous raconte le narrateur-ambulancier, Matilde apparaît sous l'emprise d'un délire hallucinatoire propre à l'alcoolisme, mais qui s'origine bien plus loin : "Matilde avait quelque chose, je te trouve bizarre Matilde, tu devrais voir l'analyste de Graciela" (95). Le narrateur nous raconterait-il à partir de ses propres fabulations, l'histoire d'une "folle" qui se croit persécutée par un revenant ?

Le texte procède d'une série vertigineuse d'emboîtements : souvenirs de Flora sur Matilde racontés au narrateur-*pharmakeus* qui les filtre, les mixe, se mettant tour à tour par les sortilèges de l'écriture, dans la tête de Flora et de Matilde, mélangeant les points de vue et effaçant toute transition. Et tout ça donne un texte, un "cahier", peut-être ce roman illisible posé sur le sofa.

Matilde poignarde Simon-Emilio et meurt empoisonnée deux heures plus tard : "Moi j'arrivais avec l'ambulance, faisais une piqûre à Flora pour stopper l'hystérie" (102). Le texte s'ouvre et se ferme sur la sirène d'une ambulance, sur la folie de l'écriture — il est malade d'écrire — et la folie dans l'écriture — le *pharmakon* contre l'hystérie. Entre les deux coups de sirène il y a l'histoire de Matilde et une histoire de Madame Matilde. Il y a histoire et histoire : *res factae* et *res fictae*.

L'histoire de Matilde : le récit délirant d'une persécution par un revenant ; ce que *Matilde s'est mis dans la tête*, et que le narrateur-*pharmakeus* parvient à savoir par un tour de force mystérieux. L'histoire de Matilde est un délire écrit par le narrateur qui le prête à Matilde : c'est ce qu'il lui met en tête. Dans ce délire *prêté* à Matilde (ce prêt qui détermine tout un contrat d'écriture, l'ordonnance du *pharmakon*), il y a un mari mort qui revient, et un mari vivant qui est parti, une "bigamie" (93) fantasmatique, un lit et une tête vides où l'incube veut se glisser après avoir défloré Flora.

Une histoire de Madame Matilde : celle que Flora a racontée à l'ambulancier qui est devenu son amant et notre narrateur. Flora est courtisée par Simon qu'elle accueille dans sa chambre de bonne avec la permission de Madame Matilde : celle-ci, en état de démence sous l'effet d'un mélange d'alcool et de médicaments, poignarde Simon qu'elle a pris pour on ne sait quoi dans la nuit … Les deux histoires se joignent dans l'image finale du couple nu enlacé dans la mort : Madame Matilde sombrant dans un coma mortel et Emilio-Simon, mort une fois pour toutes, un poignard dans la poitrine, "étendu sur le dos" (*boca arriba*, 102).

Le narrateur-ambulancier évacue les deux corps inertes et boucle son texte : il se retire avec sa proie, avec Flora sur le ventre de qui Simon promenait "une lente araignée de doigts" (101). Et Simon — ce geste le *dit* assez — c'est un peu le narrateur aussi, qui se met facilement à sa place.

Le lien entre "la toile d'araignée mentale" et "les toiles d'araignées du dehors" (81), est constitutif d'une texture complexe où le symbolique forclos ouvre sur un univers psychotique. Le *revenant* est toujours la victime d'une "machination" d'un couple maudit ; et il apparaît, avec son retour *dans* et *par* l'écriture, comme une machination textuelle. Le récit suivant va nous permettre d'affiner cette vue.

"Là mais où, comment", qui est sans doute un des récits fantastiques les plus émouvants de Cortázar, radicalise les procédés observés dans "Le tango du retour" ou "Les fils de la Vierge" : l'écriture mise à mal par ce qu'elle veut dire, la langue minée par les sensations indicibles.

Pour le narrateur (une série d'indices textuels l'assimilent à Cortázar[1]), l'écriture est un remède plus dangereux que le mal : à la lettre, elle lui empoisonne la vie. Le souvenir obsédant de Paco, l'ami mort à Buenos Aires il y a trente ans, lui rend la vie impossible, et écrire devient un véritable cauchemar : "c'est lui brusquement : maintenant (avant de commencer à écrire, la raison pour laquelle j'ai commencé à écrire)"[2]. La fièvre d'écrire, de toute évidence, renvoie à une *écriture maligne* entièrement possédée par l'esprit du mal : l'écriture en s'altérant va communiquer ce mal. Contrairement au héros jamesien de "L'autel des morts" qui fait passer (calme) son douloureux travail de deuil par un rite macabre — et trouve l'aide d'une prêtresse —, le héros cortázarien n'arrive pas à faire passer la mort de Paco... Il reste mortifié : à la fois parce qu'il se décompose au fil des pages, et parce qu'il souffre et se fait souffrir comme pour expier une faute. A la *douce peur jamesienne* cultivée esthétiquement et spirituellement, se substitue la *peur panique cortázarienne,* le narrateur devenant ici la victime du démon du cauchemar. L'opposition sur ce point entre "L'autel des morts" de James et "Là mais où comment" de Cortázar — deux récits pourtant très proches —, est suggestive : "L'autel des morts" :

> "Sa vie était encore réglée par un pâle fantôme" (...) le rituel de son culte (...) une immense évasion loin du présent" (20) ; "ses yeux dans le vide peuplé de choses (...) c'était vers lui que l'âme errante de Kate s'était retournée (...) il se demanda comment les yeux fermés des mortes pouvaient vivre encore et se rouvrir dans une chambre paisible (...) le regard des mortes leur survivait" (27).

"Là mais où, comment ?" :

> "Le visage [de Paco] est le même, le masque terreux de la fin" (99) ; "son visage terreux et sans soleil, sans même la lune des cafés de l'Once [...] un visage triangulaire vidé de son sang, l'eau pâle des yeux, les lèvres fendillées par la fièvre" (102) ; "petite larve grise, *animula vagula blandula,* petit singe ..." (110)

> "Toi qui me lis ça ne t'est jamais arrivé cette chose qui commence dans un rêve et revient dans d'autres rêves mais ce n'est pas ça, c'est autre chose qu'un rêve ? Quelque chose qui est là mais où, comment, quelque chose qui se passe en rêve bien sûr, rien que rêve, mais qui demeure là, d'une autre façon, molle et pleine de trous [...]. Qu'est-ce que ça peut-être, qu'est-ce que ça a été, que nous avons été dans un rêve mais c'est autre chose, ça revient de temps en temps et c'est là mais où, comment est-ce là et où est-ce là ? [...]. Pourquoi Paco de nouveau cette nuit, maintenant que j'écris dans cette même chambre, près de ce même lit où les draps gardent encore la marque de mon corps ?" (96).

Si le récit de James traduit une douce attirance pour les morts et une cohabitation non conflictuelle dans et par le rite obituaire[3] ; le récit cortázarien repose sur une

---

1   Comme CORTÁZAR, le narrateur a quitté Buenos Aires il y a de nombreuses années et travaille à l'UNESCO ; de plus, il est un écrivain dont les fictions évoquent de manière cryptée, l'univers cortázarien des nouvelles. Enfin, le récit est dédié à "Paco", ce qui confère au personnage fictif une réalité extra-textuelle, discrètement biographique.
2   CORTÁZAR J., "Là mais où, comment" in *Octaèdre,* p. 95.
3   On pense chez JAMES au GAUTIER de "La morte amoureuse" et de "Arria Marcella", l'érotisme en moins...

attirance et une persécution effrayantes. La catastrophe lunaire de la larve (le retour de l'axolotl) et du masque gorgonéen, génère une écriture morbide montée contre elle-même ; une écriture chevauchée qui, précisément, est constituée de chevauchements : "J'arrive à peine à séparer le plus gros, mettre d'un côté les rêves et de l'autre Paco" (99). L'écriture est son propre cauchemar.

Cette larve et ce singe, évoquent la figure simiesque démoniaque de la peinture de H. Füssli, *The Nightmare*. Et l'affection pour l'ami mort peut être interprétée aussi comme une relation homosexuelle latente et (désormais) impossible[1] ; ainsi, la juxtaposition équivoque de l'image de Paco et du lit : on peut comprendre que l'écrivain se dédouble — il voit son corps en creux depuis la table d'écriture — ; mais (et) aussi qu'il écrit sur Paco (son corps répugnant et obsédant) et regarde la marque de *son* corps (celui de Paco) sur les draps. Paco a disparu, reste son empreinte dans la mémoire, une marque, *comme* celle des draps (du linceul).

Pour se libérer du poids qui l'oppresse et la barre, l'écriture voudrait générer un dispositif reliant la trame nocturne à la trame diurne ; comme le narrateur-photographe des "Fils de la Vierge" imagine un dispositif inimaginable qui relierait sa machine à écrire à son appareil photographique, le narrateur de "Là mais où, comment" imagine de relier le "dedans" et le "dehors" par un *coup d'écriture* :

> "Ce qui est pire c'est ce passage du rêve aux mots, le trou entre ce qui demeure encore là mais se rend peu à peu aux contours nets des choses de ce bord, au tranchant des mots que je continue d'écrire et qui se sent déjà plus cette chose qui continue d'être là mais où, comment" (98).

A côté du lit froissé par le rêve de Paco, l'écriture apparaît comme une *émission nocturne* [2]. Le visiteur nocturne est chez Cortázar toujours érotisé à l'extrême, ce en quoi il rejoint la tradition du genre — la nécrophilie et le succubat chez Gautier par exemple —, mais s'écarte de l'univers jamesien. Un démon lubrique — incube ou succube — "*animula vagula blandula* " dont l'étreinte repoussante génère au réveil une écriture mortifiée.

> "Et si je m'obstine c'est parce que je n'en peux plus, tant de fois j'ai su que Paco est vivant ou qu'il va mourir, qu'il est vivant d'une autre façon que notre façon d'être vivants ou prêts à mourir, qu'en l'*écrivant du moins je lutte contre l'insaisissable*, je passe les doigts des mots sur les trous de cette très fine trame qui me liait encore à lui [...] qui est encore là mais où, comment [...] fixer par une litanie ce qui t'échappe [...] araignée du soir espoir, araignée du soir espoir, en fermant les yeux pour cerner la scène capitale de ton rêve effiloché, en renonçant à l'araignée du soir [...] ta femme te regarde en souriant et te dit Pedrito il t'est resté des toiles d'araignée dans les yeux et tu penses qu'elle a bien raison, araignée du soir, bien sûr les toiles d'araignée" (98).

---

1   Dans "L'autel des morts" de JAMES, Stransom semble aussi avoir eu une relation ambiguë avec Acton Hague désormais exécré ; la mort permet désormais de le repousser, alors que chez CORTÁZAR, à la manière du prêtre de "La morte amoureuse" de GAUTIER, la mort ravive le désir de l'être aimé.

2   Ce rapport entre le démon nocturne et un désir érotique mortifiant est plus évident encore dans "Récit sur un fond d'eau". Voir aussi "Vous vous êtes allongée à tes côtés" (in *Façons de perdre*) où les rapports oedipiens entre une "mère araignée" (p. 55) et son fils, réfèrent à cette scène obsédante : "minuit et un moustique allié au succube pour ne pas le laisser glisser dans le sommeil [...] vous vous êtes recouchée sur le dos [*boca arriba*] véritable succube penché sur Lilian, étendue sur le dos [*boca arriba*]" (p. 53).

Le narrateur écrit sans qu'il lui soit possible d'en sortir, et les emboîtements successifs de l'écriture sont signalés par des changements typographiques. Cette texture rapiécée dont la trame arachnéenne est encore la métaphore emblématique, se réfère implicitement à d'autres textes qui sont *là mais où, comment* : "Les fils de la Vierge", "Tous les feux le feu", "Circé", "La Sorcière", "Manuscrit trouvé dans une poche", "L'autre ciel", "Le tango du retour"... :

> "Tu veux me dire qui, en lisant ça, ne va pas hausser les épaules, classer le truc, mettre une étiquette et passer à autre chose, à un autre conte"(...) "Et toi qui me lis tu croiras que j'invente ; ça ne fait rien, il y a longtemps qu'on met sur le compte de mon imagination ce que j'ai vécu et vice versa. Paco, tu vois, je ne l'ai jamais rencontré *dans cette ville dont j'ai parfois parlé*, une ville dont je rêve de temps en temps et qui est comme l'enceinte d'une mort indéfiniment remise, de quêtes troubles et d'impossibles rendez-vous [...]. il a son propre territoire [...] je l'aurais ajouté à la *machinerie de mes quêtes,* aux chambres interminables de l'hôtel, aux ascenseurs qui se déplacent horizontalement, au *cauchemar élastique* qui revient de temps en temps" (109, je souligne).

Paco est un mort qui existe toujours, cela reste indicile mais (donc) impressionne. Les interpellations du lecteur (le procédé est aussi systématique que dans "Les fils de la Vierge") permettent d'abord d'associer ce récit à un *corpus* littéraire ("la machinerie de mes quêtes") et de jouer sur la complicité intellectuelle du lecteur : en effet, la référence à *"cette* ville" et aux "impossibles rendez-vous" est particulièrement évocatrice pour nous qui avons pénétré dans les galeries aporétiques de "L'autre ciel", de "La lointaine" ou de "Manuscrit trouvé dans une poche" ... Ce procédé identifie le texte et son auteur : c'est le même écrivain qui a écrit ces contes où l'on se trouve dans *"cette* ville" aberrante, dans *ce* "cauchemar élastique" et répétitif. Ce texte est donc à lire comme les autres, c'est un récit fantastique de Cortázar.
Mais parallèlement à cet effet généalogique, le texte dénie sa littérarité, se creuse et cherche un point de vue et un point d'écriture radicalement autre : il ne veut pas raconter une histoire (de mort-vivant), il veut *donner lieu...* à l'ami mort, le faire vivre sous nos yeux. L'hypotypose : le texte "peint les choses d'une manière si vive (...) qu'il les met en quelque sorte sous nos yeux"[1].
"Ceci n'est pas une pipe" rappelle l'épigraphe du récit en se référant à la légende fameuse de Magritte : ceci n'est pas un récit, écrit ce faisant le récit... Ce déni de la fiction, cette volonté d'exprimer un signifiant irréductible, impose au narrateur de *couper successivement tous les ponts.* Ceci n'est pas un rêve — "j'ai beau le voir en rêve comme n'importe lequel de mes morts, lui, c'est autre chose, il est là, dedans et dehors, vivant" (105) — ; et ceci n'est pas du fantastique car Paco ce n'est pas Nico ou Alexandre, c'est *autre chose* :

> "En gros, et comme je le sens maintenant, Paco est vivant bien que sur le point de mourir et s'il y a quelque chose que je sais c'est qu'il n'y a rien de surnaturel à ça ; j'ai mon idée sur les fantômes mais Paco n'est pas un fantôme" [...]. "Les hypothèses espaces-temps, les *n* dimensions, sans parler du jargon occultiste de la vie astrale ou de Gustav Meyrinck, tout ça m'ennuie" (101-102).

---

1   DUPRIEZ, B., *Gradus*, Paris, UGE, coll. "10/18", 1980, p. 240.

En déniant à la fois son origine onirique et sa dimension littéraire et fantastique, le texte, *par un procédé textuel,* se pose en dehors de la littérature mais sans pouvoir échapper à la circularité de l'écriture. Ces démarquages successifs pourraient faire glisser le texte vers le document brut : le *texte fou.* D'où la nécessité pour être lu — pour que le lecteur passe ou non à "un autre conte" — d'écrire *quand même,* et de se démarquer de la folie tout en y faisant signe :

> "Je n'arrive pas à aller plus loin, à essayer de ces chemins que d'autres suivent à la recherche de leurs morts, la foi ou les champignons ou la métaphysique. [...] je n'irai pas consulter des voyants parce qu'eux aussi ont leurs fois et qu'*ils me prendraient pour un fou.* Je ne peux croire qu'en ce que je sais" [...] tu es vivant là où tu es, sur une terre qui est cette terre et non une sphère astrale ou des limbes abominables" (107, je souligne).

"Là mais où, comment" est un texte limite — le titre l'annonce —, un texte en souffrance et un texte de la souffrance : progressivement la conviction délirante ("je sais"...) de la présence de l'Autre, génère une écriture qui consomme la rupture avec la réalité, et développe à partir d'un délire de plus en plus dogmatique une nouvelle réalité : le monde imaginaire de la co-existence avec Paco (mort et là), image inversée du narrateur (vivant et ici).

L'intuition de Paco devient une certitude, et le narrateur qui parlait de Paco parle dès lors *avec* Paco, à la manière du Marmaduke de James dans "Maud-Evelyn" : l'inacceptable de la mort de l'Autre induit une réalité hallucinée où le mort n'est que sur le point de mourir. Il y a *flash back* et arrêt sur l'image — le masque de la maladie, les derniers jours — ; une mort différée, la mise en scène de *son* propre enterrement, de la cérémonie qui permet de le rejoindre et qui est le pire des cauchemars :

> "Et quand tu mourras, Paco, que va-t-il se passer entre nous ? J'apprendrai encore que tu es mort ? Je vais rêver, puisque le rêve est le seul lieu où je peux te joindre, que nous t'enterrons de nouveau [...] ça fait bien longtemps déjà, Paco, que tu es vivant là où nous nous retrouvons [...] cette fois-ci ta maladie dure interminablement plus que l'autre" (105).

Une fois encore le texte fantastique est constitutif de ce glissement progressif, insensible, dans un univers psychotique. Le trou du symbolique et ce que Lacan appelle significativement "*la pièce rapportée* du fantasme psychotique"[1], laisse le sujet démuni ; la réalité remaniée du psychotique n'est jamais tout à fait scotomisée. *Là mais où, comment ?*

> "Comment y entre-t-on ? Comment le sujet est-il amené, non pas à s'aliéner dans le petit autre, mais à devenir ce quelque chose qui, de l'intérieur du champ où rien ne peut se dire, fait appel à tout le reste, au champ de tout ce qui peut se dire" ?[2].

Le narrateur de Cortázar est possédé par l'écriture : les mots, bien pesés, demeurent précisément des *poids,* des "mots de papiers" (110) qui pèsent de plus en plus ; d'où des répétitions et un certain jargon. *Là mais où, comment* est ainsi une litanie vide de sens ("fixer par la litanie ce qui t'échappe", 89) similaire à la rengaine de

---

1   LACAN J., *Les psychoses. Le séminaire, livre III,* Seuil, 1981, p. 56.
2   LACAN J., *Ibid.,* p. 178.

"Lettres de maman" : "ce n'est pas vraiment une question mais comment dire autrement" ... Ces litanies, ces rites langagiers marquent à la fois la relation aporétique du sujet à un signifiant irréductible, et les signes textuels du délire de "l'abord par le sujet d'un signifiant comme tel, et de l'impossibilité de cet abord"[1] :

> "Si j'écris c'est parce que je sais, bien que je ne peux expliquer ce que je sais" (99). "C'est là sans prise possible [...] image ou idée, c'est toujours là, mais où, ce là, mais comment ?" (103) ; "Je sais que ce que je suis en train d'écrire ne peut s'écrire" (97)

Chez James comme chez Cortázar, les symptômes de ce délire (interprétations, illusions, angoisses, hallucinations) sont réductibles, quoique le narrateur s'en défende, à *une pathologie de la croyance* (je sais bien que ... mais quand même), à une conviction de plus en plus dogmatique qui développe une nouvelle réalité incommunicable pour n'avoir pas de *dehors*. Paco, c'est le *dehors* inoccupable : l'*angle mort* de l'écriture et de la Représentation. La puissance de conviction du texte — déni de la fiction, interpellation du lecteur — laisse encore une fois apparaître le narrateur comme un délirant inducteur faisant activement participer le lecteur, le délirant induit, à son délire :

> "Je n'aurai même pas pu te faire vivre ça, je l'écris quand même pour toi qui me lis parce que c'est une façon de briser le cercle, de te demander de rechercher en toi si tu n'as pas aussi [...] de ces morts que tu as aimés et qui sont dans ce "là" qu'il m'exaspère de nommer avec des mots de papier" (110)

La systématisation progressive du délire englue le texte dans un réseau aporétique, dans une incohérence idéoverbale — *là mais où, comment* — dont la métaphore initiale de l'*hypos* est la mise en abyme :

> "Ce que je sais alors c'est qu'avoir rêvé n'est qu'une part d'une chose différente, une espèce de superposition, une zone autre, bien que l'expression soit incorrecte mais il me faut entamer et violer les mots si je veux [...] un jour être là [...]. C'est ça, tu vois, que je sais, ce n'est pas grand-chose mais ça change tout" (101-102). "Il est évident que Paco est vivant (de quelle inutile, horrible manière ? ..." (99, je souligne).

Et une fois encore le texte, *in fine*, bascule, passe — *comment ?* — de l'autre côté — *où ?* — : le narrateur n'a plus d'autre interlocuteur que "Paco", le narrateur passe à travers l'écran du rêve et va rejoindre l'*animula vagula blandula*, comme le narrateur d'"Axolotl" passait du dehors au dedans de l'aquarium pour rejoindre les larves aquatiques et regarder le corps vide — le zombi —, de l'autre côté :

> "Les axolotls étaient proches de nous. Je le *savais* avant même de devenir un axolotl. Je le *sus* dès le jour où [...] Cela regardait et *savait* " ("Axolotl", 31. Je souligne). "Eux et moi nous *savions* " (*Ibid.*, 33) [...] "J'étais un axolotl et je venais de *savoir* [...] qu'*aucune communication n'était possible* [...]. L'horreur venait de ce que — je le *sus* instantanément — je me croyais prisonnier [...]. Je

---

1   LACAN J. *Ibid.*, p. 361.

vis un axolotl à côté de moi [...] et je compris que lui aussi *savait, sans communication possible" (Ibid.*, 34).

Le narrateur de "Là mais où, comment" et d'"Axolotl" brise sa vie dirait J. Lacan contre :

> "L'émergence dans la réalité d'une signification énorme qui n'a l'air de rien — et ce, pour autant qu'on ne peut la relier à rien, puisqu'elle n'est jamais entrée dans le système de la symbolisation —, mais qui peut dans certaines conditions menacer tout l'édifice"[1].

"Il croira qu'il invente un conte et il écrira tout cela sur les axolotls ("Axolotl", 35) ; "Et toi qui me lis tu croiras que j'invente" ("Là mais où, comment",109) ... : les deux héros fantastiques de Cortázar montrent la défaillance du sujet à prendre la parole pour dire la manifestation d'une présence impressionnante.

Le narrateur d'"Axolotl" obsédé par les axolotls devient une larve au masque de pierre rose ; et le narrateur de "Là mais où, comment" obsédé par le fantôme de Paco rejoint l'*animula vagula blancula* ; le fantastique, dans les deux récits, est une *écriture larvée* [2]. A la fois parce que c'est une écriture mutante dont on a à plusieurs reprises rapproché la forme embryonnaire de celle de l'*insecte noir* ; et parce que l'épiphanie fantastique apparaît comme la *revenance d'un masque gorgonéen* : "c'était des larves, mais larve veut dire masque et aussi fantôme" souligne le narrateur d'"Axolotl" (32) : le démon de l'écriture qui pousse à écrire et pèse (sur) chaque mot est une larve qui fige le sens en signe. L'écriture *pharmakon* (peut-être en quête de cette "langue fondamentale" du président Schreber de Freud) agit comme un mal larvé se déclarant trop tard, sous les traits du masque mortuaire/mortifié : l'altérité même.

Dans la fantas(ma)tique cortázarienne le Sexe et la Mort sont des rites, jeux et passages essentiels. Le Sexe est une section, une coupure ; c'est aussi une intersection entre les récits : le Sexe et ses interdits syncopent l'écriture mais ne sont pas constitutifs du fantastique. Dans le récit réaliste (songeons à *Sarrasine* de Balzac par exemple) le Sexe est un énoncé inter-dit qui renvoie aux mystères de la nature ou aux tabous du contre nature ; le manque, la différence, la censure, le mystère ... inter-disent un innommé qui est la saillie du récit. Dans le récit fantastique[3] (ainsi *La Vénus d'Ille* et *Lokis* de Mérimée) ce qui a lieu ne tient pas au sexe, même si un instant il peut y référer comme à une figure inquiétante voisine ; dans le fantastique, plus radicalement, la sur-nature est impossible à dire, et nous sommes non plus dans l'impensé et l'exprimé mais dans l'inexprimable et l'impensable :

> "Le reste était absolument impensable" ("Lettres de maman", 213), "personne ne saura jamais comment il faut raconter cette histoire" ("Les fils de la Vierge", 125),

---

1 LACAN J., Ibid., p. 99.
2 Dans "Anneau de Möbius" l'écriture de l'au-delà décrit : "un état rampant [...] qui n'était que reptation [...] si elle avait pu penser, une image se serait frayée un passage [...] celle de la chenille parcourant une feuille", in *Nous l'aimons tant Glenda*, p. 175. La chenille évoque explicitement l'axolotl et le thème de la métamorphose.
3 Sur cette opposition entre *contre nature* et *sur-nature*, voir TERRAMORSI B., "Éléments pour une poétique du fantastique", *Les Cahiers du CERLI*, Université de Nantes, n° 15, 1988.

"il n'y a pas de mots pour cela, du moins pas nos mots" ("L'idole des Cyclades", 12), "je sais que ce que je suis en train d'écrire ne peut s'écrire" ("Là mais où, comment" …).

L'épiphanie itérative du masque mortuaire/mortifère, de la *larve,* permet peut-être d'affiner les analyses précédentes sur la *mania* dionysiaque et le transport fantastique. La Gorgone et Dionysos sont deux entités de l'au-delà, *deux figures mythiques qui ne sont que masque* et qui constituent l'égide de la fantastique cortázarienne : la figure du revenant y renvoie toujours à une altérité agressive *et* à un masque cultuel. On peut ainsi affirmer que l'épiphanie dionysiaque est ici emblématique du *renversement des choses.* Il y a chez Cortázar une *mania* fantastique, une "folie" qui possède une dimension démoniaque : dans "Lettres de maman", "La santé des malades", "Le tango du retour" et "Là mais où, comment", c'est l'*écriture* qui suivant une série de rites, jeux et passages, met le héros fantastique hors de lui. L'écriture, comme le fil du labyrinthe, renoue l'énigme en la dénouant, elle est autant un poison qu'un remède.

Le mal pernicieux qui ronge ces revenants aux visages exsangues et ces survivants tétanisés, c'est l'altérité même : la Mort en tant que passage irreprésentable. "Je suis bien obligé d'écrire […] autant que ce soit moi, je suis mort" dit le narrateur des "Fils de la Vierge". La fonction irréalisante du délire qui insensiblement gagne tout le récit, n'a pas de référent extra-textuel : le délire dans le fantastique cortázarien, c'est le délire même comme objet, l'impossible à dire comme signe textuel de l'impossible à dire, et dont la structure de fonctionnement est emblématique de celle du récit fantastique lui-même. Le thème itératif du délire est le signe textuel d'une signification qui renvoie à la signification en tant que telle, qui reste irréductible.

De même que le revenant est le signe du *passage,* de quelque chose qui est de l'autre côté sans qu'on puisse dire *où* et *comment,* le "fou" qui *en* parle, qui *l'* écrit surtout, se fait l'écho de ce *bruit inouï* : le "fou" fantastique de Cortázar est un héros *occupé* qui se vide dans/par l'écriture et s'emplit de quelque chose qui ne peut s'écrire, quelque chose de bruyant qui altère toute perspective, qui désorganise toute représentation. Que se passe-t-il ? des choses : sensationnel! autrement dit : indicible.

Le fou fantastique de Cortázar, de même que le monstre ou le vampire dans la littérature fantastique, n'a pas de référent réel, et encore moins clinique, *même s'il y fait signe* ; le "fou" fantastique est doublement l'objet d'une machination textuelle : il est pris aux mots (piégé par son passé, par une faute qui se retourne contre lui) ; et il n'est que le *signe textuel du bruit* en personne.

Dans "L'homme à l'affût", une des nouvelles les plus célèbres de Cortázar mais qui n'est pas fantastique, Johnny Carter, alias Charlie Parker, est présenté comme un musicien génial mais instinctif (dionysiaque) et Bruno comme l'intellectuel apollonien, à la fois narrateur de ce récit et auteur d'un essai critique sur Johnny. Significativement c'est le musicien qui dépasse la mesure — "il est à moitié fou" —[1], et le critique-narrateur joue le rôle du raisonneur dialectique. Johnny est

---

1 CORTÁZAR, J., "L'homme à l'affût", in *Les armes secrètes.* Le titre original — *El perseguidor* : le poursuivant — , et le titre français évoquent le scénario jamesien de la course-poursuite, et le héros central — un musicien — , la figure de l'artiste si chère à James. D'autre part, l'argument du récit est proche de "L'image du tapis" : la littérature qui met en scène sa critique, prend sa lecture (aporétique) comme sujet. Ces deux récits ne sont pas fantastiques, et leur étude comparée, qui déborde notre propos, reste à faire.

présenté comme un schizophrène et un drogué — la *mania* dionysiaque et le *pharmakon* ... — et cette fois-ci le délire ne contamine pas le récit du narrateur extérieur à son objet d'étude : "Cette gelée [...] ces trous [...] cette énorme éponge, [cette] passoire qui se passe à son propre crible" (269), ce champ plein d'urnes funéraires, ce "là où une minute et demie vaut un quart d'heure" (262) ; l'incohérence itérative du "ça je suis en train de le jouer demain" (232), appartiennent à l' "incurable schizophrénie" (295) de Johnny et à ce mythe de la dimension "délirante" du génie artistique.

En jouant, Johnny exprime en dehors des mots cet *impossible à dire* qui taraude le critique autant que l'artiste lui-même ; Johnny est *transporté* par sa musique et Bruno, avec "sa dialectique", ne peut que réduire cette expérience démesurée, insaisissable qui le fascine mais qu'il repousse : "On ne peut rien dire lui lance Johnny, tu te traduis immédiatement dans ton sale langage" (298). Bruno écrit un récit-témoignage, "L'homme à l'affût", qu'il va peut-être intégrer à la seconde édition de son livre sur Johnny Carter en écartant "le côté pathologique du personnage" (279) : un récit raisonnable qui fait la part des choses — l'art de Johnny/sa schizophrénie et sa toxicomanie ; la création/la critique ... —, un récit où l'écriture ne peut et ne veut pousser cette "porte" que Johnny et bien d'autres héros cortázariens ne cessent de heurter :

> "Bruno, toute ma vie, j'ai cherché dans ma musique à ouvrir cette porte. De presque rien, d'un millimètre" (300) ; "ce n'est pas possible qu'il y ait pas autre chose, ce n'est pas possible que nous soyons à la fois si près de la porte et si irrémédiablement de l'autre côté ... Ce qui compte, c'est de donner sa pleine mesure, dis-je en me trouvant parfaitement idiot" (303).

Bruno ne sait pas *jouer*, c'est un critique. Il ne connaît pas non plus les rites de passage qui initient au temps et à l'espace syncopé du jazz. "Oh ! fais moi un masque" dit Johnny en mourant, en *passant* : le narrateur en bon critique, citera la source dans l'épigraphe de son texte ("O make me a mask", Dylan Thomas) tandis qu'il avoue, face à ce qui n'est pour lui que le délire d'un schizophrène et d'un toxicomane : "j'ai cru entendre parler un masque qui rendait un son creux" (282). Le fantastique avance encore masqué : il est pour Bruno un *discours creux* qui n'a pas figure humaine, et si l'"on accepte de [le] suivre on finira tous à l'asile" (273). Bruno écrit son livre et ce texte contre Johnny qui n'est pas "le poursuivi mais le poursuivant" (277). Johnny est l'*homme à l'affût* qui menace la raison par ses débordements, ce masque noir est une larve :

> "T'as à peine senti quelque chose que voilà les mots qui rappliquent ... Non, ce n'est pas les mots, c'est ce qui est dans les mots, cette espèce de colle, de bave. La bave arrive et elle te persuade que le type du miroir c'est bien toi" (271).

La bave c'est aussi bien le liquide visqueux qui macule la bouche de Johnny durant ses crises — quand il a *le masque spumeux de la folie* — que ce qui déborde le langage, cette trace empâtant l'écriture, ce *reste* que le récit de Bruno met au propre. Le récit n'est jamais fantastique même s'il informe sur l'écriture fantastique cortázarienne. Il est circonscrit à un imaginaire pathologique tenu à distance par une écriture sans bavure, sans *trous* et sans *porte,* une écriture "coléoptarisée", "carapaçonnée" dirait Cortázar, et résolument fermée à cette réalité en forme d'éponge, aux syncopes du jazz.

L'écriture fantastique de Cortázar est articulée sur l'incubation d'un délire qui produit répétitivement l'épiphanie hallucinée d'un incube. Les quatre nouvelles que l'on vient d'étudier montrent l'épiphanie d'une *écriture monstre* à la généalogie trouble, une écriture morbide marquant le retour d'une énormité, la forclusion spectaculaire du signifiant. Une écriture qui désigne un seuil — l'article de la mort — et dans un mouvement prétéritif, un au-delà : l'arrêt de mort.

Nico, Alexandre, Paco ..., sont des noms de morts qui nous reviennent : le narrateur de "Lettres de maman" le dit clairement : "Les personnes s'étaient évanouies depuis longtemps, mais les noms demeuraient, fantômes véritables, présences obstinées ..." Le narrateur des "Fils de la Vierge" lâche "je suis mort" comme M. Valdemar d'Edgar Poe :

> "C'est le point vide, la tache aveugle de la langue, que le conte vient très exactement occuper. Ce qui est dit n'est rien d'autre que cette impossibilité [...] c'est là le paroxysme de la transgression, l'invention d'une catégorie inouïe : le *vrai-faux*, le *oui-non*, la *mort-vie*, est pensée comme un *entier* indivisible [...] la Mort comme refoulé primordial, fait irruption dans le langage"[1].

La dynamique létale des rites, jeux et passages cortázariens, s'articule itérativement sur la *revenance* d'une chose d'abord gisante (le *sub-jectum*, le *boca arriba)* puis dressée devant (*ob-jectum).* Le gisant cortázarien ("boca arriba", "l'animula vagula blancula", "la terrosa máscara final" ...) est un *sôma* (corps, cadavre) revenant un *sêma* (pierre tombale) : le sujet mou, putréfié, revenant objet dur, pétrifié ; l'informe qui a lieu, là, l'être-là, qui arrive sans explication. Le reste, les restes ... : inidentifiable, sans cause, sans réplique. Une chose "boca arriba" qui ne veut rien dire et ne peut être comparée à rien : un cadavre ambulant. Le reste, les restes, ne parlent pas, la mort *reste* fatalement au-delà de la représentation

---

1   BARTHES, R., "Analyse textuelle d'un conte d'Edgar Poe", *L'Aventure sémiologique*, Paris, Seuil, 1985, pp. 352-353.

QUATRIÈME PASSAGE

HISTOIRE ET FANTASTIQUE DANS LES NOUVELLES DE JULIO CORTÁZAR

"Seule la réflexion historique [...] peut expliciter les programmes de vérité et montrer leurs variations [...]. Voie sinueuse dont les virages ne sont pas orientés par le vrai à l'horizon [...] ; le chemin zigzague au hasard, la plupart du temps les voyageurs ne s'en soucient pas ; ils estiment chacun que leur route est vraie [...]. Mais il arrive à de rares moments qu'un détour du chemin laisse voir rétrospectivement un long morceau de route avec tous ses zigzags, et que l'humeur de certains voyageurs soit telle que cette errance les émeut. Cette vision rétrospective dit vrai, mais elle ne rend pas le chemin plus faux pour autant, puisqu'il ne saurait être vrai".

Paul Veyne,
Les Grecs ont-ils cru à leurs mythes ?

Au cours d'une interview accordée à C.-G. Bjurstrom pour *La Quinzaine Littéraire,* la question des rapports entre la littérature fantastique et l'engagement politique fut clairement abordée par Cortázar :

"On a vu dans le conte fantastique l'expression d'un pessimisme quant aux possibilités de l'homme de changer la vie ou la société, qui correspond à une attitude plutôt réactionnaire. L'idée même du conte fantastique serait une sorte d'éloignement, et pas seulement une évasion mais aussi un refus.
- Julio Cortázar : "C'est plus que partiellement vrai. En Argentine, la génération de Borges et la mienne, surtout au début, ont écrit des contes fantastiques par escapisme. On s'est refusé sciemment de voir en face ce qui se passait en Argentine [...] on se réfugiait dans le conte fantastique par dégoût de ce qui vous entourait. Personnellement j'ai écrit toute la première série de mes contes, *Bestiario,* à l'époque de Perón. Cette dictature me dégoûtait et finalement j'ai quitté le pays en 1951. Le conte fantastique était ma tour d'ivoire à cette époque-là"[1].

On observe une fois encore que Cortázar propose une chronologie de son œuvre fantastique dans laquelle il distingue deux périodes : les années 40-60, le péronisme, la publication des *Rois* et de *Bestiario,* l'exil volontaire à Paris et l'accès à une culture européenne mythifiée ; les années 60-80, le premier voyage à Cuba en 1963 en tant que jury du *Prix Casa de Las Américas* ; le culte rendu à l'argentin Ernesto Che Guevara ; l'espoir né au Chili avec l'élection de Salvador Allende (1970) ; les dictatures militaires ; la participation au Tribunal Russel ; le coup d'état du général Videla en 1976 et la censure de ses livres en Argentine ; la révolution sandiniste en 1979 …

"J'ai appartenu à un groupe antipéroniste, pour des raisons de classe de la petite bourgeoisie [...] ; avec Perón s'était créée la première grande secousse populaire dans le pays ; une nouvelle histoire argentine avait commencé. Ceci est aujourd'hui très clair, mais nous n'avons pas su le voir alors [...] En réalité ce qui m'éveilla à la réalité latino-américaine, ce fut Cuba"[2].

---

1   CORTÁZAR, J., "Mon fantastique", *La Quinzaine Littéraire* (100), 1-31 août 1970.
2   BERMEJO, E.-G., *Conversaciones con Cortázar, op. cit.,* p. 119. (Je traduis).

"Mon exil n'est devenu un exil forcé que dans ces dernières années ; quand je suis parti d'Argentine en 1951, je l'ai fait volontairement et sans raisons idéologiques ou politiques contraignantes. C'est pourquoi pendant plus de vingt ans, j'ai pu revenir fréquemment dans mon pays et ce n'est qu'à partir de 1974 que je me suis vu obligé de me considérer comme un exilé. Mais il y a pire : à l'exil que nous pourrions qualifier de physique est venu s'ajouter l'an dernier un exil culturel [...] en effet l'édition argentine de mon dernier livre de contes fut interdite par la junte militaire"[1].

"Ce qui est terrible, c'est l'exil culturel le fait que la junte de Videla en Argentine ait interdit la publication de mon dernier livre de contes [...] Cela signifie un exil culturel, c'est-à-dire vingt deux millions de mes compatriotes se sont vu privés de me lire"[2].

D'un côté l'évasion, l'escapisme dans et par une littérature fantastique "du dedans" considérée comme une résistance esthétique au populisme péroniste ; et de l'autre, une littérature fantastique "du dehors" qui explore une réalité sociale en pleine convulsion, et qui se trouve censurée comme n'importe quel journal subversif, politiquement incorrect. Si la première "période" pouvait rapprocher l'univers cortázarien de celui de James, la seconde s'en éloigne considérablement.

Au début du XIXè siècle, les premières fictions fantastiques américaines — "Rip Van Winkle", "Peter Rugg le disparu" — jouaient de l'équivoque entre les puissances surnaturelles et le pouvoir politique, en plaçant délibérément la Révolution américaine au centre du récit. Absente de l'œuvre fantastique du nord-américian Henry James, la réalité socio-politique revient en force chez Cortázar au milieu du XXè siècle.

Nodier, dans son essai pionnier de 1830, *Du fantastique en littérature*, relevait déjà que le fantastique est "la seule littérature essentielle de l'âge de décadence ou de transition (...) des périodes extrêmes de la vie politique des nations"[3]. Cette interprétation socio-historique du retour cyclique du fantastique, n'interroge pas la place paradoxalement marginale de l'Histoire dans ces fictions ; toutefois, elle souligne que le fantastique serait une littérature de crise (même si cette crise socio-politique n'y est pas toujours thématisée).

Cortázar publie des nouvelles fantastiques de 1946 à sa mort en 1984 : cette permanence de la veine fantastique suggérerait une sorte d'installation dans la crise (la Guerre Froide puis les régimes prétoriens latino-américains). La spécificité du fantastique cortázarien ne réside pas dans sa thématisation de l'Histoire ; elle est plutôt dans sa manière *d'établir un rapport occulte* entre la mythologie littéraire de la terreur (le cauchemar, les morts-vivants, les puissances surnaturelles) et la mythologie politique moderne (les régimes de la peur, le néo-fascisme). Il est remarquable que les régimes politiques implicitement évoqués dans ses récits fantastiques (la dictature de Somoza au Nicaragua, de Pinochet au Chili, de Videla en Argentine), soient des créations monstrueuses de la superpuissance yankee[4] montrée à sa naissance dans "Rip Van Winkle" et "Peter Rugg, le disparu"[5]...

1 CORTÁZAR, J., "Amérique latine : exil et littérature", (1978) in *Littérature latino-américaine d'aujourd'hui*, Colloque de Cerisy, Paris, UGE, coll., 10/18, 1980, p. 114.
2 *Julio Cortázar*, interview d'Alain Sicard, Centre latino-américain de l'Université de Poitiers. Film noir et blanc, 50 mn, 1979.
3 NODIER, Ch., "Du Fantastique en littérature" *Revue de Paris*, décembre 1830, p. 10.
4 Souligner le soutien politique, financier et militaire des Etats-Unis aux dictatures néo-fascistes latino-américaines, était dans les années 1960-80 une opinion partisane (de "gauche"). Aujourd'hui, dans les années 90, cette opinion est consensuellement admise et légitimée à posteriori par la lutte contre le communisme (le "totalitarisme").
5 Pour une étude de ces deux récits fantastiques américains, voir TERRAMORSI B., "Le

Que signifie dans l'économie du texte fantastique américain, du nord au sud du continent, de W. Irving à J. Cortázar, l'équivoque entre le Surnaturel et l'Histoire ? Quels sont les rapports textuels entre l'*impossible à dire* du fantastique et les interdictions du Pouvoir "fort" ? entre la peur des puissances surnaturelles et la peur du Pouvoir politique ? entre la terreur primitive et le terrorisme ? Le récit fantastique n'était ni réformateur ni révolutionnaire : il ne propose aucun point de vue critique ou nouveau sur la réalité sociale. Autrement dit, le récit fantastique n'est jamais réductible à une vision politique.

Dans les deux récits fondateurs du genre fantastique aux Amériques — "Rip Van Winkle" de W. Irving (1819) et "Peter Rugg le disparu" de W. Austin (1824) —, l'Histoire est incompréhensible et agressive, et semble douée d'une vie monstrueuse autonome : elle est une sorte d'automate géant, une *sur-Histoire* agissant à la manière des monstres persécuteurs du Surnaturel. On va tenter de poursuivre ces analyses avec les récits fantastiques de Cortázar publiés durant la dictature militaire argentine (mars 1976, décembre 1983).

Mais faut-il attendre, comme le veut la critique, le choc de la Révolution Cubaine pour que le fantastique de Cortázar évoque une réalité sociale terrifiante dont le lexique politique semble emprunter directement à la littérature fantastique : "Escadrons de la mort", "Etat d'exception", "terrorisme", "pouvoir fort", "disparus", "persécutions", "tortures"... Dès "Maison occupée" en 1946, le fantastique cortázarien — plus implicitement que dans la période à venir il est vrai —, réfère à une terreur de l'Histoire qui en fait une *Sur-Histoire*.

Mario Vargas Llosa n'hésitait pas à affirmer (c'était en 1979) que dans la littérature latino-américaine :

> "Les problèmes sociaux sont une présence continue, et on les retrouve même dans des œuvres dont le thème et la forme s'en éloignent le plus. Par exemple dans cette littérature que l'on désigne sous le vocable Fantastique pour la distinguer du Réalisme [...]. En Amérique Latine, la littérature française a souvent servi de véhicule à la révélation et à la critique des problèmes sociaux. Le Fantastique s'est transformé de la sorte en un élégant habillage de l'intention réaliste, et a été à vrai dire une métaphore verbale dans laquelle l'insolite, le surnaturel, le merveilleux, étaient des prismes pour regarder les faits et les personnes de la vie objective [...]. Le régime dominant exerce une censure stricte sur tous les systèmes de communication de manière à bloquer ou à tempérer les informations et les opinions qu'il juge dangereuses [...]. La littérature a rempli le vide qui en est résulté [...] et a pu s'occuper librement des sujets qui étaient impensables dans les journaux ou dans les salles de cours [...]. De la sorte, la littérature a pris la relève d'autres disciplines comme moyen de recherche et d'étude de la réalité, et comme instrument d'agitation sociale [...]. La littérature ne démontre pas mais montre. Chez elle les idées sont moins importantes que les obsessions et les intuitions [...]. Ses sources proviennent beaucoup plus des fonds troubles et défendus de l'expression humaine que d'une volonté sociale prophylactique [elle vise à] miner les bases mêmes sur lesquelles repose toute foi [...] autrement dit à relativiser toute connaissance rationaliste du monde [...]. En d'autres termes elle est une contradiction vivante, systématique, inévitable de ce qui existe"[1].

C'est précisément dans cette articulation, dans ce jeu entre le pamphlet et la fiction, le journalisme et la littérature, que j'opèrerai dans ce chapitre. Après avoir dégagé

---

cauchemar américain : fantastique des origines et origines du fantastique aux Amériques" in *Le Nouveau Monde et les territoires d'altérité, op. , cit.*

1   VARGAS LLOSA, M., "Ecrire en Amérique Latine", *Le Magazine Littéraire* (151-152), sept. 1979, pp. 19-22.

dans un premier temps ce qu'il est convenu d'appeler "l'arrière fond" historique et politique de récits jusque là considérés comme "purement" fantastiques, j'explorerai cette oscillation dans le fantastique cortázarien, entre une *écriture-témoignage* sur le point de renoncer au mode fictionnel ; et une écriture narrative autrement transgressive, qui oppose au discours dominant à la fois une identité irréductible — la mythologie fantastique cortázarienne —, et un langage problématique et problématisant.

> "Exilés, oui. Point. Maintenant il y a d'autres choses à écrire et à faire, insiste Cortázar ; comme écrivains exilés, bien sûr, mais en mettant l'accent sur "écrivains" [...]. Les dictatures latino-américaines ne disposent pas d'écrivains mais de scribes : ne nous transformons pas en scribes de l'amertume, du ressentiment ou de la mélancolie [...]. si d'un côté le journalisme honnête informe chaque fois davantage le public dans ce domaine [...] c'est aux écrivains latino-américains qu'il revient de sensibiliser cette information, de lui injecter cette irremplaçable corporéité qui naît de la fiction synthétisante et symbolique du roman, du poème ou du conte qui incarnent ce que jamais ne pourront incarner les télex ou les analyses des spécialistes"[1].

Le fantastique cortázarien, à partir des années 70, figurerait-il le lieu de tension entre l'écrivain et le scribe, la fiction transgressive et le *pronunciamiento :* l'écriture et le "message" ?

> "Dans toute situation historique il existe de l'historique non encore dominé qui est justement l'objet, la matière de la littérature [...] ; l'écriture nouvelle, l'écriture secrète ou occultée, n'est plus une écriture déductive ou d'exposition ; c'est une écriture poétique ou narrative, une écriture de l'éprouvé suspect, et donc une écriture qui ne postule aucune communication immédiate"[2].

Face à la réalité historique de l'Etat prétorien qui soumet le langage et la communication à une logique totalitaire, Cortázar persiste et signe : le quatrième volume des *Relatos,* paru en 1985 après la mort de l'auteur mais élaboré par ses soins, s'intitule *Áhí y ahora (Ici et maintenant).* "Rites", "Jeux", "Passages", "Ici et maintenant" : la fantastique cortázarienne, en se situant désormais dans l'actualité — *en ce lieu et en ce moment —,* suggère que l'Histoire est la mythologie moderne constitutive d'une écriture fantastique en mutation.

1 • AU DEBUT ETAIT LE FANTASTIQUE

Péronisme et escapisme

Dans une lettre publique à Fernández Retamar, Julio Cortázar avouait :

> "Plusieurs fois je me suis demandé ce que serait devenue mon œuvre si j'étais resté en Argentine ; je sais que j'aurais continué d'écrire parce que je ne sais rien faire

1 CORTÁZAR, J., "Amérique Latine : exil et littérature", in *Littérature latino-américaine d'aujourd'hui, op. cit.,* p. 120 et p. 123.
2 BARBERIS, P., *Le Prince et le Marchand, op. cit.,* p. 142 et p. 57.

d'autre, mais en jugeant ce que j'avais produit jusqu'au moment de partir de mon pays, je suis enclin à penser que j'aurais suivi la voie très fréquentée de l'escapisme intellectuel qui était la mienne et qui continue d'être celle de très nombreux intellectuels argentins de ma génération et de ma tendance"[1].

Cette attitude intellectualiste et esthétisante de Julio Cortázar durant la décade 1940-1950, nous la retrouvons dans tous les témoignages ; or, nombre de ses récits fantastiques de l'époque furent paradoxalement au centre de polémiques politiques. Ainsi à propos de "Maison occupée", J.-J. Sebreli note sur le ton de l'évidence :

"Un conte de Julio Cortázar — "Maison occupée" — exprime sur le mode fantastique ce sentiment angoissant d'invasion que la *cabecita negra* provoque dans la classe moyenne"[2].

Et Julio Cortázar de répondre (?) :

"Il y a même eu des interprétations marxistes de ce conte. On a dit que je décrivais la façon dont les forces, disons populaires, d'Argentine étaient en train d'évincer toute l'aristocratie et les forces réactionnaires. Ce n'était pas du tout ça dans mon esprit"[3].

"C'est justement un conte qui n'a pour moi aucun contexte de quelque nature que ce soit hormis le cauchemar. [...] Evidemment c'était la période où nous qui étions contre Perón, nous souffrions de cette maison occupée et nous étions jetés hors de notre propre ville. En ce sens le rêve peut être transparent. Mais pour moi à ce moment là je ne l'interprétais pas comme tel. Je ne lui donnais pas le moindre sens politique"[4].

Mais la lecture de J.-J. Sebreli n'est pas un cas isolé : "Maison occupée", à l'évidence, cristallisa durant la montée du péronisme un certain nombre de conflits politiques majeurs. Ainsi Joaquín Roy note similairement :

"Sans aller chercher sa similitude évidente avec l'occupation péroniste du pouvoir, et sans nier ou affirmer que la demeure représente le vieil ordre, le lecteur moins avisé constatera que la solitude de la neutralité argentine durant la seconde guerre mondiale est reflétée dans l'heureuse claustration du couple de protagonistes. Sans qu'ils puissent faire quoique ce soit, à l'instar de l'oligarchie qui avait réussi à survivre depuis le XIXᵉ siècle, la maison se trouve envahie par des êtres étrangers au milieu. En 1947, un an plus tard, Cortázar publie "Bestiaire". L'atmosphère est encore similaire à celle de "Maison occupée" : la claustration"[5].

---

1   Cité par ROY J., in *Julio Cortázar ante su sociedad*, Barcelona, Edit. Península, 1974, p. 97.
2   SEBRELI ,J.-J., *Buenos Aires, vida cotidiana y alienación*, Buenos Aires, Ediciones Siglo Veinte, 1965, p. 104. (Je traduis).
3   CORTÁZAR, J., "Mon Fantastique", *La Quinzaine Littéraire, op. cit.*
4   PICON GARFIELD, E., *op. cit.*, p. 89. (Je traduis).
5   ROY J., *Julio Cortázar ante su sociedad, op. cit.*, p. 66 (je traduis). La critique fait une analyse similaire des *Rois* le poème dramatique publié en 1949, qui serait une allégorie du péronisme, Voir ALAZRAKI, J., "Relectura de *Los Reyes* ", in *La americanidad de Julio Cortázar : cultura, política, literatura*. Actes du colloque international de Mannheim, revue *Inti* (22-23), 1986.

Cette vision d'une Argentine murée sur ses obsessions, *occupée par le bruit des bottes*, nous la retrouvons dans une nouvelle tardive de Cortázar, "Anabel", qui appartient au dernier recueil, *Heures indues* ; le narrateur se remémore le Buenos Aires des années 40 et "un péronisme qui [l]assourdissait à grands renforts de haut-parleurs en plein centre ville" (135). L'Histoire, incompréhensible, apparaît comme une incongruité, un *bruit* assourdissant que le récit fantastique chargera d'une puissance démoniaque. La lecture allégorique de la critique de l'époque annexera aussi "Circé" ; ainsi Manuel Antín le réalisateur argentin qui porta la nouvelle à l'écran, précisera :

> "Le propre personnage de Circé représente l'Argentine. Un pays profondément narcissique qui s'autosatisfait de sa destruction"[1].

Luis Gregorich en tentant d'établir une périodisation dans les nouvelles de Cortázar, réitère cette lecture qui fait de ces récits fantastiques des allégories de conflits politiques produits par la montée du péronisme :

> "Nous pourrions classer d'un côté ces contes qui presque sans hésitation se conforment au genre fantastique : pratiquement tous les contes de *Bestiario*, "Lettres de maman" et "Les armes secrètes" du livre qui a pour titre ce dernier récit, la majeure partie des contes de *Final del juego*, et dans *Tous les feux le feu* celui qui donne son titre au volume, ainsi que "L'île à midi", "Instructions pour John Howells" et "L'autre ciel". Ces histoires […] utilisent judicieusement les recours habituels de la narration fantastique : la rupture de la temporalité, l'irruption de l'irréalité et du rêve, le développement de l'action en fonction de modèles mythiques et archétypiques, des allégories plus ou moins secrètes. En général l'arrière fond social est celui de la classe moyenne portègne, et son système de conventions ridicules et de règles morales caduques ; ou bien celui des exilés cosmopolites qui partagent leur vie entre Buenos Aires, Paris et quelque vague région du Pacifique. Parfois Cortázar semble faire allusion, à partir de transpositions ironiques, au régime politique péroniste, […] dans "Maison occupée" et "La fanfare" principalement … ; mais il convient de souligner que ces ambiguïtés allégoriques ne le passionnent pas outre mesure"[2].

De fait "La fanfare" fut pareillement sollicitée par la critique de l'époque ; Julio Cortázar rappelle ainsi :

> "Quand ce conte fut publié, beaucoup pensaient que c'était aussi une critique du péronisme et que la fanfare représentait cette fausse réalité argentine. Il est parfaitement possible comme dans les cas précédents que cela ait circulé "en dedans" dans mon cas ; mais il m'arriva ce que je conte, cela m'arriva. La seule chose que je fis avec ce conte, ce fut de développer toutes les conséquences que le personnage tire des choses. Un jour je suis allé au cinéma et il m'arriva exactement la même chose. On annonçait un fil d'Anatole Litvak, exactement le même, et lorsque j'entrai pour m'asseoir des choses très curieuses commencèrent à se

---

1   Cité dans le prologue de *La vuelta a Cortázar en nueve ensayos*, op. cit., p. 7.
2   GREGORICH ,L., "Julio Cortázar y la possibilidad de la literatura" in *La vuelta a Cortázar*, op. cit., p. 125. (Je traduis).

produire, un public très étrange. Le film ne commençait jamais, le rideau se leva et il y avait un grand concert d'une fanfare simulée car ces filles ne jouaient pas"[1].

Enfin, le récit qui provoqua encore de nombreuses polémiques est "Autobus". Clara, en plein Buenos Aires, prend l'autobus 168 et se trouve immédiatement traquée du regard par les voyageurs munis de fleurs :

> "Ils semblaient critiquer quelque chose en elle [...] et pourquoi au fond, pour rien, parce qu'elle n'avait pas de bouquet"[2].

"L'autobus [qui] tremblait comme un énorme corps vivant" (178). roule à tombeau ouvert vers le cimetière de Chacarita, et les fleurs mortuaires, la végétation envahissante qui cernent l'héroïne, ont quelque chose de carnivore — "on eut dit que c'était les bouquets eux-mêmes qui la regardaient" (172) — : Clara elle aussi, est *mangée des yeux*. Et lorsque le jeune homme monte, sans fleurs, que l'autobus se vide devant le cimetière et que le véhicule s'emballe, menant un véritable train d'enfer, le couple, se lie de sympathie contre l'adversité. Lorsque l'homme et la femme parviendront à sortir du véhicule-fou, ils n'auront d'autre réflexe que d'acheter chacun un bouquet de fleurs. Tout rentre dans l'ordre.

Cortázar révèle à propos de ce récit :

> "Je prenais tous les jours cet autobus pour aller au travail et tout ce qui est dit sur la géographie de Buenos Aires, le numéro de l'autobus, les affiches qu'il y a à l'intérieur et les différentes étapes du parcours, sont en tous points semblables à la réalité. [...] A un moment donné [...] je sentis tout à coup ce que j'appelle la situation, parce que je n'ai pas d'autre mot, c'était une espèce de bloc, où il arrivait à quelqu'un, dans cet autobus, une chose étrange et pénible [...]. Tout ceci est très réaliste et le Fantastique s'installe là-dedans. Eduardo Mallea m'avait demandé un conte et je lui donnai celui-ci. Le conte fut publié, et comme *La Nación* était un quotidien antipéroniste, immédiatement beaucoup de gens pensèrent que ce conte était une allégorie de ce qui était en train de se dérouler. C'est-à-dire que ceux qui tenaient les fleurs étaient les péronistes qui menaçaient ceux qui n'en avaient pas. Jamais ceci ne pénétra mon imagination, pas même par hasard, et c'est la même chose qu'avec "Maison occupée". Il est possible que cela répondait aussi au même sentiment d'expulsion et d'agression que nous ressentions en cette période"[3].

De manière significative quand en 1964 Cortázar publiera "La promenade", en pleine éclipse du péronisme, personne ne relèvera (et n'a relevé depuis) les similitudes entre les deux textes : refus de la différence, voyage cauchemardesque en autobus, altérité indicible... Le jeune narrateur est obligé d'emmener en promenade un être indescriptible qui ne sera jamais nommé :

> "Lui, les mots, il ne les entend pas ou fait semblant de ne pas les entendre, la seule chose qu'il comprend c'est quand on l'empoigne et qu'on l'entraîne"[4].

---

1   PICON GARFIELD, E., *op. cit.*, p. 107.
2   CORTÁZAR, J., "Autobus", in *Gîtes*, p. 175.
3   PICON GARFIELD, E., *op. cit.*, p. 95.
4   CORTÁZAR, J., "La promenade", in *Gîtes*, p. 41.

Ce monstre que le jeune narrateur doit promener en pleine ville, comme dans un cauchemar horrible, est en quelque sorte un *poids intolérable* qui résiste aussi bien lorsqu'on le tire que lorsqu'on veut le décrire : une chose *intraitable*. Ce que regarde les gens dans la rue et dans l'autobus, *ça se voit mais ça ne se dit pas*. Le texte fantastique est constitutif de cette différence énorme et inacceptable qui encombre le narrateur et son récit : le narrateur n'a pas les mains vides dans l'autobus et dans la rue, et ce qu'il tient à la main ce n'est pas des fleurs mais c'est pire. Il en a plein les mains comme les gens de la rue et de l'autobus en ont plein la vue : ce qu'il promène sur la voie publique dans Buenos Aires c'est *le bruit en personne*. Est-ce du terrorisme ?

"Maison occupée", "La fanfare", "Autobus", voire "Circé" ou "La promenade" sont des récits qui diffusent une *oppression* polysémique que tout lecteur pris dans un contexte social en crise, peut assimiler à une *oppression concrète*, à un mal et une déréliction politiques. Si les explorations détaillées de ces récits, dans les chapitres précédents, ont insisté sur la forclusion du signifiant et sur la dimension hypnagogique des angoisses et des scènes évoquées, il faut maintenant observer un trait fondamental : dans les premiers récits fantastiques de Cortázar, durant la période antérieure à la Révolution Cubaine, le caractère inéluctable de l'échec et/ou de la folie a été lu alors par une majorité de *lecteurs argentins* comme la métaphore évidente d'un processus politique agissant par éviction et arbitraire. Le caractère *in-ouï* du sort réservé à ces héros, l'*impossible à dire* constitutif de ces récits fantastiques, apparurent alors pour une majorité de *lecteurs argentins* comme la figure littéraire de l'inintelligence de rapports sociaux bouleversés et bouleversants ; d'une Histoire qui, subjectivement, se dé-signifie.
Le piège sans issue qui se referme sur le héros fantastique cortázarien apparaît comme l'image littéraire d'une *machination politique*, d'un piège totalitaire. Le bruit de "Maison occupée", dans cette perspective, désigne un fracas de l'Histoire et *une voie de passage* vécus dans la dépossession et l'angoisse. Paradoxalement, c'est au moment où le récit n'a plus véritablement d'histoire (de sens) que l'Histoire et son non-sens apparaissent.
Ce qui "échappe" à Cortázar, dans les années 50, c'est véritablement les tenants et les aboutissants de son écriture, et particulièrement l'idée dont plus tard il se fera le porte parole, que le récit fantastique comme tout texte littéraire, toute création artistique, est une production idéologique qui "historise" et socialise" ses fictions et porte en lui les conditions socio-historiques de sa production et de sa lecture. L'effet de lecture de *Bestiario* en 1951 est daté et situé géographiquement, comme les récits eux-mêmes : dans une période de crise politique et sociale où des conflits majeurs agitent écrivains et lecteurs, la tendance est toujours chez ces derniers à réduire et à finaliser des œuvres qui, en tant que créations artistiques précisément, *excèdent* leur contexte historique. Les récits fantastiques de *Bestiario*, avec la "colloration maladive" ou la "connotation politique" qu'on leur prête selon les périodes, excèdent toute lecture conjoncturelle — en cela ils sont des textes littéraires et non des documentaires —, et excèdent aussi toute lecture allégorique ou résolutive — en cela ils sont des textes fantastiques.
Cette rencontre de l'Histoire et de la Surnature doit être interrogée de plus près : le déréglement d'un individu isolé dans une situation singulière est-il figuratif d'un déchaînement historique ? la chose fantastique aurait-elle une cause historique ? le piège sans issue, l'*amechania* qui se referme sur le héros serait-il une machination politique *par ailleurs* indicible ?

"Le fantastique [ne serait-il que] le détour obligé de tout projet réaliste dès lors que le réel [apparaît] en proie à la contradiction ou au paradoxe ?"[1].

Le régime de signification du récit fantastique est-il le *biais* de pratiques littéraires contestataires qui déstabiliseraient comme le soutenait Vargas Llosa un discours dominant univoque ? Enfin, à partir de l'année 1963, après la "prise de conscience" publique de la responsabilité historique de l'intellectuel et de l'artiste, y-a-t-il dans la fantastique cortázarienne une évolution significative, et jusqu'à quel point son fantastique s'en trouve-t-il changé ?
"Les Armes secrètes" et "L'autoroute du Sud", d'abord, nous permettent de lire cette voie de passage entre un fantastique *très intériorisé* et un fantastique plus ouvert sur la réalité sociale. Dans la seconde partie de ce chapitre, je m'intéresserai aux récits censurés par le Pouvoir politique, à un fantastique réceptifs aux conflits politiques du moment, et qui réactualise par là sa mythologie de la terreur et de l'indescriptible.

"Les armes secrètes" et *"L'autoroute du Sud"* : *le tournant*

"Les armes secrètes" donne son titre au recueil publié à Buenos Aires en 1959 et à la sélection de nouvelles parues en France en 1963. Nous retrouvons dans ce récit un certain nombre de motifs narratifs qui nous sont désormais familiers : la difficile rencontre de deux êtres qui ne formeront jamais un couple, un douloureux processus de dépersonnalisation et la *revenance* d'un double violent. Pierre aime Michèle et réciproquement, mais quelque chose se place entre eux deux : le récit est constitutif encore une fois de cette présence d'une tierce personne oppressante.
Mais cette fois-ci, le revenant possède une *généalogie historique* : "Cette vie qu'il mène et qui lui est comme étrangère"[2] renvoie chez Pierre à l'*oppression allemande* — "c'est comme un poids sur la poitrine" (197)— à une bête immonde qui inexorablement l'asservit. "*Als alle Knospen sprangen", "In wunderschönen Monat Mai"* sont des rengaines allemandes (une phrase de Heine, un vers de Schumann), s'associant au lapsus qui confond Greene et Enghein (une manière d'être pris aux mots, encore) et à la vision inexplicable d'une "boule de verre au bas de la rampe" : cette boule de cristal *dit* la mauvaise aventure. Elle altère l'espace-temps ("le temps est un battement plein de bave et de coups de fouet", 215) et, dès le début du récit, *prédit* sa fin en associant une série d'images kaléidoscopiques (la rampe, Enghein, les feuilles, l'arbre, le fusil ...).
Julio Cortázar précisera à propos de ce récit :

> "Dans "Les armes secrètes" [...] le fantôme veut se venger de la femme (il avait été tué par les membres de la Résistance parce qu'il l'avait violée [...]. Le fantôme envahit le corps du jeune français qui est sincèrement amoureux de la fille. Et réciproquement. Mais au moment où il s'approche de la fille il y a d'un coup dans sa physionomie [...] quelque chose qui fait que la fille le rejette désespérément, parce qu'il lui semble reconnaître en lui son violeur, le nazi. [...] La possession

---

1   GAILLARD, F., "L'effet peau de chagrin" in *Le roman de Balzac*, Paris, Didier, 1980, p. 219.
2   CORTÁZAR, J., "Les armes secrètes", in *Les armes secrètes, op. cit.*, p. 198.

commence par des degrés infimes, augmente, augmente et finalement devient totale"[1].

La scène de Michèle violée par le nazi s'inscrit dans la mythologie fantastique et cortázarienne du cauchemar : le poids mort sur l'estomac, l'agression nocturne par un incube ; souvenons-nous de "Eté", du "Tango du retour" ou de "Lettres de maman" ... Dans "Anneau de Möbius", un récit publié dans *Nous l'aimions tant Glenda,* la jeune touriste anglaise est violée par Robert, une brute qui court les bois :

> "Etre sur le dos [*boca arriba*] et maintenue par une force convulsive [...] quelque chose s'approchait, abominable, [...] au bord de l'impossible, le souvenir s'arrêtait, une course en spirale s'accélérait jusqu'à la nausée [...] lenteur asphyxiante du ramper" ("Anneau de Möbius", 178).

On observera que lorsque l'incube, la larve rampante se retire après avoir *possédé* sa victime, celle-ci demeure pétrifiée, non plus seulement glacée d'horreur comme Michèle, mais *raide morte* :

> "Elle ne le voyait pas, son regard dilaté passait à travers son visage [...] Il voyait la bouche entrouverte et tordue, le fil de bave rose qui coulait sur le menton [...] le sang glissant sur les cuisses entrouvertes [...] il vit [...] la déviation inadmissible du cou qui déjetait la tête de Janet, en faisait cette chose qui se moquait de lui avec son geste de marionnette tombée, toutes ficelles coupées" (*Ibid.,* 172-173).

L'incube dans "Les armes secrètes" ne renvoie pas à une nuit insondable, au trou noir du cosmos de "Anneau de Möbius" ; Pierre est possédé par un nazi qui insensiblement va prendre le dessus : Pierre est pris, *occupé.* Et Michèle, poursuivie par l'horreur de l'*occupant,* reconnaît contre toute raison le monstre qui gîte en lui. Pierre et Michèle vivent sous l'*occupation* ... : "C'est drôle dit Pierre nous n'avons jamais parlé des années de guerre" (210). Sans pour autant prendre une dimension politique, le récit fantastique renvoie explicitement à une occupation et une persécution historiques : *le spectre de l'Histoire,* autrement dit une Histoire menaçante qui apparaît sur le mode du Surnaturel et s'incarne dans un être démoniaque, monstrueux :

> "C'est soudain comme si une volée de feuilles mortes lui sautait au visage et le dévorait d'une seule morsure horrible et noire [...]. Cela n'était pas une vision, pas davantage des mots, quelque chose entre les deux, une image décomposée en autant de mots qu'il y a de feuilles mortes par terre. Les feuilles mortes qui se sont soulevées pour le frapper en plein visage [...] il n'y a pas de feuilles mortes sur le Pont Neuf [...] les feuilles mortes sont à Enghein" (203)

> "C'était un salaud. Le pur aryen comme ils disaient alors [...] Je me rappelle la façon dont il est tombé, le visage en mille morceaux parmi les feuilles mortes" (225-226).

---

1   PREGO, O., *op. cit.,* p. 82.

Janet dans "Anneau de Möbius" bascule dans un espace-temps morbide, dans un *au-delà* où elle est un "être en feuillage". Et on se souvient que dans "La promenade" la monstruosité renvoie également à une végétation létale :

> "Je sortis mon mouchoir et en me le passant sur la figure je sentis quelque chose m'égratigner la lèvre, je regardai et je vis que c'était une petite feuille morte qui était restée collée là. [...] Je me dis que Papa et Maman devaient parfois, eux aussi, avoir besoin de s'essuyer le visage et qu'ils devaient alors, comme moi, trouver dans leur mouchoir une feuille morte qui leur égratignait la lèvre"[1].

Dans "Les fils de la Vierge", la scène photographiée et décrite renvoie à "une île, une femme [qui] parle avec un garçon, tandis qu'un arbre agite ses feuilles mortes au-dessus d'eux" (143) ... Les feuilles mortes réfèrent à une nature putrescente, aux couches d'humus de la conscience.

"J'ai eu peur parce que ... Je ne sais pas, tu m'as fait penser à ..." (215) dit Michèle, incapable de renouer une histoire qui devient fantastique : ce qu'elle voit n'a pas de nom, comme ce que le jeune narrateur de "La promenade" traîne sur la voie publique, dans Buenos Aires.

> — "Michèle comment dors-tu ? — Très bien, dit Michèle, j'ai quelquefois des cauchemars comme tout le monde. Bien sûr, comme tout le monde, mais quand elle se réveille, elle, elle sait qu'elle laisse son rêve derrière elle, qu'il ne se mêlera pas aux bruits de la rue" ("Les armes...", 206).

L'Histoire est une conscience nocturne : c'est une sombre période qui peu à peu remonte à la surface et provoque tous les symptômes de la folie : "ce n'est pas ça ... tu vas croire que je suis folle" (218), "ce n'est pas une hallucination" (221). Le retour de l'allemand au "visage en mille morceaux", marque le retour de l'Histoire passée dans l'Histoire présente, et la dé-figuration de la réalité qui en est l'immédiate conséquence : la figure pétrifiée du revenant est ici singulièrement dilapidée.

> "Il ouvre les yeux et voit Michèle, la bouche entrouverte, si pâle qu'on dirait qu'il ne lui reste plus une goutte de sang" (213). "Il enfouit son visage dans ses mains, convulsé, haletant, essayant d'arracher les images qui collent à son visage comme une toile d'araignée" (219).

"Les armes secrètes" ne renvoie pas à une allégorie politique, mais en inscrivant la mythologie littéraire cortázarienne du *revenant* dans le contexte historique de l'*Occupation,* le récit montre déjà la volonté de relier une thématique fantastique personnelle à une horreur collective.
"Les armes secrètes", en reliant la mythologie cortázarienne du *cauchemar* (Pierre chevauche une moto comme le guerrier de "La nuit face au ciel") à la *revenance* d'un soldat nazi passé par les armes, confère au fantastique une profondeur historique. Devant le retour de la *bête immonde* la seule arme de Pierre est le *pharmakon,* l'arme à double tranchant : "Ils boivent leur café [...] comme on boit les philtres qui vous unissent à jamais" (213) ; "je me sens drôle ces jours-ci. Tu devrais me donner quelque chose, un "objectivant"" (202) ... Et face à cet individu

---

1   CORTÁZAR, J., "La promenade", in *Gîtes*, pp. 41-42.

159

qu'elle ne connaît *que trop*, Michèle n'a d'autre arme que l'esquive : "Elle le repousse, le regarde comme si ce n'était pas lui ..." (215).

L'oppression du nazi écrase toute résistance, elle est quelque chose d'impossible mais là quand même : "Je sais, mais quand même" (196) lâche Pierre ... *Les armes secrètes* c'est la poursuite des hostilités par des moyens occultes, *la guerre de l'ombre, contre l'ombre.*

Julio Cortázar publie "L'autoroute du Sud" en 1966 dans *Tous les feux le feu.* Trois ans se sont écoulés depuis le voyage bouleversant à Cuba, et dans le même recueil se trouve "Réunion", un récit non fantastique où la critique voulut reconnaître la première nouvelle "politique" de l'auteur, évoquant le débarquement de Che Guevara et Fidel Castro à Cuba en 1956, et le début de la guerre révolutionnaire dans la Sierra Maestra. Dans le même recueil se trouve aussi "L'autre ciel", ce récit où opère la voie de passage historique mais indescriptible entre le Buenos Aires de Perón et Tamborini et le Paris de la Commune.

"L'autoroute du Sud" paraît renvoyer immédiatement à *un comble de la conduite* de même que "Les ménades" peut apparaître d'abord comme un comble du comportement. Le Fantastique dans les deux cas, procède particulièrement de l'excès, du débordement : entre un embouteillage normal et l'embouteillage fantastique de Cortázar il y a une différence quantitative qui dépasse l'imagination et provoque un véritable goulot d'étranglement pour la conscience. Les milliers de voitures seront immobilisées plusieurs mois, les automobilistes connaîtront la chaleur, la pluie puis la neige, des gens mourront et d'autres sans doute naîtront de cette promiscuité, de ce microcosme humain qui s'organise de manière para-militaire :

> "Le chef [...] demanda à l'ingénieur, au soldat et à l'un des jeunes gens d'aller explorer les abords de l'autoroute" (21) ; "Le type de la Floride venait de déserter" (29). "Cette désertion déplaisait à tout le monde [...] Taunus tint un conseil de guerre" (31). "L'eau vint à manquer à nouveau et Taunus envoya trois de ses hommes [...] pour qu'ils essaient d'établir un contact avec les indigènes [...] l'hostilité extérieure était totale(...) "Le travail épuisant des brigades de la route et des forces de police" (34). "Après une période de pluie et de vent qui [...] augmentèrent les difficultés de ravitaillement, vinrent des jours frais [...] grâce aux transactions des chefs, on était arrivé à faire la paix avec le groupe plus avant [...] Porsche continuait à [...] avoir la haute main sur le marché noir" (36). "On parla d'un coup de main, faire Porsche prisonnier et exiger qu'il révèle la source de son approvisionnement" (37).

Une fois encore — l'effacement des noms de personne derrière les marques de véhicules le montre assez —, le héros fantastique est pris au piège d'une *machination* qui se double d'une véritable mobilisation. Le fantastique *réfère* ici à un conflit collectif, et non plus seulement individuel, qui prend ironiquement l'allure d'un combat. L'aquarium humain formé par les colonnes de véhicules immobilisées confère au récit une dimension ethno-sociologique[1].

Le fantastique procède encore de la rétention, du blocage de toute circulation ; et le *bouchon* qui transforme l'autoroute en un vaste campement montre bien qu'au sein d'un univers balisé et policé, il existe des processus incompréhensibles qui

---

1   Voir PEYREGNE, F., "La autopista del Sur" de Cortázar ou l'élaboration d'une société", *Les Langues néo-latine* (207), 1973, pp. 53-62. Le critique voudrait qu'une telle situation limite renvoie plus à un "monde utopique" (p. 58) qu'à un cauchemar.

bloquent tout mouvement, et que la voie médiane n'est pas l'itinéraire le plus sûr. L'immobilisation sur la voie rapide révèle un chaos latent, la régression à un stade tribal fondé sur le troc et le charisme : rarement le récit fantastique cortázarien a été aussi proche de l'allégorie ou de la satire sociale. "L'autoroute du Sud" désigne *une déroute* qui au lieu de référer à un déréglement psychologique, renvoie à un *dysfonctionnement incompréhensible du mécanisme social.* Et si le récit ne verse pas dans l'utopie c'est bien que le fantastique est constitutif d'une non-résolution des conflits, d'un excès qui ne saurait être exemplaire en l'absence de point de vue stable d'où l'on tirerait toutes les conséquences : la *déroute fantastique,* ici, ne procède en rien d'une visée corrective ou démonstrative, elle nous place plus radicalement devant une situation qui dégénère et ainsi nous excède.

En référant de manière oblique aux apories des *mécanismes socio-historiques,* le récit fantastique cortázarien révèle à partir des "Armes secrètes" et de "L'autoroute du Sud", la spécificité de l'aliénation moderne. Le processus arbitraire qui isole et retient le héros fantastique apparaît comme un déterminisme historique agi par un pouvoir diabolique, comme les rouages d'un mécanisme social *et* surnaturel.

2 • HISTOIRE DE SPECTRE ET SPECTRE DE L'HISTOIRE

Des "fils de la vierge" à "Apocalypse de Solentiname" : le changement d'optique du fantastique

Un photographe prend un couple en photo sur l'île de la Cité ; un autre photographe, dans un autre texte, fait des diapositives de toiles de peinture dans l'île de Solentiname. Le déroulement fantastique de ces deux récits est constitutif du développement des photos, de la double révélation d'une réalité spectrale, "hallucination tempérée […] image folle, frottée de réel"[1].

Ce qui nous fait lier ces deux récits, c'est ce(ux) qui les barre(nt), les censure(nt) : "Les fils de la Vierge" fut parfois jugé hermétique, "Apocalypse de Solentiname" fut censuré par la junte argentine en 1977. Deux textes illisibles d'une manière ou d'une autre, deux textes séparés par près de vingt ans mais qui se fondent sur cet inter-dit qui ici est un inter-texte : "Pourquoi tu ne vis pas en Argentine, pourquoi *Blow-up* est-il si différent de ta nouvelle, penses-tu qu'un écrivain doive être engagé ?" demande-t-on au narrateur de "Apocalypse de Solentiname"[2]. Ainsi, celui-ci est identifié comme Cortázar lui-même, l'auteur de cette première nouvelle — "Les fils de la Vierge" — dont Michelangelo Antonioni s'est inspiré pour son film *Blow-up...*

Cette référence intertextuelle doit être lue attentivement quand on connaît le sort réservé à l'un et l'autre texte : que *signifie* cet effet généalogique qui relie un récit fantastique réputé hermétique à un récit fantastique "engagé", et qui nous fait relire l'un par le biais de l'autre ?

On a remarqué à propos des "Fils de la Vierge", que le narrateur-photographe est pétrifié par l'animation fantastique d'un agrandissement photographique, par la *face de terreur* qui le condamne à mort, à n'être plus qu'un *regard vitreux,* "le viseur

1   BARTHES, R., *La chambre claire,* Gallimard-Le Seuil, 1980, p. 177.
2   CORTÁZAR J., "Apocalypse de Solentiname" in *Façons de perdre,* p. 69.

d'un Contax tombé sur le trottoir" (147), "rien d'autre que la lentille [d'un] appareil photo" (145). Comme dans "Anneau de Möbius" le texte s'élabore à partir d'un espace-temps inoccupable : la Mort.

> "Donc je suis bien obligé d'écrire [...] autant que ce soit moi, je suis mort [...] moi qui suis mort et vivant aussi ..." ("Les fils de la Vierge", 126) ; "En ce moment même (quel mot : en ce moment, quel stupide mensonge) [...] je me laissais aller dans le laisser-aller des choses, je courais immobile dans le temps. Le vent était tombé" ("Les fils...", 130)

> "Succion de tornade avec tourbillons, ou bien quelque chose comme glisser dans le feuillage d'une forêt vierge, soutenue de feuille en feuille par une *apesanteur de fil de la vierge* et maintenant, — un maintenant sans avant ni après, un maintenant sec et donné d'emblée [...] à présent (mais pas davantage à présent) régnait un *état vent* ("Anneau de Möbius",175. Je souligne).

Cette trame intertextuelle entre "Les fils de la Vierge" de l'île de la Cité et les fils de la Vierge du maelström cosmique qui happe Janet, situent la fiction dans l'*au-delà,* et décrivent une opération aberrante de la représentation observée déjà dans "La nuit face au ciel" : *se voir mort.*
Dans "Les fils de la Vierge" la narration qui ne cesse de se faire et de se défaire devant nous, désigne encore ce jeu dans le mécanisme de la Représentation, cet *angle mort de l'écriture.* "Le souvenir pétrifié comme la photo elle-même" (141) va s'animer et produire un renversement de situation fantastique : "L'ordre des choses se trouvait soudain renversé c'était eux qui étaient vivants [...] et moi de ce côté-ci, prisonnier d'un autre temps" (145). Roberto Michel est pris au piège de la *camera obscura.*
Qui raconte quoi ? L'impossible à dire, la défaillance du dispositif narratif dans son travail de représentation, permet d'imaginer un dispositif impensable — une sorte d'imprimante photographique — : une machination encore.

> "Puisqu'il nous faut raconter, l'idéal serait que la machine à écrire puisse continuer à taper toute seule [...] le trou qu'il nous faut raconter c'est celui d'une autre machine, un Contax 1,2, et il se pourrait bien qu'une machine en sache plus long sur une autre machine" (125).

Le Contax (de *contar,* raconter ?) est un appareil impossible, disparate — appareil photographique *et* littéraire — emblématique du fonctionnement même du récit. Ce dispositif, ce *mechane,* est encore constitutif d'un texte qui s'avèrera être un dispositif sans dénouement possible, un *amechania.* L'écriture machinale, "la Remington pétrifiée sur la table" (127), comme le regard machinal, ne sont que des leurres : cette double aporie de la Représentation — graphique et iconique — pousse à s'interroger sur le lieu d'où l'on voit ce que l'on voit et d'où l'on écrit ce qu'on écrit. La censure fantastique, la *tache aveugle* de la Représentation — ce que j'appelle l'*angle mort* de l'écriture fantastique — est ce à partir de quoi nulle écriture ne peut s'écrire, nul regard se voir. "Un agrandissement de 60 x 80 ressemble à un écran sur lequel on projette des images mobiles" (132) : le fragment de réalité médusé par l'objectif ("l'image rigide",136) va s'*animer* dans et par la fiction fantastique. La croyance aveugle dans la perfection mimétique de la photo se retourne contre le photographe pris à son propre piège : "Les fils de la Vierge" désigne cet obscur passage — *camera obscura* — qui donne une image renversée et renversante de la réalité. Roland Barthes :

> "L'immobilité de la photo, est comme le résultat d'une confusion perverse entre les deux concepts : le Réel et le Vivant : en attestant que l'objet a été réel, elle induit subrepticement à croire qu'il est vivant [...] mais en déportant ce réel vers le passé (*ça a été*), elle suggère qu'il est déjà mort"[1].

La photo de Roberto Michel brouille la frontière entre le vrai et le faux, le Réel et le Vivant, et projette véritablement dans l'*au-delà* ; "le néant, le vrai fixateur en fait de cette scène" (141) c'est bien *le clou du spectacle* : le masque de terreur fixe en retour le photographe "comme s'il avait voulu [le] clouer contre l'air" (146). La photo du narrateur-photographe porte au-delà du regard : Roberto Michel reste *bouche bée*, les yeux perdus dans le ciel ("cela ne peut pas s'appeler "être", ça, voir sans arrêt des nuages qui passent", 128), et les nuages qui assombrissent régulièrement le récit sont des images réfléchies machinalement par l'objectif de l'appareil renversé sur le trottoir, *boca arriba* ... L'image du motèque "boca arriba" le visage criblé d'étoiles nous revient ...

> "Je crois que je sais regarder. Je sais aussi que tout regard est entaché d'erreur car c'est la démarche qui nous projette le plus hors de nous-mêmes [...] il suffit peut-être de savoir ce que l'on veut : *regarder ou voir ce qu'on regarde* " ("Les fils...", 131-132, je souligne).

On ne saurait trop revenir sur cet aveu du héros des "Fils de la Vierge", sur cette problématisation de l'*icono-graphie* fantastique. L'appareil photographique et la machine à écrire masquent par un appareillage disparate une réalité douloureusement indescriptible. Une fois encore le texte de Cortázar et l'essai de Barthes procèdent à un échange de vues :

> "Distorsion inconcevable : *comment regarder sans voir ?* On dirait que la Photographie répare l'attention de la perception, et ne livre que la première, pourtant impossible sans la seconde (...). La Photographie devient pour moi un *médium* bizarre, une nouvelle forme d'hallucination : fausse au niveau de la perception, vraie au niveau du temps"[2].

"Les fils de la Vierge", on l'a souligné à propos de l'épiphanie lunaire du *gorgoneion*, réactive l'obsession cortázarienne du *masque* à l'orifice spumeux — *las babas del diablo* — et du *vivant-mort* — "l'homme exsangue, clown enfariné" (139) : le *punctum* de l'iconographie fantastique, c'est précisément ce qui point le narrateur-photographe, ce qui le pique au vif et le met hors de lui. C'est surtout la *bavure* qui empâte l'écriture, la tache aveugle de la Représentation. Roberto Michel est "coupable de littérature, d'*échafaudages* invraisemblables" (137) face au masque de terreur "à l'*échafaudage* de baves et de sourire" (146) ; et Barthes qui pourrait avoir lu le récit de Cortázar, continue :

---

1   BARTHES R., *La chambre claire*, op. cit., pp. 123-124.
2   BARTHES R., *Ibidem*, p. 172 et p. 177.

"Se grimer c'est se désigner comme un corps à la fois mort et vivant [...] Or c'est ce même rapport que je trouve dans la Photo ; [...] la figuration de la face immobile et fardée sous laquelle nous voyons les morts. (...) La Photographie ne peut signifier (viser une généralité) qu'en prenant un masque"[1].

Le narrateur-photographe des "Fils de la Vierge" voit (écrit) *la mort en face* : la photo de l'île de la Cité, agrandie monstrueusement, apparaît comme un masque de papier glacé dont on ne peut soutenir le regard :

"Il ne m'était jamais venu à l'idée jusque là que lorsque nous regardons une photo de face, les yeux répètent exactement la position et la vision de l'objectif [...] la machine à écrire devant moi, je regardais la photo [...] et je me rendis compte brusquement que je m'étais installé exactement au point de mire de l'objectif" (141).

La figure diabolique, le masque de terreur qui soudain, nous l'avons vu à propos du *gorgoneion,* envahit tout l'écran, figure la submergence d'un hors champ ("je vis un grand oiseau hors champ qui passait devant l'image", 146), figure ce qui littéralement, lui *sort des yeux.*

Dans *La chambre claire,* Barthes nous montre des photos de la révolution nicaraguayenne[2] : ce cadavre au milieu de la rue, ces soldats avec deux soeurs en arrière plan évoquent la Mort et le Nicaragua, l'univers socio-politique d'"Apocalypse de Solentiname" de Cortázar :

"Photographier des cadavres [...] ; si la photographie devient alors horrible, c'est parce qu'elle certifie, si l'on peut dire, que le cadavre est vivant, *en tant que cadavre* : c'est l'image vivante d'une chose morte"[3].

Ainsi ce qui nous point dans le texte de Barthes c'est ce hasard qui le relie de manière complexe à deux fictions macabres : "Les fils de la Vierge" ("le thème de *Blow-up* n'était pas loin"[4] relève Barthes singulièrement) et "Apocalypse de Solentiname".

Entre "Les fils de la Vierge" et "Apocalypse de Solentiname" il y a chez Cortázar une *révélation.* Les liens entre les deux récits sont à lire minutieusement : il y a on l'a dit, les références explicites dans l'incipit du second texte, à un texte antérieur ; puis le diaporama qui reprend la scène où Roberto Michel fixe l'agrandissement au mur ; "le petit carré bleu ciel du néant" ("Apocalypse ...", 71) qui rappelle la volonté de Roberto Michel de "combattre le néant" ; les accusations de voyeurisme qui frappent les deux héros ("la femme prétendit qu'on n'avait pas le droit de prendre une photo sans permission "Les fils ...",138 ; "voleur de tableau, contrebandier d'images", "Apocalypse ...", 73) ; l'île de la Cité et l'île de Solentiname : deux spectacles indescriptibles, comme sur "L'île à midi".

Un "je" narrateur, — tout est fait pour l'identifier à Julio Cortázar lui-même —, raconte le déroulement de son voyage en Amérique Latine, et plus particulièrement son séjour dans l'île de Solentiname sur le lac Nicaragua, chez le poète et jésuite Ernesto Cardenal. "Je" qui a écrit la nouvelle qu'Antonioni a adaptée, photographie

---

1   BARTHES R., *Ibidem,* p. 56 et p. 61. L'ouvrage parut 4 ans après la nouvelle de CORTÁZAR.
2   *Ibidem,* p. 45 et *passim.*
3   *Ibid.,* p. 123.
4   *Ibid.,* p. 134.

une série de peintures naïves qui sont l'œuvre des membres de la communauté chrétienne de Solentiname. Il cadre "de façon à ce que chaque tableau occupe entièrement le viseur" (73) ; vertige des emboîtements, du cadrage, mise en abîme de la Représentation : l'écrivain écrit qu'il photographie des tableaux qui représentent l'univers bucolique de Solentiname. En cadrant strictement sur l'espace de la toile, la photographie laisse le *reste* de côté, et crée encore un hors-champ qui va être celui de l'Histoire *et* de la Surnature confondues : *le spectre de l'Histoire*. De retour à Paris il fait développer les diapositives et les projette : celles de Solentiname en priorité, avant celles de l'école Lénine de La Havane :

> "Après les tableaux de Solentiname je passerais les photos cubaines, mais pourquoi les tableaux, pourquoi cette déformation professionnelle, l'art avant la vie [...] pourquoi pas d'abord les peintures de Solentiname puisqu'elles sont la vie, puisque tout revient au même" (74).

Cette inversion d'un ordre, d'un code moral et politique, est la seconde transgression après le "vol" des tableaux, et cela va se retourner contre l'écrivain : aux photos artistiques de Solentiname, aux images naïves se substituent inexplicablement des photos insoutenables de la répression militaire en Amérique Latine. Lorsque Claudine, la compagne du héros, projettera un moment plus tard les diapositives, elle ne verra rien de ces horreurs et trouvera "réussies" les photos de Solentiname. Ce qu'il n'a pas voulu voir vient le voir : ça le regarde désormais...

Le récit est daté, à la fin on peut lire : "San José, La Havane, avril 1976". C'est la seule nouvelle du recueil *Façons de perdre* (avec "Quelqu'un qui passe par là" écrite à Cuba la même année) qui soit datée et située géographiquement. Un mois avant, le 23 mars 1976, pour la septième fois en cinquante ans les forces armées se soulèvent en Argentine et le général Videla devient le président de la junte militaire. La nouvelle qui réfère à un voyage clandestin de Cortázar, revendique explicitement son enracinement dans l'actualité politique de l'Amérique Latine. Publiée initialement dans *Les Nouvelles Littéraires* en décembre 1977, la nouvelle fut interdite par la junte.

> "Le second récit interdit racontait une visite clandestine que je fis en 1976 dans la communauté de Solentiname, sur le grand lac Nicaragua. Il n'y a rien qui puisse ici offenser directement la junte argentine, mais dans ce récit tout l'offense, parce qu'il dit la vérité sur ce qui se passe aujourd'hui dans tant de pays latino-américains"[1].

Le projet littéraire et les conditions de publication — la presse —, semblent entretenir peu de rapport avec l'histoire très littéraire de l'île de la cité. Or, ce texte expose *in limine* les traces d'un intertexte, un déjà-dit devant être reformulé et dépassé. Les traces de cet intertexte, à la fois d'ordre sémantique et stylistique, déterminent un protocole de lecture d'"Apocalypse de Solentiname".

La conférence de presse à la descente de l'avion où l'on demande à l'écrivain son opinion sur l'adaptation cinématographique des "Fils de la Vierge", problématise un texte qui devient *ainsi* une fiction. L'incipit de "Apocalypse de Solentiname" établit la prégnance d'un déjà-là de la fiction : le hors-texte est ce que le texte

---

1   CORTÁZAR J., "Le lecteur et l'écrivain sous les dictatures en Amérique Latine" in *Argentina : años de alambradas culturales*, Barcelone, Munick Edit., 1984. (Je traduis).

suppose avant lui, un espace social réel qui est le déjà-là du monde et dans lequel la réalité littéraire va découper, cadre, son propre espace. Ici, l'incipit considère comme antérieur une autre fiction : le hors-texte n'est plus un déjà-là du monde mais un déjà-là de la littérature. La fiction — et précisément la fiction fantastique supposée "non engagée" et hermétique —, est l'antériorité généalogique du texte présent qui paraît d'abord vouloir échapper à la littérature. Le narrateur n'est-il pas en effet présenté comme l'auteur lui-même, tandis que les autres personnages sont des personnes publiques : Ernesto Cardenal deviendra le ministre de la Culture du Nicaragua Sandiniste et Sergio Ramírez le vice-président du Gouvernement[1]...

Le récit "réaliste" et autobiographique du voyage clandestin de Cortázar à Solentiname, et l'*accident lors du développement des photos,* doivent être lus par le biais d'un autre récit iconographique. De fait la troisième phrase d"Apocalypse de Solentiname" vient renforcer ce premier réseau de signifiants :

> "A ce stade là, je me dis qu'à la porte de l'enfer je ne couperai pas à une dernière interview, et si par hasard c'était du côté de Saint Pierre, ce serait du pareil au même, trouvez-vous pas que là-bas vous avez écrit de façon trop hermétique pour le peuple" (69).

L'*enfer* est une nouvelle allusion à la damnation qui frappe Roberto Michel "coupable de littérature" et à l'écrivain, qui ici fait passer encore "l'art avant la vie" ; allusion aussi aux *babas del diablo* que le narrateur doit essuyer ; à l'*hypos* fantastique, ces fils de la Vierge que trame la machine à écrire. L'Enfer/le Paradis : le manichéisme de l'actualité politique oblige à être d'un côté ou de l'autre, maudit par les uns et encensé par les autres. Mais *Pierre,* au seuil de "Apocalypse de Solentiname", figure *les clefs* qui font accéder au paradis terrestre d'Ernesto Cardenal "avec son bandeau nazaréen" (71).

Les deux récits que relie un inextricable réseau textuel sont soumis au régime de la peur. On peut relever quelques clins d'oeil au lecteur de *ce* texte ("tu diras que je déborde de fausse modestie, eh bien dis-le mon vieux te gêne pas ...", 70), et au lecteur du premier texte qui reconnaît là le style des interpellations de Roberto Michel. Le narrateur d"Apocalypse de Solentiname", s'il n'utilise pas les "indications de régie" qui problématisaient le texte original, se permet toutefois quelques allusions qui sont des évocations d'une expérience langagière commune.

> "... bon passons, point à la ligne. A la ligne suivante, Ernesto savait que j'arrivais au Costa Rica" ("Apocalypse ...", 70)

> "Et après ce si, qu'est-ce que je vais mettre, comment vais-je boucler correctement ma phrase" ("Les fils ...", 128).

Ces clins d'oeil au lecteur, cette volonté de problématiser un texte en chantier, réfèrent aux apories des "Fils de la Vierge" ("personne ne saura jamais comment il faudrait raconter cette histoire",125), à *la fiction comme machine à écrire autonome,* et surtout à un discours sur la littérature, à un métatexte : "Apocalypse

---

1   Sergio RAMIREZ publiera un ouvrage émouvant pour rendre hommage à Julio CORTÁZAR ; il raconte particulièrement son voyage clandestin au Nicaragua, les "coulisses" d"Apocalypse de Solentiname", et présente des reproductions des peintures naïves des paysans (in *Estás en Nicaragua*, Barcelona, Muchnik Edit., 1985)

de Solentiname" intègre ce métatexte ("pourquoi *Blow-up* est-il si différent de ta nouvelle, penses-tu qu'un écrivain doive être engagé" ?) et ce faisant dépasse en l'intégrant le récit originel. Forte de cette filiation généalogique la nouvelle de 1976 va tisser sa propre trame, ses propres itinéraires narratifs. De nouements en dénouements successifs la fiction fantastique cortázarienne *change d'optique* : l'appareil photograhique est une nouvelle arme secrète ("mon arme avait été une photo, cette photo où ils se vengeaient de moi à présent" dit Roberto Michel, 145) qui permet de *mitrailler* les choses qui *ailleurs* (dans l'écriture) *échappent*.

"Apocalypse de Solentiname" n'est pas un texte redondant par rapport au texte originel, et il n'est pas non plus la plate énonciation littéraire d'un discours politique. Le récit est une fiction qui *joue* sur l'ambiguïté entre le littéraire et le témoignage, entre une réalité politique irreprésentée — "la guerre sale", l'Etat d'Exception — et un réel irreprésentable.

Ainsi, avant de partir pour l'île de Solentiname, l'auteur des "Fils de la Vierge" et ses amis posent pour une photo : à la vue de l'appareil polaroïd qui est nouveau pour lui, "je" s'étonne et dit-phrase prémonitoire qui sera prise à la lettre :

> "... je me rappelle avoir demandé à Oscar ce qui se passerait si un jour, après avoir pris une photo de famille, on voyait apparaître Napoléon à cheval ..." (71).

"Napoléon à cheval", c'est "L'Esprit à cheval" de Hegel, la figure d'une philosophie de l'Histoire dont le moteur est la Raison, *mais c'est aussi le spectre de l'Histoire*. L'apparition incongrue de l'effigie napoléonienne est significative sur un continent où sévissent tant de Napoléon Duarte et où la guerre devient la révélation de la Vérité de l'Etat et de la contingence de l'intérêt particulier. "Napoléon à cheval", est une légende pour un tableau de Gros ou de David, et déjà s'esquisse une correspondance entre le réalisme impérial et les peintures naïves de Solentiname : substitution prémonitoire et confusion des représentations spéculaires de la réalité. Le cheval, nous l'avons vu à plusieurs reprises, est la bête furieuse du cauchemar, la monture du visiteur nocturne : c'est également ici la monture du *conquistador,* le cavalier apocalyptique. Les allusions aux "portes de l'enfer", à Saint Pierre et à "l'arrestation de Jésus au jardin des Oliviers un sujet que les gens de Solentiname traitent comme s'ils parlaient d'eux-mêmes" (72), développent un piège encerclant. Julio Cortázar dit ailleurs à propos du Nicaragua :

> "Laisserons-nous le Nicaragua seul à l'heure de son jardin des Oliviers. Lui laisserons-nous clouer mains et pieds enfin qu'un insolent proconsul continue de jouer avec le reste du monde au nom d'une *pax* ... nord-américaine ?[1].

Cette parabole du Christ trahi par Judas et qui prie sur le mont des Oliviers avant son arrestation et sa Passion, dit assez que *tout ce qui peut arriver est déjà écrit*. L'hermétisme des "Fils de la vierge" culmine sur *une littérature apocalyptique* : "l'ange de Fra Filippo" de l'île de la Cité qui s'enfuit "comme un fil de la Vierge dans l'air du matin" ("Les Fils ...",138) est le révélateur de la Passion du Nicaragua sous le joug d'un état prétorien, de cette *apocalypse de Solentiname* aux visions eschatologiques.

---

1   CORTÁZAR J., "Sur les différentes manières de tuer" *Change International* (2), mai 1984, p. 30 (trad. N. Rouan).

"J'aurais aimé regarder interminablement chaque photo poisseuse de souvenirs, petit monde fragile de Solentiname entouré d'eau et de policiers comme ceux qui encerclaient ce garçon que je regardais sans comprendre [...]. On peut penser ce qu'on veut, ces choses là arrivent toujours en avant de soi et vous laissent toujours si loin en arrière [...] Je sais que j'ai continué ; face à l'événement qui refusait toute logique [...] j'ai pressé le bouton comme si avec ça je pouvais le sauver d'une mort infâme" (Apocalypse ...", 75-76)

"Cette photo avait été une bonne action [...] l'important [...] cela avait été d'aider le garçon à s'échapper à temps" ("Les fils ...", 143).

Le récit révèle — *apocalypsis*— un message, anticipe sur un dénouement fatal, et se donne ainsi pour un texte visionnaire et énigmatique :

"Ce récit fut en plus tristement prophétique, car un an après l'avoir écrit, les troupes du dictateur Somoza détruisirent et rasèrent cette petite et merveilleuse communauté chrétienne"[1].

Dans le récit fantastique de Henry James "La bête de la jungle", la référence à *l'Apocalypse* de Jean surdéterminait l'image de la Bête, l'égoïsme du héros (l'adoration de sa propre image), la mort sacrificielle de May, puis la révélation finale sous la forme d'un masque macabre gorgonéen. Dans "Apocalypse de Solentiname", Cortázar réfère à un bestiaire fantastique (72) qui passe de la naïveté au terrifiant, dès lors que le héros refuse son salut et n'écoute pas le poète christique Ernesto Cardenal... : il est coupable d'iconolâtrie, d'égoïsme et d'aveuglement ; il veut ignorer le sens de la parabole de l'arrestation de Jésus (72), il ne veut pas voir les cavaliers de l'Apocalypse, les légions du démon qui encercle l'île. Le narrateur est finalement terrassé par "les armées de la Bête" (*Apocalypse de Jean*, XIX) : les forces du Mal, les légions de Somoza.
"Le pilote semblait totalement indifférent à ma crainte que l'Aztèque nous mène droit à la pyramide du sacrifice. Il n'en fut rien comme vous pouvez le voir ..." ("Apocalypse ...", 70). L'écriture visionnaire, inspirée, est à la fois la vision prémonitoire de la barbarie des temps primordiaux, et la référence à une autre fiction fantastique, "La nuit face au ciel", où "les Aztèques qui faisaient la chasse à l'homme" obligent le narrateur à gravir "les marches du sacrifice" afin d'alimenter la course cosmique et d'empêcher l'Apocalypse ...
Les fils de Solentiname et l'Apocalypse de la Vierge ... : de deux choses l'une. Une sorte de cataclysme littéraire jette l'île de la Cité sur l'île de Solentiname. Chaque fois la révélation sur-naturelle, apocalyptique, passe par "l'image de la Bête" (*Apocalypse* de Jean), par la révélation photographique :

"Ces appareils qui vous *crachent* sur-le-champ un petit papier bleu qui peu à peu, merveilleusement et polaroïd se remplit d'images au ralenti, d'abord ectoplasmes inquiétants et peu à peu un nez, des cheveux crépus, le sourire d'Ernesto ; [...] pour moi, voir sortir du néant, du petit carré bleu ciel du néant, ces visages [...] ça me remplissait d'étonnement" ("Apocalypse ...", 71). "Parmi tout ce que *les crapauds valises* avaient *craché* sur le tapis [...] il y avait des rouleaux de pellicules" (*Ibid.*, 73).

---

1   CORTÁZAR J., *Le lecteur et l'écrivain sous les dictatures en Amérique Latine*, op. cit.,

La bave du crapaud et la bavure de la photo désignent un orifice qui vomit des visions eschatologiques, un trou noir de l'Histoire dont on connaît la puissance pétrifiante dans la fantastique cortázarienne. L'orifice de l'appareil photographique, la révélation d'une image à partir de l'informe originel, figurent une *bouche d'ombre vorace*.

> "On ne sait ni pourquoi ni comment on fait des choses quand on a franchi une limite dont on ne sait rien de plus. [...] tout en moi était un noeud, de la gorge aux doigts de pieds [...]. Dans la salle de bain je crois que j'ai vomi" (77).

L'icono-graphie fantastique noue inextricablement la trame photographique, la trame narrative et la trame historique ; d'un bout à l'autre il y a "ce trou qu'il faut raconter", cet indescriptible du Réel qui a lieu sans cause, sans Histoire, et qui excède la représentation : le cadrage, si sophistiqué soit-il.

Le fragment de réalité pétrifié par l'objectif, mitraillé par l'appareil photographique va *s'animer* dans et par l'écriture-montage. La rhétorique du texte vient en surimpression corroder et connoter le message iconique en une série d'occultations et de révélations. L'itinéraire du connu — la perfection analogique de la photo, le bon cadrage des tableaux naïfs ou de la scène de la Cité — vers l'inconnu — le dérapage de la machine à écrire —, est un rite initiatique qui fait sentir moins la réalité sociale, que *l'imprévisibilité du Réel*... Les divers passages obscurs, seuils et bifurcations qui fondent la continuité des structures iconiques et narratives, produisent encore une image lisible du *labyrinthe* comme cheminement politique :

> "Celui ou cela qui est photographié c'est la cible [...] que j'appellerai volontiers le *Spectrum* de la photographie, parce que ce mot garde à travers sa racine un rapport au "spectacle" et y ajoute cette chose un peu terrible qu'il y a dans toute photo : le retour du mort"[1].

Le surgissement des visages sur papier glacé, les visions nécessairement déchaînées d'un diaporama qui tient à la fois de la photographie et du film, possèdent une dimension à la fois fantastique et politique : et *politique parce que fantastique*. En effet, cette épiphanie du *masque de terreur* et cette *revenance* d'un vivant-mort, sont partie intégrante d'une mythologie littéraire, d'un univers fictionnel qui nous sont désormais familiers et qui stimulent fortement notre imagination. D'autre part, en *donnant lieu* à l'animation monstrueuse de photos touristiques, en provoquant l'épiphanie terrifiante d'*un hors-champ qui confond la Surnature et l'Histoire*, la fiction fantastique révolutionne l'optique traditionnelle. Ce qui échappe — la dimension résiduelle du Réel — réfère à l'Histoire par le biais de la Surnature ; et finalement l'excède, car ce qui échappe au cadrage photographique, au point de vue narratif, n'a ni cause ni raison historiques. Il se produit ainsi des choses par la force des choses, et non par un moteur socio-politique : ce n'est pas la politique qui saute aux yeux du narrateur-photographe d'"Apocalypse...", le rapprochement avec le Roberto Michel des "Fils...", dit bien qu'il n'y a pas de leçon politique : ce qui saute aux yeux c'est le Réel sans qualité, inidentifiable, sensationnel, des choses qui échappent forcément à la représentation.

---

1   BARTHES, R., *op. cit.*, p. 122.

"Je connais que trop les reproches d'hermétisme que l'on m'a fait durant des années, dit Cortázar ; ils viennent toujours de ceux qui réclament un pas en arrière dans le domaine de la création au nom d'un supposé pas en avant dans la lutte politique"[1].

La volonté évidente de relier "Apocalypse de Solentiname" aux "Fils de la Vierge", la *terreur historique* du Nicaragua somoziste et la *terreur surnaturelle* de l'île de la Cité, montrent l'affirmation d'un projet d'écriture et d'une généalogie littéraire. L'épiphanie diabolique de l'île de la Cité, l'expérience de la *camera obscura*, ont appris à l'écrivain à "voir ce qu'on regarde", à révolutionner une perspective. "Les fils de la vierge", dès 1959, révolutionne l'optique cortázarienne et oppose la force des choses — le réel variable et indescriptible —, à une *réalité uniforme*.

L'île de la Cité — et par delà l'exil parisien — est la revendication d'un décentrage radical qui met en perspective la réalité latino-américaine : l'île sur la Seine — puis son avatar du lac Nicaragua —, est l'équivalent de la montagne de "Rip Van Winkle" ou du nuage noir de "Peter Rugg le disparu" ; c'est un *dehors* irréductible qui n'est jamais le point de vue du Persan, puisqu'on y renonce au *savoir* pour la retranscription de *sensations*.

Dans "Les fils de la Vierge" le photographe maudit se voit transformé en une sorte d'appendice de son appareil, ou plutôt de ses appareils : l'appareil photographique et la machine à écrire. Ce qu'il a vu l'a *glacé* d'horreur : Roberto Michel a été changé en monstre, en un être disparate qui avale machinalement des images et vomit des phrases incohérentes. Dans "Apocalypse de Solentiname" le photographe qui croit maîtriser les cadres de la représentation, est soudain mis en face de ce qu'il est : un photographe qui *mitraille* et qui ne veut pas voir. S'il n'est pas pétrifié par ses photos qui le dévisagent en retour, il n'en sort pas néanmoins indemne. Dans les peintures, le "cheval aux yeux verts sur un fond de bambous [et le] poisson énorme qui rit de ses lèvres couleur turquoise" (72) oscillent entre le naïf et l'eschatologique. L'autre visage de l'Amérique Latine qui s'intercale à la projection, les masques de douleur des suppliciés ne retournent pas cyniquement la formule "l'art avant la vie", mais précisément montrent que l'art c'est la vie, que les peintures de Solentiname et l'"Apocalypse de Solentiname" ne supportent aucun encadrement rigide, et que le réel excède toujours sa représentation.

"Apocalypse de Solentiname" n'est pas la réécriture des "Fils de la Vierge" à partir d'impératifs politiques désormais plus prenants : en revendiquant cette filiation intertextuelle le texte, d'une part se détermine comme fiction et non comme témoignage, et d'autre part s'inscrit dans l'actualité politique sur le mode du fantastique. "Apocalypse de Solentiname" en tant que fiction fantastique, ne parle pas de la terreur historique sur le même mode que les textes journalistiques et historiens. A partir du recueil censuré *Façons de perdre*, le récit fantastique cortázarien thématise le *Spectrum* d'une Histoire convulsive : ce spectacle morbide alimente à la fois une mythologie littéraire ancienne — les puissances occultes —, et une mythologie politique moderne — le Pouvoir totalitaire. La terreur politique n'est pas constitutive du fantastique cortázarien qui s'est élaboré bien antérieurement ; mais elle constitue, à un moment donné, un nouveau référent narratif à *la peur du réel*.

---

1   CORTÁZAR, J., *Le tour du jour en quatre-vingts mondes, op. cit.*, p. 101.

"Quelqu'un qui passe par là, "L'école, la nuit" et "Cauchemars" : troubles fantastiques et troubles politiques

"Quelqu'un qui passe par là" [...] : j'écrivis ce conte [...] à Cuba à la suite d'une longue discussion avec [...] de jeunes militants plein d'abnégation qui œuvrent à fond pour la Révolution Cubaine, mais qui émettent de sérieuses réserves sur ce que nous pourrions appeler "la littérature en liberté". Il s'agit de gens qui sans tomber — du moins pour les plus intelligents — dans la stupidité du réalisme socialiste ou du fameux *contenisme* — la littérature au service d'un contenu révolutionnaire —, ne conçoivent guère une œuvre littéraire sans "message" immédiat, et qui estiment [...] que les contes fantastiques, sans être dirai-je contre-révolutionnaires, ne servent en tous cas à rien, sont négatifs et relèvent de l'*escapisme*. Après avoir parlé avec eux [...] je maintins une fois encore mon point de vue sur la littérature fantastique et notai les résistances actives et passives que je provoquais. Je rentrai à mon hôtel et deux ou trois jours plus tard, comme toujours, il me vint à l'esprit un conte et je réalisai que ce récit allait être un défi cordial que je leur lançais. Une tentative de leur montrer qu'on peut écrire un conte fantastique — qui est peut-être le plus fantastique du livre — qui possède en même temps un contenu révolutionnaire. J'écrivis le conte et le leur donnai. Ils le publièrent dans *El Caimán Barbudo* mais — acte manqué — ils ne m'en envoyèrent pas un exemplaire contrairement à leur habitude. [...] C'est sociologiquement et psychanalytiquement intéressant"[1].

Dans un autre entretien, Cortázar reviendra une fois encore sur le débat polémique qui "provoqua" ce récit, et il précisera :

"A leurs arguments intelligemment développés, je me suis contenté de répondre que le fantastique, en tant que façon de saisir une certaine réalité par la voie littéraire, pouvait avoir un contenu positif fécondant, libérateur sur le plan de l'intelligence et de la fantaisie, tous les éléments que le révolutionnaire doit posséder [...] Et je leur ai donné un de mes contes, qu'ils ont publié [...]. C'est le conte qui donne sont titre à mon dernier ouvrage interdit par la Junte : *Alguien que anda por ahí*. Curieusement d'ailleurs, ce n'est pas ce conte-là qui est à l'origine de l'interdiction, je suppose que les censeurs de la Junte ne l'ont même pas lu"[2].

Jimenez est débarqué clandestinement à Cuba : c'est un exilé contre-révolutionnaire qui doit accomplir un attentat sur l'île puis repartir d'où il est venu (les Etats-Unis). Le récit apparaît immédiatement comme une histoire d'espionnage ; le danger et la peur renvoient à une activité clandestine, à une guerre de l'ombre en territoire ennemi :

"Tout ici était paisible et cordial, et *Chopin*, qui revenait avec ce prélude que la pianiste jouait au ralenti, mais Jimenez sentait *la menace comme à l'affût*, la moindre erreur et ces visages souriants deviendraient des *masques de haine* " (162, je souligne).

"Quelqu'un qui passe par là" possède des références explicites à l'Histoire : il y a "les brigades de volontaires" et "Fidel" (162), "la Baie des Cochons" et "la vraie

1   BERMEJO, E.-G. *Conversaciones con Julio Cortázar, op. cit.,* p. 143. (Je traduis).
2   CORTÁZAR J., "Amérique-latine : exil et littérature in *Littérature latino-américaine d'aujourd'hui, op. cit.,* pp. 125-126. En France, la nouvelle ne donne pas son titre au recueil, intitulé *Façons de perdre*.

liberté" (163), le "avant la grande panique" (162) et "l'autre côté" (163) ... Le rôle essentiel joué par la musique — le récit est dédié à Esperanza Machado, une pianiste cubaine — relie la nouvelle à un récit "politique" et "réaliste" — "Réunion" — où la Révolution Cubaine est associée à un thème obsédant de Mozart, le quatuor de *La Chasse,* à "la transposition d'une cérémonie sauvage en un clair plaisir de la pensée"[1].

Jimenez est pareillement obsédé par la musique de la pianiste :

> "Il fredonne la valse qui lui trottait obstinément dans la tête et mêlait le passé au présent, fit un effort pour l'échanger contre *Smoke gets in your eyes* mais c'est la valse qui revenait, ou le prélude, il s'assoupit sans pouvoir s'en débarrasser, il voyait encore les mains blanches de la pianiste ..." (164).

Et de fait, le piège qui va se refermer sur Jimenez est bien un instrument à corde : le cauchemar étouffant qui mêle les mains du visiteur nocturne — ce "quelqu'un qui passe par là" — à celles de la pianiste, qui génère *ce spectre de la guerre de l'ombre.*

> "Il fut réveillé par quelque chose de plus sombre que l'obscurité de la chambre, *plus sombre et lourd,* vaguement présent au pied du lit [...] ouvrir les yeux fut tomber dans un pur espace sans barrière, un puits empli de néant, et en même temps son plexus lui disait que ce n'était pas comme ça [...] l'étranger du bar était assis au pied du lit et le regardait sans hâte comme s'il avait veillé sur son sommeil. [...] *Viscères, l'horreur pure* [...] Un *halètement* qui remettait en scène le temps, refus de l'ultime possibilité que ce fut encore le rêve [...] *ses muscles ne répondaient pas* [...] Qui es-tu ? s'entend-il demander absurdement, du fond de ce *qui ne pouvait être ni le sommeil ni la veille* [...] Mais qui *diable* es-tu ?" (165-166. Je souligne).

Jimenez est face au visiteur nocturne, incarnation diabolique de cette musique oppressante ("je viens toujours quand on joue ma musique" ..., 166), de son remord et/ou de sa peur. Le traître à Cuba, l'espion de la Grande Puissance, est tourmenté durant son sommeil par un spectre vengeur : une victime de la dictature de Batista peut-être, quelqu'un de *mort pour la Révolution* cubaine et qui revient pour cette Révolution mener une action de contre-espionnage.

Le visiteur nocturne — projection onirique de la mauvaise conscience du traître, retour du frère castriste mort... — est le *masque de haine* qui vient écraser son plexus et le clouer sur son lit, il est ce *quelqu'un* qui vient lui jouer l'*air de l'épouvante* :

> "Elle joue bien [...]. Ce soir j'aurais aimé qu'elle joue cette étude qu'on appelle révolutionnaire [...] Mais elle [...] n'a pas les doigts pour ça. Pour ça, il faut des doigts comme ceux-ci [...] il montra à Jimenez ses doigts écartés, longs et tendus. Jimenez put les voir une seconde avant qu'ils se referment sur son cou" (167).

L'être qui pénètre dans la chambre fermée à double tour pour terroriser l'espion terroriste durant son sommeil, est à la fois le retour de la figure littéraire cortázarienne du démon nocturne qui revient pour se venger du vivant *et* le spectre de la Révolution. L'assaillant nocturne est aussi bien une sorte de double vengeur

---

1   CORTÁZAR J., "Réunion" in *Tous les feux le feu,* pp. 73-74.

de l'espion : l'agent double est agressé par l'incarnation de sa mauvaise conscience, alors qu'il est venu semer la terreur à Cuba en se faisant passer pour un ami. Dans tous les cas, il y a une inversion nocturne du scénario persécuteur-percécuté : Jimenez participe à la persécution de Cuba par la Super-Puissance américaine, mais en pleine nuit il est persécuté par un être qui incarne l'île agressée, un *frère cubain* autrement puissant vient terroriser le traître. "L'étranger" mort pour la Révolution est peut être le fantôme de Che Guevara qui (depuis "Réunion") connaît la musique sur le bout des doigts.

Dans "L'école, la nuit" et "Cauchemars" inclus dans *Heures indues* le dernier recueil de nouvelles, les thèmes du *revenant* et du *cauchemar* relient encore la fantastique cortázarienne à une *terreur historique*.
Avec "L'école, la nuit" tout commence comme une simple escapade nocturne de potaches délurés :

> "Parfois je revois en rêve les années trente à Buenos aires, notre époque d'Ecole Normale, et tout d'un coup nous revoilà Nito et moi la nuit où nous sommes entrés dans l'école, ensuite je ne me souviens plus très bien des rêves [...] il vaudrait mieux que ça s'efface peu à peu jusqu'au rêve suivant et pourtant rien à faire c'est comme ça [...] de temps à autre tout me revient comme en ce moment. L'idée d'entrer dans l'école anormale (...). Un de ces cauchemars que je faisais sur l'école, là où il n'y avait jamais de pourquoi, où l'on ne pouvait que continuer de l'avant"[1].

L'école tient à la fois de l'anamnèse — le Buenos Aires des années 30 — et du cauchemar — l'école anormale — ; de sorte que la visite nocturne du narrateur et de Nito possède un statut ambigu qui confond anamnèse, onirisme et fiction. D'où le récit proprement cauchemardesque qui n'a plus ni d'envers ni d'endroit, un récit disparate qui confond divers niveaux de réalité sans nous livrer les modes de passage : "Ce n'était pas un cauchemar, j'étais à côté de Nito et les cauchemars, on ne les fait pas à deux" (75).
La fiction condense ainsi un certain nombre d'images désormais très référentielles pour nous, constitutives de la mythologie littéraire cortázarienne. Le labyrinthe, l'insecte noir, le poisson, la larve, le masque de terreur, la femme vorace ..., sont des images qui nouent à la fois des relations intratextuelles — les associations d'idées affolantes du cauchemar — et des relations intertextuelles en se référant implicitement à d'autres fictions :

> "La lune brillait" (67) ; "Un autre couloir qui tournait là-bas et se perdait dans sa propre courbe. [...] je me suis mis à courir vers l'angle, quand j'ai vu la seule porte qu'il y avait" (79-80) ; "plaqués au mur comme des *cafards,* nous avons vraiment commencé à voir, à accepter ce qui se déroulait sous nos yeux" (71) ; "le salon avec son énorme *aquarium* au centre qui dressait son volume transparent jusqu'au plafond et ne laissait que très peu de place à tous ces gens agglutinés contre les parois pour regarder l'eau verdâtre, les lentes évolutions des poissons, enveloppés dans *un silence qui était comme un autre aquarium* extérieur, un présent *pétrifié* d'hommes et de femmes (lesquelles étaient des *hommes qui étaient des femmes)* plaqués contre une vitre [...]. Nito voulait faire demi-tour et fuir quoi puisqu'il ne se passait rien, puisqu'il commençait à s'immobiliser comme les autres, puisqu'il *les regardait regarder les poissons* [...] Nito vit le chien couler peu à peu [dans

---

1   CORTÁZAR J. "L'école, la nuit", in *Heures indues,* p. 63 et p. 75.

l'aquarium] avant qu'il ne soit tout à fait noyé *les poissons l'avaient attaqué* [...] masse bouillante de poissons et de sang [...]. Faire un pas dans l'obscurité ou *rester cloué sur place* était également terrifiant" (76 je souligne).

Ces images de cauchemar en fondu-enchaîné correspondent, par le biais du cauchemar, à d'autres fictions : "Circé", "Axolotl" et surtout "Les ménades" ; en effet, par delà l'épiphanie de l'insecte noir repoussant et du poisson mangeur d'homme, ce qui pétrifie complètement les deux garçons c'est une *mascarade* où s'exhibe encore une *violence féminine et féminisante* :

"J'avais déjà vu pas mal de travestis dans les cabarets louches mais jamais des comme ça, la perruque rousse, les cils de cinq centimètres de long, les seins caoutchouteux [...] espèce de tarte à la crème [...] avec son rimmel, son rouge à lèvres et sa frange rouge" (72-73) ; "les filles étaient en réalité des garçons déguisés, Perrone, Macias et un autre type [...]. Il y en avait deux ou trois avec des masques, dont l'un, travesti en Hawaïenne" (71-72).

Les jeux nocturnes (mascarade, colin-maillard, saute-mouton, ...) sont dénaturés, les jeux eux-mêmes *dégénèrent* et leur cruauté inexplicable culmine sur la scène mettant aux prises le narrateur et Mademoiselle Maggi le professeur de chimie organique, durant un examen ophtalmologique aberrant :

"Mademoiselle Maggi me coinçait la tête entre deux supports. J'ai vu briller tout contre mes yeux une petite sphère blanche avec un point rouge au centre [...] nos visages étaient à peine séparés par la lentille lumineuse et par un tube à travers lequel elle devait être en train de me regarder. — Ne bouge pas et suis bien le point rouge, dit Mademoiselle Maggi. [...] en dehors de la lentille de l'appareil, elle avait des yeux marrons [...] on percevait comme un halètement [...] j'aurai voulu relever la tête et me libérer de cette cage qui me retenait, c'est alors que j'ai senti, comme venant de très loin, la caresse entre mes cuisses, la main qui remontait le long de mes jambes, cherchait un à un les boutons de mon pantalon, les doigts qui s'introduisaient, finissaient de me déboutonner, chercher une chose qui ne se laissait pas saisir, une chose réduite à un malheureux rien jusqu'à ce que les doigts l'entourent, la sorte doucement du pantalon en la caressant [...] impossible de m'extraire de cette prison qui m'enserrait [...] — Laisse-toi aller [...] jouis, mon petit, j'ai juste besoin de quelques gouttes pour les analyses ..." (77-79).

Comment regarder une femme en face ? L'ophtalmoscopie et le prélèvement de sperme médicalisent avec humour le thème fantastique du face à face pétrifiant, et de la pollution nocturne dans les bras d'un succube. La femme regarde l'adolescent dans les yeux, au fond des yeux, et le spectre infrarouge désigne ce point aveugle qui est autant un éblouissement de plaisir qu'une mort lente ... Le garçon *succombe* au plaisir, *la peur au ventre*[1] : car ce qu'il voit dans la position aberrante qui est la sienne, c'est le regard même. Ils sont les yeux dans les yeux. L'affection oculaire ici, est l'opération fantastique qui fait qu'un regard se voit voir. Il est des choses que l'on ne peut voir sans être médusé : la femme en fait partie.
La femme cortázarienne est fondamentalement méduséenne. Ce regard dans les yeux désigne on le constate encore, le *clou du spectacle* : l'adolescent est cloué sur

---

1   Voir *supra*, l'analyse de la *peur viscérale* à propos notamment de "Maison occupée", "Circé" ou "Manuscrit trouvé dans une poche".

sa chaise, et il est lui-même du spectacle en devenant raide de peur et de plaisir. La femme éblouissante est encore un spectre malfaisant qui use des pièges à *métis* ; les ligatures inextricables — fasciner c'est lier — : ("maintenant derrière moi [elle] détachait les courroies qui retenaient ma tête", 79) ; l'*amechania* ("elle s'est mise à manipuler des leviers et des roues m'a assujetti encore plus fermement la tête", 78) ; et le *pharmakon* ("quelques gouttes pour les analyses …").

La masturbation du potache par une Mlle Maggi médusante, l'éjaculation, l'éblouissement par un spectre lumineux, suggèrent que le fantastique est du domaine de l'interdit (ça rend aveugle) mais excède le simple tabou de l'onanisme. Les jeux des potaches esquissent dans les couloirs labyrinthiques de l'Ecole (A) normale une *mascarade émasculante*. Significativement ces jeux dégénèrent en deux exercices sanguinaires et paramilitaires ; et dès lors on comprend que ces travestissements et ces tourments cauchemardesques figurent pour l'écrivain de 1982 la source d'un mal moderne dont le grotesque éclate au grand jour :

> "On se sentait de plus en plus comme des jeunes conscrits devant un adjudant teigneux […] le seul pourquoi possible était un ordre de Fiori, ce crétin déguisé en militaire qui, tout d'un coup venait s'ajouter à tout le reste […] quand un officier commande allez donc lui fournir des explications" (75) ; "il y eut un ordre bref et tout le monde a formé le carré en colonne par quatre […] moi me fondant comme je pouvais dans le groupe des folles qui me regardaient en rigolant […] Nous allons réciter le décalogue […] Premier commandement […]. D'un ton monotone, presque syllabe par syllabe, le peloton récita :
> - De l'ordre émane la force et de la force l'ordre.
> - Corollaire ! ordonna Iriarte.
> - Obéis avant de commander et commande pour obéir, psalmodia la formation […] je suis passé de l'autre côté et j'ai refermé la porte […] et j'ai vite tiré le verrou […] je n'étais que ma propre fuite" (83-84).
> "Qu'est-ce qu'il en avait à fiche des cours maintenant, ces rideaux de fumée créés par le Boiteux et Mademoiselle Maggi pour que le reste, pour que ce qui était vraiment important, se réalise petit à petit de même que petit à petit on avait énoncé pour lui, l'une après l'autre, les professions de foi du décalogue, pour que se réalise tout ce qui naîtrait un jour de l'obéissance à ce décalogue, de l'application future de ce décalogue, tout ce qu'il avait promis et juré cette nuit et qui un jour se réaliserait pour le bien de la patrie quand l'heure viendrait et que le Boiteux et Mademoiselle Maggi donneraient l'ordre de tout mettre en marche" (86-87).

L'arbitraire tyrannique du cauchemar (qui se dénie comme tel dans la fiction et réciproquement …) est mis en parallèle avec une pression para-militaire ; la mascarade grotesque avec une parade militaire ; le travestissement avec l'uniformisation. Les "folles" de la nuit de l'Ecole (A)normale, ces ménades grotesques[1], sont possédées par l'*air de l'épouvante* et jouent dès les années 30 la répétition d'une folie sanguinaire qui déchirera l'Argentine moderne, qui sacrifiera tout sur l'autel de la Sécurité Nationale et de l'Ordre.

Il est remarquable que le lendemain de cette nuit infernale, le narrateur ne puisse que mesurer l'écart qui désormais le sépare de Nito : l'ami *possédé*, l'ami *embrigadé* aussi, qui participe à cette loi du silence qui est la loi du Régime de la peur :

---

1   Voir *supra*, "Les ménades" in *carmine venenum*.

175

"Je commençais à me rendre compte que quelque chose ne tournait pas rond, que Nito avait l'air complètement ailleurs [...] et Nito me regardant et me disant pas ici, pas maintenant Toto, on en parle au café après la sortie. Mais regarde Nito [...] je ne peux pas continuer à me taire, on monte ensemble [...]. Non, a dit Nito, et il y avait comme une autre voix derrière ce simple mot [...] c'était lui, bien sûr, mais j'ai eu tout d'un coup l'impression de ne pas le connaître [...]. Tout m'a semblé brusquement se concentrer là, dans le nom de Nito, dans l'inimaginable sourire de Fiori ; et voici que revenait la terreur de cette fuite dans la nuit [...]. Et pourquoi je ne monterais pas ? [...]. Parce que c'est dangereux, dit Nito [...] si tu l'ouvres ça va te coûter très cher [...] un seul mot et tu t'en repentiras toute ta vie, si tu restes en vie" (85-86).

Cette nuit infernale a fait tomber les masques : Toto, le narrateur, ne sait plus comment en parler (la visite nocturne dans l'Ecole ? le cauchemar qui l'a agité ?) et il ne sait plus à qui et comment en parler. Ce que veut dire le narrateur n'est ni un *interdit sexuel* (homosexualité, pédophilie, onanisme), ni un *interdit politique* (l'embrigadement de la jeunesse, le Régime de la peur) : l'*impossible à dire du fantastique* intègre ces interdits immédiatement référentiels pour suggérer non plus de l'innommé mais de l'innomable. La référence explicite à l'Histoire et à une logique d'Etat totalitaire ne transforme pas le récit fantastique en une allégorie de l'aliénation politique sous une dictature militaire. Ce qu'il faut lire ici, c'est *la référence textuelle à l'Histoire sur le mode du fantastique* : les références explicites à "Axolotl", aux "Ménades" et à la mythologie littéraire du cauchemar, placent ostensiblement le récit dans le fantastique. Et dès lors les analogies entre le décalogue de l'Ecole Normale et le pacte diabolique, entre l'oppression du démon nocturne et l'oppression politique, entre la mascarade dionysiaque et la parade militaire, entre *l'impossible à dire* du fantastique et les interdictions de l'Etat Prétorien, ne sauraient fonctionner comme un système résolutif d'interprétation.
Le renvoi à l'Histoire sur le mode du fantastique, la confusion entre l'irreprésenté de l'Histoire et l'irreprésentable du fantastique, complexifient le récit et fondent le fantastique sur ce disparate.

"Cauchemars" nous plonge pareillement dans la terreur nocturne, ce phénomène actif aberrant du sommeil profond. Mécha est tombée depuis quinze jours dans une sorte de coma :

"Deux semaines qu'elle est comme morte [...] Mécha, le poids du corps de Mecha dans ce lit [...] *écrasée* là et les *écrasant* tous depuis plusieurs semaines [...] deux semaines qu'elle est comme morte" (111) ; "c'était comme *une farce de Mecha*, elle lui avait joué tant de mauvais tours : *se déguiser en fantôme* dans l'escalier [...]. Maladie virale à évolution complexe [...] le silence soudain, le *teint terreux*, la *respiration lointaine* et calme [...] le *poids de Mecha* qui les *écrasait* un peu plus chaque jour" (112, je souligne).

Mécha l'espiègle ne joue pas à faire la morte (*mecha* peut signifier une "plaisanterie") mais elle n'est pas morte pour autant. Ce que contrefait Mécha est impossible à dire. La jeune fille apparaît d'abord comme une hypersomniaque : mais entre l'hypersomnie de Mecha et celle de Rip Van Winkle, il y a une distance monstre.... ; dans les deux cas le réveil brutal de l'Histoire (le coup d'Etat militaire chez Cortázar, la Révolution américaine chez Irving) provoque une régression narcissique dans et par le sommeil. Mais alors que chez Irving, le sommeil fait *passer* la création des Etats-Unis comme un rêve (le "Rêve Américain") ; chez Cortázar le sommeil se confond avec l'agression du démon du cauchemar : il n'y a plus moyen de dormir ni de rêver désormais, le cauchemar envahit tout.

Le sommeil hystérique de Mecha génère une perte de l'état de vigilance et une régression à un stade de vivant-mort dont elle sortira par un réveil brusque et une crise convulsive. Pour toute la famille la jeune fille devient un *poids mort* : avant d'être agitée par des cauchemars, Mécha est elle-même un cauchemar pour sa famille, un *masque* terreux, un corps pétrifié et pétrifiant qui les oppresse, les *écrase*. "Una pesadilla" dit le texte original : le cauchemar est du genre féminin en espagnol. Mecha est *una pesadilla* (de *pesar*, peser) : une pression quotidienne à domicile, un poids étouffant et effrayant.

> "Lorsqu'un bruit de fusillade retentit au coin de la rue [...] elles virent un frémissement parcourir les mains de Mécha [...], ils purent voir tous les trois le frémissement se propager le long du corps de Mécha, vif serpent se faufilant du cou jusqu'aux pieds" (113).

Mécha les oppresse, mais Mécha est elle-même oppressée par un *bruit*, par un poids qui la cloue au lit comme le cauchemar : la jeune fille est *occupée* par une force occulte et noueuse qui l'empêche de revenir à l'état de vigilance. Les sirènes qui hurlent dans la ville, les fusillades, sont les échos d'un combat intérieur, d'une *lutte intestine* : dans la ville en état de siège il y a cette fille qui exprime en-dedans une résistance passive, une fille refermée sur elle-même comme une ville assiégée, comme un corps social opprimé.

> "On aurait dit que Mécha rêvait et que ce rêve était pénible et désespérant, un cauchemar qui revenait encore et encore sans qu'elle puisse le chasser [...]. Mécha toute entière envahie par cette autre chose qui prolongeait en quelque sorte leur cauchemar à eux" (112-113). "Lauro sentit la présence du cauchemar, le frémissement des mains, l'*habitant secret* se faufilant sous la peau [...]. Sous les paupières, les yeux de Mécha roulaient comme cherchant à se frayer un passage, à le regarder, à revenir de son côté" (116, je souligne). "Ce regard enfermé qui cherchait à s'échapper" (118). "Cette chose qui se prolongeait, se prolongeait, *message de prisonnier à travers des murs de chair*, son appel insupportablement inutile. Parfois l'*hystérie* le gagnait lui aussi" (119, je souligne).

Malgré le contexte très moderne du récit — le Buenos Aires de l'Etat de siège, en 1976 —, le cauchemar est un démon nocturne qui *occupe* un espace corporel et *viole* une intimité : Mécha est prise (*tomada*), occupée par "l'habitant secret", à la manière de la "maison occupée", de la *casa tomada*.

Le cauchemar de "Maison occupée" est fondamental dans le fantastique cortázarien : Mécha est mise hors d'elle-même par cette présence étrangère qui prend possession d'elle et la fait frémir, la force en-dedans. L'horreur ici, c'est que Mécha ne peut y échapper : elle est prisonnière de ce dedans monstrueux qui l'aliène et la mure sur elle-même. Mécha est *a-sujettie*.

Elle ne joue plus, des contorsions hystériques tendent son corps — "il fallait écarter ses cheveux qui lui tombaient sur le front" (120) : le cauchemar est *une force d'occupation* qui génère un impossible à dire ; comme dans "Les armes secrètes" ou "L'école, la nuit", la personne occupée ne peut le dire puisque son "dire" est lui-même occupé. Elle peut faire du *bruit*, tout au plus.

"Lui, près d'elle, qui avait un tel besoin de lui parler de toutes ces choses, comme Mécha lui parlait peut-être elle aussi depuis l'*autre rive*, depuis ses yeux fermés et ses doigts qui formaient des lettres inutiles sur le drap" (118).

Lauro est repoussé par le cauchemar de Mécha dans un autre espace-temps. La force d'occupation qui opprime Mécha la *déporte*, elle devient ainsi inaccessible tout en restant là, au milieu de ses proches, dans l'appartement.
"Qu'est-ce qu'elle peut bien voir ?" (116) se demande Lauro. Elle voit des *choses* qui ne sont pas publiques (*res-publica*) : un état de choses antérieur à l'Etat totalitaire.
Dans "Ligeia" Poe fait dire au narrateur :

"Chaque nouvelle agonie ressemblait à une lutte contre quelque invisible adversaire, et chaque lutte était suivie de je ne sais quelle étrange altération de la physionomie du corps"[1].

Et Cortázar d'ajouter :

"L'exil [...] c'est brusquement comme la fin d'un amour, c'est comme une mort inconcevablement horrible car c'est une mort que l'on continue à vivre consciemment, un peu comme ce que Edgar Allan Poe a écrit dans ce récit qui s'appelle "L'enterrement prématuré"[2]..

Mécha, dans cette ville opprimée, dans ce quartier bouclé par les forces de répression, est une vivante-morte : autrement dit, selon une formule récurrente de Cortázar, une *exilée de l'intérieur*. Mécha est une morte en sursis, ou si l'on préfère elle est une condamnée à vivre : murée sur elle-même, à l'image du corps social argentin.
Lauro est l'inverse de sa sœur : alors que Mécha reste clouée au lit, Lauro est toujours dehors. Ce qu'il fait ne sera jamais clairement dit, le récit semblant ainsi intérioriser les interdits et les peurs de l'Etat d'Exception. Pas plus Mécha que son frère ne peuvent dire ce qu'ils vivent, ce qui les occupe dedans ou dehors. Lauro disparaît, le cercle de la répression se substitue au cercle familial :

"Il avait manqué [...] le flash sur le dernier attentat subversif qui avait échoué grâce à la rapidité d'intervention des forces de l'ordre [...] tout *le quartier est bouclé*, on ne sait pas pourquoi [...] Mécha continuait à remuer la tête, en un lent geste de dénégation obstiné [...]. Le bruit des sirènes augmentait [...] quand soudain les paupières de Mécha se soulevèrent, *les yeux recouverts d'un voile qui s'était épaissi au fil des semaines* [...] Monsieur Botto qui venait d'entrer et de s'arrêter, *figé* au pied du lit, regardant Mécha, tout *comme concentré dans les yeux de Mécha* [...] le corps de Mécha saisi d'un spasme, car à présent ses oreilles entendaient sans doute les sirènes se multiplier, les coups cognés contre la porte et qui ébranlaient la maison, les ordres hurlés, le craquement du bois qui éclate sous la rafale de la mitraillette [...] la poussée des corps entrant tous à la fois, tout comme à temps pour le réveil de Mécha, *tout vraiment à temps pour que s'arrête*

---

1   POE E.-A., "Ligeia" in *Histoires extraordinaires, op. cit.*, p. 336. Voir encore "Rip Van Winkle l'endormi" de W. IRVING : le sommeil de la raison engendre des troubles révolutionnaires ; pendant que Rip sommeille les Etats-Unis s'éveillent. Dans le fantastique, l'hypersomnie dépasse le pathologique.
2   CORTÁZAR, J., "Amérique Latine, exil et littérature", *op. cit.*, p. 116.

le cauchemar de Mécha et que Mécha puisse enfin revenir à la réalité, à la vie qui est si belle" (120-122, je souligne).

Le réveil spasmodique de Mécha c'est d'abord un échange de regards insoutenables avec le père pétrifié par sa fille, par une l'Histoire monstrueuse incarnée : le regard lointain de Mécha passe outre ce qui jusque là le barrait, et en cela il est insoutenable. Le père de famille voit l'Histoire en face : un monstre endormi puis réveillé qui *prend* le corps de sa fille pour apparaître.

Mécha ne dit rien, elle est tout ouïe — c'est le *bruit* de la soldatesque qui la sort de son état —, et elle n'a d'yeux que pour son père. Ce qu'elle veut dire ne peut se dire, c'est une énormité qui pétrifie quiconque l'entend : *Mécha ou la statue de la liberté*. Le texte sort d'un cauchemar et entre dans un autre : un retournement final qui est une nouvelle fois un retournement fatal — *in cauda venenum* — : le récit se referme comme un piège sans issue, sur le cercle de la répression militaire. Le quartier et la famille *bouclés* basculent dans un cauchemar totalitaire. C'est le pire qui pouvait arriver :

> "L'effroyable cauchemar contre lequel nous nous élevons ici et maintenant, le cauchemar diurne et bien réel du fascisme dans un pays latino-américain [...] J'ai compris [...] que chiliens ou argentins de l'extérieur, nous n'étions pas les véritables exilés, que les véritables exilés étaient ceux qui restaient à l'intérieur, ceux qui étaient obligés de continuer à vivre enfermés ..."[1].

"Quelqu'un qui passe par là", "L'école, la nuit", "Cauchemars" : la mythologie fantastique cortázarienne du cauchemar et du masque de terreur rencontre répétitivement les *troubles* de l'Histoire contemporaine, sans s'y réduire. Trois récits fantastiques : récit, parce que fiction et non documentaire ; fantastique, parce que non réductible à une cause historique ou autre. L'Histoire, dans les derniers récits fantastiques cortázariens, apparaît comme la machination effrayante d'une Force occulte ; une mécanique inhumaine agie par une Puissance innommable et qui surgit comme un spectre agressif.

"Graffiti" et "Satarsa" : jeux poétiques, rites politiques, passages fantastiques

L'Histoire, dans la fantastique cortázarienne, n'est pas un moyen de décodage mais de codage : elle désigne l'articulation *d'une* mythologie littéraire en renouvellement et une articulation *dans* cette mythologie littéraire renouvelée. En ce sens pour Cortázar, l'Histoire est un *jeu* : à la fois une dynamique ludique — parcours rituel de marelle, labyrinthe —, et un écart de fonctionnement qui, dans les années 70-80 en Amérique Latine, suggère nouvellement l'impossible à dire et à représenter.

> "Tant de choses qui commencent et peut-être finissent comme un jeu, je pense que cela t'a amusé au début de trouver ce dessin à côté du tien [...] tu es même revenu plus tard pour le regarder à nouveau, en prenant les précautions d'usage : la rue à

---

1   CORTÁZAR, J., "Gagner la rue, la liberté, la lumière", *op. cit.*, pp. 76-77.

son moment le plus solitaire, aucun fourgon cellulaire à l'horizon, s'approcher d'un air indifférent et ne jamais regarder le *graffiti* de face ni de près mais depuis le trottoir d'en face ou de biais, en faisant semblant de s'intéresser à la vitrine d'à côté ..."[1].

On se souvient du héros de "Manuscrit trouvé dans une poche" dévoré par un jeu similaire consistant à capter le reflet d'un regard féminin dans une vitre. Mais cette fois-ci le jeu se passe à ciel ouvert et les règles en sont autrement contraignantes : dessiner sur le mur d'une ville durant l'Etat de siège, dialoguer par dessins interposés avec une présence féminine tandis que les forces de l'ordre s'interposent et viennent tout effacer systématiquement et rageusement. Jouer à dessiner quand il est interdit de faire des dessins et de les regarder.

> "Ton propre jeu avait commencé par ennui, ce *n'était pas vraiment une protestation* contre l'état des choses dans la ville, le couvre-feu, l'interdiction menaçante de coller des affiches ou d'écrire sur les murs [...]. En ville, *on ne savait plus trop de quel côté était réellement la peur*; c'est pour cela peut-être qu'il te plaisait de dominer la tienne et, de temps en temps, de choisir le lieu et l'heure propices pour faire un dessin [...]. Quand l'autre tracé apparut à côté du tien tu eus presque peur, quelqu'un comme toi avait le courage de s'amuser au bord de la prison, au bord de la torture, et ce quelqu'un, par-dessus le marché, était une femme" (48-49).

Le héros, contrairement à Mécha qui reste dominée par la peur, parvient quant à lui grâce à ces rites, jeux et passages à dominer cette peur *ici et maintenant* : cette ritualité de la Mort sur laquelle le fantastique revient sans cesse, fait ici que le narrateur *affiche* sa peur et sa mort prochaine.
A propos de ce récit Hector Yankelevich observe que :

> "Le sujet qui prend en charge la production d'une écriture autre que celle qui est admise se fait, de cet acte, porteur de la pulsion de mort [...], le temps du conte se situe dans cet entre-temps où la mort est incluse comme conséquence de son acte, et la seule chose qui reste inconnue, c'est le moment où elle adviendra [...]. Il n'a pas [...] d'autre ordre de la cité à proposer, les signifiants qu'il inscrit sur les murs — lieux publics par excellence — ne sont pas des mots d'ordre, mais du seul fait que son désir est excentré du fantasme et laisse une trace sur le réel, cela met l'Autre en danger, en brouillant le discours du Maître. C'est bien du côté du pouvoir qu'est la peur, qu'est la panique. La panique du pouvoir c'est que [...] ces traces fassent écriture [...], fassent acte de nomination du réel historique en l'inscrivant comme non-indéfini dans l'ordre du temps. *La panique du pouvoir c'est qu'un ordre symbolique vienne s'établir*"[2].

L'inscription murale (le *graffito*) évoque le langage retenu, la communication intériorisée, somatisée, qui agitait Mécha, "ses yeux fermés et ses doigts qui dessinaient des lettres inutiles sur le drap" ("Cauchemars, 27). Les graffiti désignent pareillement des êtres emmurés dont les mots sont assourdis par le *bruit* du dehors.

---

1   CORTÁZAR, J., "Graffiti" in *Nous l'aimions tant Glenda*, p. 47.
2   YANKELEVICH, H., "Ecriture et pouvoir", *Confrontation* (5), 1981, pp. 110-111. (Je souligne).

Le récit est dédié au peintre catalan Antoni Tàpies : et *tàpies*, le peintre en fait grand cas, est un des mots catalans désignant les "murs" ... Dans texte, "Communication sur le mur", Tàpies note à propos de son art mural :

> "Tout se passe dans un champ bien plus vaste que le champ délimité par le format ou le contenu matériel du tableau. Celui-ci n'est, en effet, qu'un support qui induit le regardeur au jeu infiniment plus ample des mille et une visions [...] le talisman qui dresse ou écroule les murs [...]. Le "sujet" peut donc se trouver dans le tableau ou bien n'être que dans la tête du spectateur"[1].

Le tableau qui se change en mur chez Tàpies, désigne ce *hors-champ* que le fantastique cortázarien dessine en creux. Et de fait l'image qui *point* sur le mur — "sujet" dépassant l'imagination par ses dimensions ou dépassé par elle — a bien la dimension d'un *talisman*, elle devient pour le héros une image-objet prophylactique qu'il faut parvenir à maîtriser pour ne pas subir, en retour, son effet néfaste. On observera que les dessins ne sont jamais décrits véritablement, ils apparaissent fugitivement pour disparaître en un clin d'œil :

> "Des craies rouges et bleues" (49), "les teintes chaudes" (49), "triangle blanc entouré de taches" (50), "un cri vert et une flambée rouge" (50), "un croquis en bleu et cette ligne rouge" (51), "l'ovale orange et les taches violettes" (53).

Il y a là un *indescriptible* qui désigne, en abyme, la tache aveugle du récit fantastique. Le récit qui fut publié initialement en France à côté des lithographies originales d'Antoni Tàpies[2] apparaît lui-même comme "une rapide composition abstraite" (48), une graphie qui oscille entre la tache et la forme.

Ces graffiti que M. Butor appelle des "textes de révolutions, émeutes creusés de signatures"[3], se mêlent aux graffiti de Cortázar. Sur les murs de la ville assiégée l'informe s'affiche en un enlacement de couleurs et de traits qui tente de *combler le vide* — "un nouveau dessin d'elle et la rue vide [...] ne rien trouver et sentir la rue plus vide encore" (49) —, et aussi, d'une certaine manière, *de faire le mur, de passer de l'autre côté* : "un temps différent commença, plus secret, plus beau et plus menaçant à la fois" (49). Ici, on se joue de la peur.
Antoni Tápies :

> "C'est un jeu. Mais jouer ne veut pas dire faire les choses "comme ça", pour rien. Et les artistes, pas plus que les enfants dans leurs jeux, ne font les choses "comme ça". En jouant ... en jouant quand nous sommes petits, nous apprenons à devenir grands. En jouant ... en jouant [...] nous aidons à voir celui qui ne sait pas voir, ou à qui on a bandé les yeux"[4].

L'échange de couleurs et de traits entre le narrateur et la femme fantasmée ("tu n'avais pas de preuves, bien sûr, que ce fût une femme [...] vivant seul, tu imaginais peut-être une femme par compensation", 49), apparaît une nouvelle fois comme un *conflit intérieur*, un dialogue entre deux parts de soi déchirées.

---

1   TAPIES A., *La pratique de l'art*, (trad. du catalan par E. Raillard), Paris, Gallimard, 1974, p. 208.
2   "Graffiti" fut d'abord publié par les éditions Maeght dans *Derrière le miroir*, (234), mai 1979.
3   BUTOR, M., "Veille" in *Tàpies*, Maeght edit., 1976, pp. 8-10.
4   TAPIES, A. "Le jeu de savoir regarder", *op. cit.*, p. 143.

"Une seule fois tu écrivis une phrase à la craie noire : *A moi aussi ça me fait mal ;* elle ne tint pas deux heures" (48) ; "C'était bien elle, plus que jamais le tracé, les couleurs, mais, en plus, tu sentais que ce dessin était comme un appel, une interrogation, une façon de communiquer avec toi [...] tu échappas de justesse à une ronde de police [...] tu bus gin sur gin et tu lui parlas, en *un autre dessin sonore* [...] tu l'imaginais brune et silencieuse, tu lui choisis des lèvres et des seins" (50, je souligne).

Le narrateur imagine une femme à son image : c'est *le désir d'être deux* pour rompre l'isolement. Ici encore, un couple tente de se constituer *malgré tout*, et particulièrement (comme dans "Autobus") malgré le *regard* insoutenable des autres. Le soliloque fantasmatique ("dessin sonore") poursuit le dessein de l'homme : il se figure qu'il lui parle. Le narrateur cherche la perspective qui lui permettra de regarder les passants regarder ses dessins :

"Tu savais bien choisir le lieu et le moment [...]. En regardant ton dessin de loin, tu pouvais voir les gens, lui jeter un coup d'oeil en passant, personne ne s'arrêtait, évidemment, mais personne non plus ne manquait d'y jeter un coup d'oeil" (48).

Regarder les autres regarder, par delà le jeu de regards, c'est regarder toujours par transitivité sa propre œuvre murale (voir son dessin dans les yeux des autres) : c'est regarder une part de soi affichée, et par delà le regard oblique imposé par la loi ; *c'est se mettre face au mur et s'exposer.*

"Il faisait déjà nuit quand tu as entendu la sirène et que les projecteurs t'ont balayé le visage. Il y avait un rassemblement confus devant le grand mur, tu t'es mis à courir vers lui contre toute raison [...] tu as pu apercevoir la lutte, des cheveux noirs tirés par des mains gantées, les coups de pied et les hurlements, la vision brève d'un pantalon bleu avant qu'on la jette dans le fourgon et qu'on l'emporte [...] tu t'es mêlé à d'autres gens et tu as pu voir un croquis bleu, et cette ligne orange qui était comme son nom, sa bouche, elle toute entière, là, dans ce dessin tronqué que les policiers avaient à moitié effacé [...] il en restait assez pour que tu puisses comprendre qu'elle avait voulu répondre à ton triangle par une autre figure, *un cercle ou une spirale* peut être [...] quelque chose comme un oui ou un toujours ou un maintenant" (51, je souligne).

La personne arrêtée par les forces de l'ordre ne peut être que cette femme avec qui le héros partageait ses murs et ses nuits, et fantasmait un *dessein* commun. Le fourgon cellulaire vient boucler le cercle de la répression : il figure la *ronde policière* dont l'image hante et structure en partie le récit fantastique cortázarien des années 70-80. Le fourgon l'emmène à la Mort ("ce qui devait se passer à la prison centrale [...] tu ne le savais *que trop* ", 52, je souligne) : *le transport fantastique,* en déportant arbitrairement dans l'espace et le temps, rencontre ici la mythologie moderne des *disparus* en Amérique Latine. Mais en même temps le récit génère l'impossibilité absolue *revenant* dans et par l'écriture ; la *Mort en personne* :

"*Tu* sortis tes craies et, au même endroit, là où *elle* avait fait son dessin, *tu* remplis le bois d'un cri vert et d'une flambée rouge [...] *tu* entouras ton dessin d'un ovale qui était aussi ta bouche et la sienne et l'espoir [...]. En fin de matinée, *tu* revins pour regarder de loin : on ne l'avait pas effacé [...]. De loin *tu* découvris l'autre dessin, il fallait *tes* yeux pour le voir, si petit, en haut et à gauche du *tien. Tu* t'approchas avec à la fois un sentiment de soif et de *terreur. Tu* vis l'ovale jaillir *un visage tuméfié, un oeil pendant,* des lèvres écrasées à coups de poing. *Je sais, je* sais, mais qu'aurais-*je* pu *te* dessiner d'autre ? [...] Il fallait bien que *je* trouve le moyen de *te* dire adieu et de *te* demander de continuer" (52-53 Je souligne).

Comme dans "Les fils de la Vierge" l'image fixe s'anime monstrueusement, et c'est la Mort en personne qui revient à travers ce *masque de terreur* à l'oeil exorbité[1], à la bouche sanguinolante. Ce que voit "tu" est ce qu'il savait *que trop : ce qui est tu,* et qui fait de l'Histoire une aporie vivante. Ce que voit "tu" à côté de son dessin le retourne ; le passage sans transition du *tu* au *je* dans la narration, est le tournant majeur du récit, la *révolution* de sa perspective : c'est le cercle ou la spirale du trait mural, emblématique encore du fonctionnement même du récit et du *jeu* dans ce fonctionnement.

Le lecteur est médusé par ce *trait* qui fait de la graphie une écriture et précisément une fiction fantastique. Celle qui fait retour mais qui ne reviendra pas, le dit par ce *trait* sur le mur et par ce *trait* sur le texte (tu/je) : *la revenance esquisse un(e) trait(e) fantastique*[2] : la négociation de la Vie avec la Mort (le *trépas*) et une distance monstre (qui parle ? et d'où ?). Le fantastique, dans un récit qui excède le reportage d'actualité, se fonde sur ce tournant du texte désignant un retour impossible.

On se souvient que dans "Les fils de la Vierge", entre la photo et la graphie un hors-champ, marge d'un fonctionnement machinique, désignait l'angle mort de la Représentation ; dans "Graffiti" entre la graphie et l'écriture, d'un trait à l'autre, du *tu* au *je,* apparaît le même *masque de terreur* et le même *bruit* ("je") : *l'énonciation impossible.* En retournant le point de vue narratif, *je* brouille *en retour* le récit : il y a ici une nouvelle fois, un jeu dans la machine à écrire et à représenter. La Morte, *revenant* pour le dire, désigne un *in extrémis* (le trépas) de la Représentation, ce que Barthes nomme "la forclusion spectaculaire du signifiant" à propos du M. Valdemar de Poe. On ne sait plus qui écrit (qui est "tu" ?) mais ça écrit : ce trait d'écriture est la tache aveugle du récit, son fantastique. Il y a *revenant à la lettre* : tu/je.

Le récit *revient* à la Mort, à cette figure dé-figurée : énonciation impossible, écho macabre du "je suis mort" du narrateur-photographe des "Fils de la Vierge" et du "je suis mort" du M. Valdemar de Poe. En paraphrasant Barthes dans *La Chambre claire,* disons que le fantastique ici nous point alors qu'on frémit comme le psychotique, d'une *catastrophe qui a déjà eu lieu.* Nous pensions lire ce qu'un vivant muré dans sa solitude imaginait d'une compagne invisible qui ensuite est arrêtée puis torturée par les forces de l'ordre. Or la substitution du "je" au "tu", l'apparition d'une voix narrative *outre-passée* (un bruit), bouleverse toute perspective : c'est aussi bien la personne imaginée (la femme) qui en fait imaginait tout depuis le début (on n'est pas loin du retournement de "La nuit face au ciel" ou de "Continuité des parcs"), qui s'imaginait (mais d'où ?) imaginée par un homme, par "tu" : "... me souvenant de tant de choses et parfois, *de même que j'avais imaginé ta vie,* m'imaginant que *tu* faisais d'autres dessins" (53). Le retour de la Mort(e) oblige à un retour au texte qui plutôt que d'inverser la situation comme l'envers d'un endroit, fait basculer entièrement le récit dans l'informe par une opération impossible de la Représentation.

---

1   Dans "L'homme à l'affût" on lit : "l'ampoule qui pendait du plafond au bout d'un fil noir de chiures de mouches, comme un oeil arraché" (p. 228).

2   Sur cette notion de *traite fantastique,* voir *supra,* Première Partie.

L'épiphanie murale du *masque de terreur* est l'emblème cultuel non plus de la "guerre fleurie" aztèque mais de la "guerre sale"[1] de la junte argentine : l'exposition murale du masque sacrificiel est l'exposition d'un *gorgonéion*, l'exposition par l'écriture d'un spectacle impossible : *la Mort en tête d'affiche.*

> "*Le trou* qu'il nous faut raconter ..." ("Les fils de la Vierge", 125) "Si l'on veut que cette histoire soit racontée, il faut bien que l'*un de nous* l'écrive. Autant que ce soit moi je suis mort ..." (*Ibid.*, 126) "On ne sait plus au juste qui raconte" (*Ibid.*, 127)

> "Quel message pouvait avoir un sens maintenant [...] Il fallait que je trouve le moyen de te [...] demander de continuer. Il fallait bien que je te laisse quelque chose avant de regagner mon refuge où il n'y a plus de miroir, *rien qu'un trou* où me cacher dans l'obscurité la plus complète" ("Graffiti", 53).

"Les fils de la Vierge" revient dans "Graffiti" pour en signaler la généalogie littéraire, pour générer un spectre de représentations qui suggère un *hors-champ* de l'écriture. "*Je* " et "*tu* " ne font peut-être qu'un, à l'image du narrateur des "Fils de la Vierge" écartelé entre deux espaces-temps, entre la photo et la graphie. Comme aussi le narrateur de "L'autre ciel" ou encore d'"'Axolotl", dedans *et* dehors l'aquarium : "*je* pensais beaucoup aux axolotls [...] *je* suis un axolotl" ... La voie de passage du *je* au *tu*, est on le voit plus difficile à *lire* que la substitution *en dedans* d'un *je* à un autre. Entre le *tu* et le *je*, il y a dans "Graffiti" ce lien intime qui relie deux parts de soi-même ; il y a l'un qui lit dans l'autre comme dans lui-même, et entre les deux (le sujet de la peur/la peur incarnée du sujet) il y a *la morte* : ce "trou", cette faille psychotique qui aurait pu être le masque aztèque d'un axolotl ou d'un motèque et qui est ici le masque sacrificiel féminisé du torturé à mort. La morte exposée figure ce qui est tu par le récit mais qui fait retour à la lettre (tu/je) : la mise à mort.
"Tu", tout au long du récit, se parle en un dialogue bouclé sur lui-même, emmuré, jusqu'à l'arrestation et à la mise à mort qui est toujours, on le sait, mort de l'Autre, irreprésentable. Se faire *boucler* par les forces de l'ordre c'est ce qui pouvait arriver de pire au narrateur-dessinateur, ce qu'il savait *que trop* — "je sais, je sais ..." — mais qui arrive *quand même,* et précipite dans un espace-temps "où il n'y avait plus de miroir, rien qu'un trou" (53) ; le monde infernal de la non-vie du narrateur-photographe des "Fils de la Vierge".
"Tu" est peut-être en définitive la victime revenant sur les lieux de son crime — le mur — pour y être ex-posée ; les *restes* d'un dessin que les forces de l'ordre n'ont pas pu faire disparaître. Car "tu" n'a pas échappé à la ronde de police même si cela peut échapper à la lecture :

> "... il faisait déjà nuit quand tu as entendu la sirène et que les projecteurs t'ont balayé le visage [...] et c'est le hasard qui t'a sauvé, une voiture débouchant [...] sa masse te protégeait et tu pus apercevoir la lutte" (51).

Celui qui est pris (et le savait depuis toujours) ce n'est pas lui c'est l'Autre ; pour celui qui veut échapper à la Mort il faut que ce soit celle de l'Autre : la voiture se

---

1   L'expression "guerra sucia" est un euphémisme en Argentine pour évoquer la persécution systématique des réputés terroristes par le régime militaire.

met au milieu pour faire écran, et permet de voir sans être vu, *d'y être sans en être* : la mise en scène de sa mise à mort.

Le retour de "tu" sur lui-même est impossible mais constitutif de l'écriture fantastique : il voit une chose indescriptible qui lui fait perdre la parole (tu/je), il voit non pas la morte en face, mais sa mort propre : il se voit mort. "Tant de choses qui commencent et peut-être finissent comme un jeu ..." annonçait l'incipit : comme dans "Cauchemars", l'intervention des forces de l'ordre boucle le récit. Le jeu, chaque fois, est de subvertir des règles draconiennes, de se jouer de la ronde de police dans et par une *écriture d'évasion*.

"Satarsa", publié dans *Heures indues*, commence et peut-être finit sur des jeux, rites et passages de l'écriture. L'étrange chasse aux rats qui est l'argument du récit, dépasse la métaphore cynégétique des nouvelles fantastiques de James (le *Big Game*, la chasse au tigre).

> "Des choses comme ça pour trouver la voie, comme à présent ce truc de *atar a la rata* (attacher le rat), autre palindrome banal et entêtant, Lozano a toujours été un maniaque de ces jeux qui n'en sont pas pour lui [...] Lozano, les yeux baissés, laisse les mots jouer seuls" (43) [...] "C'est au moment où il est en train de préparer des lacets de cuir très fin que lui saute à l'esprit le palindrome *attacher le rat (atar a la rata)*" (44).

Ces jeux sur la langue montrent un jeu dans la langue à *métis* : la tresse des mots, de nouements en dénouements, va devenir un piège lié qui va se retourner contre son utilisateur. Le retournement des mots (... "sa manie de vouloir retourner le gant, de voir tout depuis l'autre bout ...", 52) est emblématique *in limine*, du retournement de situation qui va montrer Lozano littéralement pris au mot, fasciné au point d'être lié à ce qu'il a dit comme à un pacte aliénant ; Lozano, de chasseur qu'il était, devient chassé ; il va tomber dans le panneau. Cortázar confie à Omar Prego, à propos de ce récit :

> "L'histoire des rats, des palindromes, "Satarsa", est exactement écrite dans l'atmosphère de mes anciens contes. C'est-à-dire que cela a commencé parce que j'étais obsédé par la lecture d'un article, dans une encyclopédie, sur le fait que les rats emmêlent parfois leurs queues et meurent car, semble-t-il, ils ne peuvent plus se dégager. Chacun tire de son côté. On ne sait pas si c'est vrai ou non, mais c'est du moins une vieille légende. Et cette idée des rats dans leurs caves, courant les uns sur les autres, emmêlant leurs queues, formant des nœuds qui condamnent à mort quatre ou cinq d'entre eux [...] cette vision m'a causé un certain effroi, une certaine horreur. Tout cela coïncidait en plus avec une série de lectures que j'étais en train de faire sur les tortures, les disparitions et les massacres en Argentine. Les deux choses se sont rattachées et face à une feuille de papier [...] j'ai commencé à écrire plusieurs fois le mot *ratas*, comme quand j'étais enfant je dessinais des mots en l'air. J'écrivais *ratas* et alors, d'un coup, je vis la possibilité d'un palindrome, "*atar a la rata* " qui impliquait l'idée d'attacher par la queue, bien que ces queues ne soient mentionnées nulle part dans le récit. Soudain vint l'idée que le rat conduisait à une série d'idées par la voie d'un palindrome et ces idées étaient des idées d'horreur, des idées qui reflétaient mes sentiments face aux nouvelles d'Argentine"[1].

---

1   PREGO O, *La fascinación de las palabras op. cit.*, pp. 36-37. Ces queues de rats nouées

Ce thème de la ligature est un des traits constitutifs de l'écriture *à métis* du fantastique cortázarien. Les liens sont les armes privilégiées de la *métis*, ici ils constituent un piège répressif : tresser, tordre, lier, serrer, boucler, renvoient à *un espace labyrinthique* oppressant qui est autant celui de la chasse (aux rats) que celui de la ronde policière, cet entrelacs vivant que rien ne peut saisir et qui saisit tout. Lozano, qui ne cesse de tresser et de tordre les mots crée ainsi des apories langagières, il fait passer les mots et aboutit à des impasses :

> "Si tu mets le truc au pluriel, alors tout change, *Atar a las ratas,* c'est pas la même chose que *atar a la rata* [...] ça n'est plus un palindrome [...] ça te donne *Satarsa la rata* [...] Maintenant tu sais qu'il y a un rat qui s'appelle Satarsa" (47).

Satarsa est un mot *forgé* : la tresse anagrammatique s'adresse aussi bien à l'ouïe qu'à la vue, et Lozano croyant libérer une "voie" ne fait que combiner contre lui-même : *il a un rat dans la tête*.

> "On ne va pas rester là à attraper les rats. Ça va mieux que de passer trop tôt de l'autre côté et devenir, nous, les rats qu'on attrape" (45) [...] "Lozano joue trop avec les mots, un de ces quatre il va faire une embardée et tout s'en ira au diable" (48) [...] "C'est vrai qu'on cherche à attacher quelqu'un dans ce palindrome" (49) [...] "On ne peut pas attacher les rats [...] il avait raison [...] tes petits jeux je leur chie dessus mais t'avais raison, putain de ta mère, avec ton Satarsa, et comment que t'avais raison, con de ta mère" (58).

Les palindromes de Lozano ouvrent le passage à tous les excès, et d'abord aux excès de langage (les *gros mots*) qui couvrent des pratiques autrement subversives. Du mot à la chose, la voie n'est pas sûre : le langage, jamais pacifié, se retourne contre son utilisateur.

La seiche, emblématique on le sait de l'intelligence à *métis* pour les Grecs, trouve son *poros* à travers l'*aporia* qu'elle crée (son encre) ; Lozano, inversement, trouve sa propre *aporie* à travers le *poros* qu'il a tramé : "T'es pas plus avancé qu'avant, c'est ça l'emmerdant avec les palindromes" (47). Lozano trouve plus retors que lui et en faisant tourner les mots sur leurs gonds il est pris au jeu : il combine sa mise à mort, il *tend sa propre souricière...*

Le texte lui-même appelle un parcours oblique qui sache bouger les phrases et les images, qui sache lire dans tous les sens, et notamment depuis ce point de vue aberrant que constitue un autre récit.

> "Le premier palindrome que j'ai jamais lu parlait aussi d'attacher quelqu'un, je ne sais plus trop qui, peut-être Satarsa. *J'ai lu ça dans une nouvelle où il y avait beaucoup de palindromes* mais je ne me souviens que de celui-là [...] *Atale, demoníaco Cain, o me delata* (attache-le démoniaque Caïn, ou me dénonce) [...]. C'est vrai qu'on cherche à attacher quelqu'un dans ce palindrome mais pour le faire c'est à Caïn lui-même qu'il faut s'adresser. Et en le traitant de démoniaque par dessus le marché. [...] Evidemment si l'inventeur de ce palindrome s'était appelé Baudelaire, démoniaque n'aurait pas un sens négatif, bien au contraire. Tu te souviens ?" (49, je souligne).

---

constituent un piège à métis : un entrelacs vivant, monstrueux, qui va retourner la situation chasseur-chassé.

Ces miroitements intertextuels télescopent des images textuelles et produisent un effet kaléidoscopique : faut-il voir dans la nouvelle évoquée, "La lointaine", ce récit où les jeux anagrammatiques et les palindromes "ouvre[nt] un chemin [...] à celle qui n'est pas la reine de l'anagramme", et nouent Alina Reyes à sa destinée ?... ("ça *montre un chemin,* c'est la seule façon d'achever les rats" dit de son côté Lozano, 48). La référence littéraire à "Abel et Caïn" — le poème des *Fleurs du Mal* qui précède "Les litanies de Satan" —, et au renversement baudelairien du Bien et du Mal, est-il emblématique des reflets inversés de "Satarsa" ? La célébration baudelairienne de Caïn, le fratricide maudit qui pactise avec Satan est-elle une image inductrice (Satan/Satarsa) ? Caïn est le premier fils d'Adam et Eve ("ils vivent comme s'ils étaient les premiers ou les derniers hommes", "Satarsa", 52) ; et la légende rapporte une explication du nom sous la forme d'un *jeu de mots* : Eve à la naissance de Caïn aurait dit *qaniti,* ce qui signifie : "j'ai acquis" ... Le signe maudit de Caïn, inversé par le jeu du miroir, renvoie-t-il à la guerre fratricide argentine, à la mobilité arbitraire du Bien et du Mal :

> "La convention habituelle, la bonne conscience qui se traîne à travers l'histoire depuis le coup d'envoi, Abel le bon et Caïn le méchant, comme dans les vieux westerns" (49).

"Satarsa" semble aussi être mis en regard de manière plus cryptée avec une autre nouvelle, "L'homme à l'affût " :

> "... lui, à l'affût, comme les chasseurs de Calagasta sont à l'affût des rats géants pour les attraper vifs" ("Satarsa", 43).

> "Johnny n"est pas le poursuivi mais le poursuivant, tout ce qui lui arrive dans la vie sont des malchances de chasseur et non d'animal traqué" ("L'homme à l'affût", 277).

"Tout compte fait il vaut mieux être fou [...] le tout c'est de ne pas lui emboîter le pas quand il commence avec son Satarsa, le sel et tous ces trucs là" ("Satarsa", 51)

> "Si l'on accepte de suivre Johnny on finira tous à l'asile" ("L'homme à l'affût", 273) ; "La marquise a immédiatement dit que Johnny était un ignoble *rat* d'égoût" (*Ibid.*, 253).

Mais les *liens* les plus significatifs entre les deux nouvelles se nouent à partir de la scène itérative de la mise en miroir de soi et de l'écriture :

> "Pour lui [...] tout se présente comme dans un miroir qui ment et dit la vérité à la fois, il dit la vérité puisqu'il montre à Lozano son oreille droite à droite mais en même temps il lui ment puisque, pour Laura ou quiconque le regarde, l'oreille droite sera l'oreille gauche, bien que, simultanément, ils la définiront comme son oreille droite, simplement ils la voient à gauche, chose que ne peut faire aucun miroir, incapable de cette correction mentale [...] cela, depuis longtemps, a amené Lozano à penser comme devant un miroir" ("Satarsa", 43).

On se souvient de la scène de "L'homme à l'affût", où Johnny tente aussi, à sa manière, d'ouvrir une "voie" à travers l'*écran* de la langue :

> "Ce qui est vraiment difficile [...] c'est regarder [...]. Hier soir je me suis regardé dans cette petite glace et c'était si terriblement difficile que j'ai failli sauter du lit [...]. Imagine un peu que tu te voies, que *tu te voies vraiment toi-même* ; cela seul suffit à te *glacer* pour une demi-heure. Ce type là, en face de moi, ce n'était pas moi [...]. T'as à peine senti quelque chose que voilà les mots qui rappliquent ...Non, ce n'est pas les mots, cette espèce de *colle*, de *bave*. La bave arrive et elle te persuade que le type du miroir c'est bien toi [...] ce n'est pas vrai et c'est pour cela qu'il [...] est difficile de se regarder dans une glace" ("L'homme à l'affût", 271).

Cette double expérience psychotique est révélatrice de ce *reste* sur lequel, on l'a dit, s'articule le fantastique. La *bave*, c'est la saillie, la trace qui déborde du moule du langage, cette macule qui est la tache aveugle de la Représentation. C'est en même temps le liquide spumeux du masque de terreur ; ce qui montre que l'on ne se possède plus. Et précisément l'expérience la plus dépersonnalisante est celle liée à la prise en *considération* du langage : la mise en miroir de la langue et de soi comme être de langage, renvoie à une altérité rituelle, à la duplicité sujet-objet.
Considérer, c'est d'abord regarder les étoiles, étudier les astres reflétés dans un miroir ; on le sait, l'image de notre visage perçu dans le miroir et symétriquement au plan réfléchissant, n'existe nulle part dans l'espace ; on est là-bas et ici, et plutôt deux fois qu'une. L'image dans le miroir est notre énantiomorphe, elle diffère de ce qu'elle reflète, et c'est l'imaginaire qui fait correspondre ce qui diffère.
Significativement, les *considérations* sur la langue et sur soi comme monument de mots, provoquent répétitivement dans la fantastique cortázarienne la *sidération* du héros : c'est-à-dire une émotion qui l'engourdit, le pétrifie. Dans "L'homme à l'affût", le *jeu* qui permet de créer ces syncopes spatio-temporelles évoque à partir du plan musical une profondeur spiralée :

> "Je ne m'abstraie pas, moi, quand je joue. Je change simplement d'endroit. C'est comme dans l'ascenseur : tu es là, tu parles avec des gens, tu ne sens rien d'extraordinaire et pendant ce temps tu passes le premier étage, le dixième, le vingtième et la ville reste là-bas, dans le fond, et toi tu es en train de finir la phrase que tu avais commencée au rez-de-chaussée, et entre le premier mot et le dernier il y a cinquante deux étages" ("L'homme à l'affût", 237).

Dans "Satarsa" il y a pareillement un appel d'air de la langue, un déplacement vertigineux qui ne mène pas tant d'un point A vers un point B, mais provoque plutôt un déplacement. Quand "Lozano se laisse entraîner trop loin et se [met] à vouloir que les choses s'ajustent à ses jeux" (46), il provoque une "embardée", une sortie de route. "Le palindrome ment et dit la vérité à la fois, comme le miroir" (44). Le fantastique ou l'inconsidérable.

> "Que Johnny en finisse une fois pour toutes comme ces *étoiles* qui éclatent en mille morceaux et laissent les astronomes ahuris et perplexes pour une semaine" ("L'homme à l'affût", 255).[...] "J'oppose minutieusement les mots à la réalité qu'ils prétendent me décrire, je m'abrite derrière des *considérations* et des doutes qui ne sont que stupide *dialectique* " (*Ibid.*, 259) [...] "Le nom de l'étoile est Absinthe, il n'y a rien à y faire" (*Ibid.*, p. 252)

"Personne n'*attachera le rat,* jamais, et encore moins depuis la dernière lune ..." ("Satarsa", 44) "Ces dernières années [...] nous ne savons pas si elles ont été des semaines ou des années, tout était vert et continu, la forêt vierge avec son temps à elle, sans soleil ni étoiles [...] un temps rougeâtre, temps de pierre" (*Ibid.*, 46).

L'univers de "Satarsa" est celui d'une sorte de colonie pénitentiaire, Calagasta, *finis terrae* d'un pays meurtri ; c'est un monde lunaire infesté de rats géants qui semble soumis encore à l'influence désastreuse de l'étoile Absinthe ; les images mirifiques deviennent des visions apocalyptiques : "Satarsa" est une *apocalypse de Calagasta.*

"Et le troisième ange sonna ... Alors tomba du ciel un grand astre, comme un globe de feu [...] l'astre se nomme Absinthe : le tiers des eaux se changea donc en absinthe et bien des gens moururent de ces eaux devenues amères" (*Apocalypse,* VIII, 10-12).

Le bout du monde de Calagasta annonce la fin d'un monde ; les légions du Démon, la Bête, la famine, la peste (brune), la guerre : toute l'eschatologie de l'*Apocalypse.*

"Que ceux de l'*autre côté* oublient aussi qu'ils n'ont pas pu les rattraper, que dans un coin perdu ils sont encore vivants donc coupables" (50) [...] "Ici on ne connaissait même pas les raisons pour lesquelles on aurait pu les dénoncer, ici, tout le monde mourait de faim comme eux" (47) [...] "De nouveau la faim, le manioc quand il y en aura, les enfants qui meurent le ventre enflé" (50) [...] "Les rats se sont d'abord repliés, puis un jour ce fut la contre-attaque, la rageuse invasion nocturne suivie de fuites vertigineuses, la guerre ouverte, et beaucoup de gens alors ont renoncé à les poursuivre et se sont bornés à se défendre avec pièges et fusils, ils sont revenus à la culture du manioc ..." (46).

Pour gagner sa vie cette population maudite (race de Caïn ?) doit capturer des rats et les vendre à une compagnie danoise qui les utilise pour des expériences génétiques. Mais il y a *rat* et *rat* : "On veut tous se venger, les uns des policiers, les autres des rats, difficile de garder la tête froide" (50). La fille de Lozano, Laurita a eu la main dévorée par un des rats géants de Calagasta :

"Laurita tout sourire et yeux verts, son moignon frappant la paume de l'autre main comme une espèce de tambour, le tout petit bras rose terminé par une lisse demi-sphère de peau [...] comme si Laurita n'avait jamais eu de main là au bout, la main qu'on dévoré les rats de Calagasta [...] on ne pouvait que couper le lambeau qui pendait et réussir cette cicatrice parfaite pour que Laurita puisse inventer son petit tambour, son jeu silencieux" (45-46).

La chasse aux rats avec des lacets de cuir, la main tranchée de Laurita, la couture du médecin, ce corps-peau de tambour ..., lient étroitement les pièges tressés aux cauchemars du *monstre vorace* :

"Personne jamais n'a attaché un rat géant si ce n'est métaphoriquement en lui maintenant le cou sous une fourche et en lui passant un noeud coulant [...] en gardant toujours ses mains bien loin de la gueule sanguinolente et des griffes comme des rasoirs qui battent l'air" (44). [...] "Les rats sont toujours là [...] les gens de Calagasta n'osent pas aller trop loin parce qu'ils se souviennent des

histoires qui courent, le squelette du vieux Millan, la main de Laurita" (50). [...]
" ... un fleuve de rats se déverse comme un *vomissement* rougeâtre [...] les rats
qui continuent de sortir, montés les uns sur les autres en se déchirant à coups de
dents ..." (55).

Cette invasion apocalyptique — le "fleuve de rats" c'est les "eaux amères" —
annonce l'Apocalypse de Calagasta. Lozano et ses compagnons apprenant l'arrivée
imminente des forces de l'ordre qui les traquent, tentent d'"attacher" le plus de rats
possible, afin de les vendre et de payer ainsi le transporteur qui les fera s'enfuir :

> "Dire qu'on en est là, avoir à échanger des rats contre la liberté". Eux c'est bien
> pire, ils échangent la liberté contre les rats" (52).

Le rat, dans cette économie de troc, devient un moyen d'échange : *la souricière de
Calagasta* c'est d'abord les rats encerclés et encerclants, les rats vendus et achetés,
les rats des palindromes et les rats vivants, Satarsa/Satanas ... Le rat est ici le
principe bestial de la prolifération des signes textuels, et de la propagation d'une
terreur primordiale, de la vision eschatologique du miroir verbal. En ce sens, la
scène cauchemardesque du transport de rats sur la charrette attelée est
particulièrement suggestive, et fait écho à l'image itérative du *cheval furieux* dont
nous avons lu souvent le spectre des significations dans la fantastique
cortázarienne :

> "Ils montent les cages sur la charrette avec des crochets de fer, les chevaux
> prennent peur, il faut que Yarará les tienne par le mors et leur parle [...]. Les
> chevaux sentent le rat et au début on est obligé de leur donner de la bride, ils se
> lancent au galop comme s'ils voulaient pulvériser le chemin, [...] quatre mains sur
> les rênes jusqu'à ce que le galop se brise [...] derrière, les rats glapissent et
> s'entredéchirent, des cages monte une odeur de suif, de merde liquide, les chevaux
> la sentent et hennissent en se débattant contre le mors [...] les chevaux résignés
> mais tirant comme s'ils voulaient déjà être arrivés, être déjà l'endroit où on va les
> libérer de cette odeur et de ces cris aigus pour les laisser gagner le bois et y
> retrouver leur nuit, loin de cette chose qui les suit, les traque, les rend fous" (55-
> 56).

Cet attelage cauchemardesque sorti d'un tableau de Bosch — des rats géants tirés
par des chevaux furieux — caracole vers la souricière tendue par les forces de
l'ordre qui pullulent et attaquent :

> " ... la rafale arrive avec un bruit de bambous secs se brisant par terre en mille
> morceaux un crépitement à peine plus fort que les couinements des rats [...] la
> charrette continue seule avec les rats qui hurlent [...]. Ils entendent les voix, une
> qui commande à grands cris, le silence et la nouvelle rafale [...] *les rats les
> dénonçant par des cris* qui percent la nuit [...] il faut [...] s'éloigner du chemin où
> se concentrent à présent les tirs de mitraillette, où *les rats hurlent et hurlent
> comme s'ils comprenaient*, comme s'ils se vengeaient, *on ne peut pas attacher les
> rats* [...] Illa et Yarará morts ou comme lui, glissant encore entre les fourrés, [...]
> se brûlant la figure aux épines, *taupes aveugles et ensanglantées* s'éloignant des
> rats, parce que maintenant oui, *les voilà les rats* [...] mais les autres rats ne sont
> pas là, les autres rats lui barrent la route entre les fourrés et la cabane [...]. Lozano
> sait à présent que Laura et Laurita n'y sont plus [...] maintenant que les rats ont
> atteint la cabane [...] tirant une rafale après l'autre, commandant, obéissant et

tirant [...] un roulé-boulé qui lui crible les mains d'épines brûlantes, la tête pointant pour se repérer, pour *voir Satarsa*, savoir que celui qui crie les ordres c'est Satarsa, et que tous les autres sont également Satarsa, se relever et tirer l'inutile volée de plomb contre Satarsa qui brusquement pivote vers lui, porte les mains à sa figure et tombe en arrière, atteint par *le plomb qui lui a crevé les yeux, arraché la bouche,* [...] les buissons qui s'écrasent sous le poids de Lozano tombant à plat ventre sur *les épines qui s'enfoncent dans ses joues, dans ses yeux grands ouverts* " (58-59, je souligne).

Les chevaux avaient senti le danger, les rats derrière et les autres (rats) devant : *l'apocalypse de Calagasta,* comme l'Apocalypse de Solentiname est bouclé par la ronde policière. On n'attache pas les rats, contrairement à ce qu'insinuait le palindrome, car c'est l'inverse, c'est eux qui vous attachent, vous bouclent, dans une société soumise au *Pronunciamento,* aux mots d'ordre. Lozano et ses compagnons sont faits comme des rats, ils sont traqués et s'enfuient dans un labyrinthe végétal où ils errent semblables à des taupes, avançant à l'aveuglette vers l'issue fatale, creusant leur propre tombe. *Satarsa* est partout, figure démultipliée, prolifique des troupes néo-fascistes : c'est *la peste brune.*
On relèvera enfin que le récit s'achève sur une double défiguration : *Satarsa* a le visage criblé de plombs, et Lozano abattu par une rafale de mitraillette tombe face à terre, le visage criblé d'épines. Cette mort en miroir, ces deux *regards percés,* réactivent le masque sacrificiel à l'oeil pendant de "Graffiti" : l'épiphanie du masque de terreur — ici, littéralement, *la face de rat* — désigne une fois encore une défiguration. Dans *l'apocalypse de Calagasta,* ce qui arrive était déjà écrit dans la langue énigmatique, cryptée des palindromes : Lozano, dans et par les miroitements de l'écriture, s'est vu mourir.
Dans "Graffiti" ou "Satarsa", le héros est pris au jeu et *passe* de l'autre côté : c'est la fascination (la ligature) des mots qui permet à Cortázar d'esquisser dans le langage la forme et la dynamique du jeu de marelle :

" ... vers les huit ou neuf ans, je suis entré dans une période qui aurait pu être dangereuse et déboucher sur la folie : c'est-à-dire que les mots commençaient à valoir autant sinon plus que les choses elles-mêmes. Un mot pouvait me fasciner. [...] je tendais le doigt et j'écrivais des mots, et je les voyais prendre corps en l'air. Beaucoup de ces mots étaient des mots fétiches, magiques. [...] Dans *Heures indues* il y a une nouvelle, "Satarsa", qui naît d'un palindrome. Autrement dit, j'étais un enfant *fasciné* par le fait qu'en lisant une phrase ou un mot à l'envers, on avait une répétition ou un sens différent [...] ; je me rendis compte que ça donnait la même chose dans les deux sens, je me sentis installé dans une situation de relation magique avec le langage"[1].

Les jeux de mots de Cortázar désignent "l'interférence entre les jeux de l'écriture et les jeux du destin"[2], l'interférence aussi — avec "Graffiti" et "Satarsa" — entre une fantastique très personnelle et une mythologie de l'horreur contemporaine : ces *jeux de massacre* qui oppressent de plus en plus l'écriture de Cortázar, dans les années 70-80.

---

1   PREGO, O., *La fascinación de las palabras, op. cit.,* pp. 26-27. (Je souligne).
2   ZAND, N., "Julio Cortázar et les jeux du destin", *Le Monde,* 13 juin 1986, p. 20.

"La deuxième fois" et "Coupures de presse" : les ombres de l'Histoire et la tache aveugle du fantastique

Julio Cortázar rappelle que la junte

> "fit savoir à l'éditeur que le livre pourrait paraître, uniquement si j'acceptais de supprimer deux récits qui selon elle attaquaient le régime. L'un d'eux ne faisait que raconter sans la moindre allusion politique, l'histoire d'un homme qui disparaît dans un bureau de Buenos Aires ; ce conte attaquait la junte militaire parce qu'en Argentine, quotidiennement, disparaissent des personnes dont on n'a plus de nouvelles"[1].

Que "La deuxième fois" soit un récit dénué d'allusion politique, cela reste à lire ; et ce que l'on retiendra immédiatement de ces propos de Julio Cortázar, c'est la volonté apparemment contradictoire de revendiquer pour son récit le statut de *texte littéraire* — et non de documentaire ou de témoignage —, tout en désignant en creux ses liens évidents avec la réalité historique contemporaine. D'un côté une fiction où un homme "disparaît" en plein Buenos Aires, à la manière de ces héros fantastique happés par les puissances surnaturelles dans un espace-temps insituable[2] ; et de l'autre, le récit des "événements", le cynisme de la soldatesque argentine qui a fait disparaître entre mars 1976 et décembre 1983 des milliers de citoyens au nom de la "Sécurité Nationale" et de la lutte "anti-terroristes".

Pour être *lu*, le texte doit s'affirmer avant tout comme *fiction* même si dans ce cas la chose n'est pas aisée : en France comme en Amérique Latine le texte paraîtra initialement dans la presse politique[3].

Le fantastique permet d'établir une relation entre "La deuxième fois" et l'ensemble du corpus fantastique ; de suggérer des liens intertextuels avec une série d'autres fictions où les êtres sont brutalement avalés par un espace non-euclidien. En plaçant ainsi délibérément le texte *dans* la littérature — l'aura surnaturelle des disparitions —, le fantastique désigne un *dehors* de l'Histoire et de sa représentation ; un espace textuel qui confronté aux discours journalistiques et politiques nécessairement résolutifs, inscrit la *trace* d'un reste à lire et à penser : le "disparu", en tant que moins-que-présence et plus-qu'absence, est ici le signe littéraire du passage et de la *différance* du sens ; la figure fantastique d'une *ombre* de l'Histoire qui échappe à la représentation. Le "disparu" argentin est *là mais où, comment* ? Et contrairement au spectre jamesien il ne répond pas à l'appel des vivants : il n'y a pas chez Cortázar d'histoire (de relation) avec le spectre, il y a un *spectre de l'Histoire*.

> "Nous on faisait que les attendre [...] eux évidemment ils pouvaient pas savoir qu'on les attendait, ce qui s'appelle attendre"[4]

---

1 CORTÁZAR J., "Le lecteur et l'écrivain sous les dictatures en Amérique Latine", *op. cit.*, p. 495.
2 On songe bien sûr aux premiers héros fantastiques nord-américains qui sont aussi des "disparus" : Rip Van Winkle, Ichabod Crane, Peter Rugg, Wakefield, Auguste Bedloe, Hans Pfaall...
3 "La deuxième fois" parut initialement dans *Le Monde Diplomatique* de mai 1977. Voir TERRAMORSI B., "Acotaciones sobre lo Fantástico y lo Político : a propósito de "Segunda Vez"" in *La americanidad de Julio Cortázar : cultura, política, literatura,* Actes du colloque international de Mannheim, mai 1986, revue *Inti, op. cit.*
4 CORTÁZAR, J., "La deuxième fois" in *Façons de perdre*, p. 33.

Le récit est constitutif de cette attente qui partage les gens en deux camps : d'un côté ceux qui attendent et "savent", et de l'autre ceux qui sont attendus sans le savoir. Marie-Elena qui en attendant fera la connaissance de Carlos — une scène qui rappelle le rapprochement du couple d'"Autobus" — attendra en vain sa sortie puis s'en ira sachant qu'il lui faudra revenir comme lui dans trois jours, ne sachant pas que nous l'attendrons en vain à la sortie, la deuxième fois. Où est passé Carlos ? Où passera Maria-Elena ? Le texte à son tour ne répondra pas à notre attente, et fondera son régime de signification sur cette rétention d'informations. Comme si le texte avait peur de trop parler et d'être entendu par "eux"…

"Ils commençaient à se pointer pour les formalités" (34) le texte original est autrement significatif : "empezaban a caer para el trámite" ; l'espagnol en élidant le pronom personnel-sujet escamote grammaticalement les arrivants comme il escamotait le sujet des bruits de "Maison occupée" ; d'autre part, Cortázar écrit "*caer* para el *trámite*" ; "caer" c'est *tomber,* et si "tramite" signifie *formalité,* le mot a aussi le sens de *passage.* "Caer para el trámite" c'est tomber dans le piège sans le savoir, c'est le passage à tabac par le gros Bianchetti et Lopez le négro. C'est le Passage tout court, et l'insistance sur *la deuxième fois* renforce la dimension rituelle de la démarche. "La fumée et ce couloir si étroit [qu'à] à la fin on n'y voyait plus rien" (37) évoquent un boyau infernal : il y a l'attente du jugement et le poids de la faute, la porte et son cerbère qui happent les personnes puis les libèrent :

> "Tout le monde avait un air plus jeune et plus agile en sortant comme si on leur avait enlevé un poids de dessus" ; "la même envie d'atteindre la rue et de laisser tout ça derrière elle" (39-41).

Le couloir est à l'évidence un lieu et un temps d'expiation, une épreuve purgative : au fond du couloir on se lâche. Un pouvoir occulte pratique l'épuration : *la purge* [1]. Le fantastique est constitutif une fois encore de cette dynamique du *dedans* et du *dehors* — le bureau/Buenos Aires — du vide et du plein. L'enclave du bureau, l'espace de la *question,* apparaît comme une déchirure au sein du tissu urbain, une béance vorace liée symboliquement au viscéral. Le fantastique désigne ainsi un envers qui n'a pas d'endroit : un lieu insondable. Cette instance tyrannique n'a pas pignon sur rue : comme pour le K. de Kafka, la convocation introduit ici un monde et des lois parallèles ; le premier écart est sans doute creusé par ce décalage entre "un papier officiel avec timbre vert, signature et tout" (35), et l'absence de signalisation du bâtiment : "ça la surprit de ne pas voir le drapeau national" (35). Ce qui se passe n'est écrit nulle part, et encore moins dans les textes de lois.

> "L'entrée était étroite […], la plaque sur la porte ressemblait plus ou moins à celle d'un médecin ou d'un dentiste, elle était ternie, avec un papier collé en bas pour cacher une partie des inscriptions […] la porte du troisième étage était fermée et n'avait ni sonnerie ni plaque" (35).

Le fantastique est sans adresse :

> "Entre deux mots à écrire, Maria-Elena sentit que […] quelque chose n'était pas clair. Pas sur la fiche où il était facile de remplir le blanc, la seule porte du bureau et Carlos n'était pas là" (40)

---

1 Dans "Maison occupée", l'expulsion du couple et la clé dans la bouche d'égout pourraient aussi symboliser une purge (politique).

Dans le bureau quelque chose excède et fait défaut : il y a tout ce qui évoque Carlos, tous ces signes qui y renvoient, et en même temps le vide qu'il laisse derrière lui. Carlos pour cette deuxième fois ne s'en sort pas — "c'était la deuxième fois et va savoir à quelle formalité il aurait droit" — ; Carlos est le jeu d'une machination : il est la victime d'un système policier ; et il est la figure textuelle d'un écart, d'un jeu dans le gond de la porte qui se referme sur lui : d'un jeu dans le mécanisme social.

"Tout synchro, les IBM, à côté c'est de la rigolade" (34) ; le fantastique est un autre traitement de l'information, et la référence à l'International Business Machines Corporation (par delà l'allusion la main-mise économique et idéologique de la super-puissance yankee) désigne un système technologique qui fiche les citoyen pour les *effacer*.

Carlos représente pour Maria-Elena ce "quelque chose qui lui avait échappé" (42) : comme si tout au long du récit Lopez et Bianchetti avaient lu dans ses pensées, le texte se referme sur Maria-Elena :

> "Il lui faudrait elle aussi revenir (…). Ça se pourrait qu'alors on la fasse sortir par un autre côté bien qu'elle ne sache pas où ni pourquoi. Elle ne le savait pas bien sûr ; mais nous, nous le savions, nous, on l'attendait ; elle et les autres" (42).

Le "nous" narratif ouvre et *boucle* le texte : "Nous, on faisait que les attendre …" (33) : "Nous le savions, nous, on l'attendrait …" (42). Cette prise de parole renvoie à l'omnipotence et à l'omniprésence du locuteur, c'est-à-dire de ceux qui pratiquent la *purge*. Le point de vue de la narration est là encore inoccupable en raison de l'horreur et de la répulsion qu'il suscite : cette *boucle répressive* du récit se referme sur Maria-Elena entièrement percée, devinée par ce *nous* qui ne peut être le nôtre mais auquel la lecture même du récit nous a associé. Le lecteur est placé dans la désagréable situation de regarder par dessus l'épaule des bourreaux, de prévenir leur piège sans pouvoir prévenir les victimes : à la manière de ces films d'horreur qui adoptent, pour certaines scènes, le point de vue du monstre agresseur et nous permettent de tout voir sauf… le monstre dont on est le regard.

La disparition de Carlos est bien sûr à rapprocher textuellement des autres disparus du genre fantastique avec lesquels nous avons ouvert cette étude : cependant, contrairement à Rip Van Winkle et Peter Rugg, Carlos ne reviendra jamais car personne n'a le pouvoir de le sauver. Le spectre de Histoire, comme l'océan abyssal, ne rend plus ses victimes. Carlos reste là où il est : et le pire c'est qu'on risque tous d'y *passer*, Maria-Elena en tête.

Les galeries intertextuelles qui relient ouvertement "La deuxième fois" au genre fantastique, sont encore plus évidentes à l'intérieur de la fantastique cortázarienne : remonter le couloir enfumé de la rue Maza — une rue excentrique pour un bâtiment officiel remarque Maria-Elena, à la manière du K… du *Procès* de Kafka — rappelle textuellement les corridors à la fois trop vides et trops pleins de "Maison occupée" ; le Passage Güemes de Buenos Aires qui dans "L'autre ciel" fait correspondre le Buenos Aires péroniste et le Paris de Monsieur Thiers ; le pont aérien qui dans "La lointaine" transporte Alina Reyes — la distante —, du Théâtre Colon à une place de Budapest ; "l'insidieuse galerie noire" qui dans "Tous les feux le feu" relie le cirque antique au Paris contemporain ; le "trou" dans lequel le héros de "La nuit face au ciel" pressent avoir "parcouru des distances fabuleuses" …

Le couloir de la rue Maza est à la fois l'instance tyrannique de l'épuration, de la *purge*, ET la récurrence littéraire de la topophobie cortázarienne, la figure spatiale des galeries aporétiques du fantastique menant ici au cercle de la répression et aux oubliettes de l'Histoire. Le Labyrinthe et le monstre vorace qui en détermine la dynamique, sont une fois encore chez Cortázar une forme de l'idéologie du texte et dans le texte. Le couloir de la rue Maza et les excès que l'on y commet, ne mènent à rien : il s'agit là d'un lieu *bouclé* qui exprime textuellement une solution rentrée, une aporie. Carlos, et Maria-Elena le suivra de près, fait l'expérience d'une descente aux Enfers : d'un insondable de l'Histoire et de sa représentation.

La *traite fantastique* prend ainsi avec "La deuxième fois" une nouvelle tournure : la convocation ne peut tenir lieu de contrat, et significativement la signature exhibée est illisible, tout comme la plaque au bas de l'immeuble. L'Histoire devient anonyme, illisible. Le tour de passe-passe qui fait disparaître Carlos place le récit dans une position particulière : de manière implicite "La deuxième fois" renvoie à une situation historique précise, et le récit fantastique (*res fictae*) pourrait trouver son "explication" dans le récit historique et politique (*res factae*). Carlos n'a pas disparu, on l'a fait disparaître : "chupado", *aspiré* comme on disait alors en Argentine. L'Histoire apparaît comme un gigantesque aspirateur dont le moteur est actionné par un Pouvoir occulte.

Disparaître, c'est plus que mourir et moins que vivre ; retrouver le corps d'un disparu c'est paradoxalement retrouver une positivité : celui qui n'était ni mort ni vivant — neutralisé —, revient à l'existence en tant que cadavre, d'une manière qui nous le restitue mais nous l'enlève définitivement. La machination diabolique des disparitions trouble en définitive le *rite* mortuaire, le *passage* de la vie à la mort, et suggère un *jeu* cruel du mécanisme social : elle remet en cause la frontière entre le monde des vivants et le monde des morts. Le disparu nous renvoie éternellement à ce passage, à ce "trámite" ; le récit fantastique évoque ainsi un système où l'exception devient la loi, un *Etat d'exceptions* peuplé d'ombres, de vivants-morts, dont on ne sait s'ils sont des sujets ou des objets en l'absence de rite funéraire.

> "La cérémonie des "Folles de Mai" fait donc écho à celle des rites antiques puisqu'elle vise à *faire réapparaître* les disparus d'Argentine, en soutenant par la présence des femmes sur la place de Mai, à Buenos Aires, la présence politique des hommes absents [...]. Le foulard blanc que portent les folles de la plaque de Mai évoque le refus du travail de deuil, la négation du veuvage ; [le système des disparitions est] l'innovation d'un sujet "mort-vivant", non plus du type de l'ilote spartiate ou de l'esclave romain, mais d'un dernier genre de "zombi" peuplant les limbes d'une vie politique avilie"[1].

Le *disparu est appelé à revenir* : cette sollicitation de la *revenance* est constitutive d'un rite public nouveau consistant à refuser la "disparition" en tant que telle, pour appeler une ré-apparition de ceux qui jusqu'alors sont dés-apparus. La "disparition" argentine revient *à être là sans y être* : elle désigne ainsi les *restes* d'une Histoire que la mythologie politique de la Sécurité Nationale promulgue comme mécaniquement signifiante. Une fois encore, le fantastique s'articule sur ce(s) reste(s) macabre(s), sur l'angle mort d'une représentation historique totalitaire.

Le récit fantastique utilise la mythologie politique moderne du système totalitaire ; Cortázar dans une conférence lue devant les Nations-Unies n'hésitera pas à rapprocher le système étatique des "disparitions" d'une puissance diabolique :

> "Le sentiment qui se manifeste presque immédiatement est celui du diabolique [...] il est impossible d'être confronté au fait des disparitions, sans que quelque

1   VIRILIO, P., "Les folles de la place de Mai", *Traverses* (21-22), 1981, pp. 9-10.

chose au fond de nous ne ressente la présence d'un élément infrahumain, d'une force qui semble venir des profondeurs, de ces abîmes où inévitablement l'imagination finit par situer tous ceux qui ont disparu"[1].

"Profundidades", abismos"... : un lexique jamesien (*depths, abyss*) pour signifier à partir d'une aporie socio-historique, un réel insondable. L'Histoire abyssale — le spectre de l'Histoire —, est une représentation terrifiante que l'on se fait du réel quand on comprend — par la force des choses —, que celui-ci reste sans cause.

Dans les derniers recueils de nouvelles de Cortázar — *Façons de perdre, Nous l'aimions tant Glenda, Heures indues* — la thématique politique paraît occuper la place que tenait initialement la thématique mythologique. Dans "Circé", "Les ménades", "L'idole des Cyclades" la référence au mythe désignait un illusoire axe interprétatif du récit fantastique déterminant une lecture orthodoxe des récits : une lecture non fantastique puisque résolutive. Mais on a vu que le récit mythologique n'est qu'un tour de la fiction fantastique, une embrouille textuelle travaillant au disparate sémantique du texte.

De façon similaire, dans "La deuxième fois", "Apocalypse de Solentiname", "Graffiti", "Quelqu'un qui passe par là", "Cauchemars" ou "Satarsa" ..., la thématique politique semble venir en surimpression, comme une grille de lecture. Or, on ne saurait réduire une fiction, et particulièrement une fiction fantastique, à un succédané de texte journalistique où les noms réels auraient été changés par des noms fictifs par une pudeur ou une prudence de dernière minute. Il est évident que la dénotation, la référence à des événements politiques qui ont fait et font encore les chroniques journalistiques, relèvent d'un choix esthétique et politique produisant des *effets textuels*.

En ce sens la scène montrant María-Elena en train de remplir les blancs de sa fiche et découvrant confusément le gouffre noir de la réalité policée, est une scène *significative* ; car elle suggère que le fantastique réside dans des interrogations non dominées, difficilement énonçables sinon en blanc, en creux ; elle suggère que la fiction fantastique répond à côté de l'interrogatoire, elle fait un *hors sujet*.

Carlos passe dans cet écart entre le formulaire dont on comble aisément les vides, et le texte où rien ne viendra combler sa disparition : dans ce jeu d'écriture, le texte crée un passage inter-dit. Il n'y a pas de seconde porte dans la pièce, on ne peut pas dire, se représenter par où Carlos est passé mais *il y passe...* Cette aporie sur laquelle donne le couloir enfumé, le récit fantastique y donne lieu entre les lignes, entre les blancs. Carlos passe entre les deux textes — le formulaire des bourreaux et le texte de Cortázar — ; et l'on devine que María-Elena suivra sa trace puisqu'elle a rempli le formulaire, signé son arrêt.

Le "disparu" de Cortázar ne peut être réduit simplement à la figure fantastique réactualisée du fantôme ou du spectre ; mais en y faisant signe, il signifie plus et autrement que les reportages et l'historiographie : il exprime symboliquement le retour différé d'un revenant dans l'espace plissé du texte ; il signifie l'*ombre du doute*. Le "disparu" de Cortázar disparaît sous nos yeux sans que l'on puisse le lire : il échappe à la lecture, au texte, pour tomber, *là mais où comment* ? dans les fiches de police. Il est le jeu d'un mécanisme d'écriture ET d'une machination politique à l'articulation d'une mythologie littéraire et d'une mythologie politique[2] ;

1   CORTÁZAR, J. "Una maquinación diabólica : las desapariciones forzadas" in *Argentina : años de alambradas culturales, op. cit.,* p. 138 (je traduis). Ce texte inédit en français a été lu *in extenso* en novembre 1983 devant la Commission Indépendante sur les Questions Humanitaires, aux Nations-Unies.
2   Pour employer le lexique de Henry JAMES dans un contexte qui lui est étranger — la terreur

il figure cette case vide — le blanc — d'un échiquier politique en forme de marelle.

Avec "Coupures de presse", publié dans *Nous l'aimons tant Glenda,* les rapports contradictoires entre la fiction et le document, le récit et l'article (déjà observés dans "Apocalypse de Solentiname") apparaissent encore plus prégnants.

"Bien qu'il me semble superflu de le dire, la première coupure de presse est véridique, la seconde imaginaire" : l'épigraphe avertit déjà que cette oscillation entre le fictif et le non fictif va générer l'élaboration littéraire du texte. Le narrateur fait tout pour être assimilé à l'auteur lui-même : il se présente comme un écrivain argentin exilé à Paris depuis une vingtaine d'années, et se trouve sollicité par un sculpteur argentin lui demandant d'écrire un texte pour accompagner les reproductions de ses œuvres récentes sur la violence, dans un livre à paraître. C'est seulement à la troisième page d'un récit trop visiblement autobiographique qu'un premier décalage est produit par le texte : le narrateur est une femme et s'appelle Noémie ...

> "Je me dis que si j'écrivais le texte demandé par le sculpteur, si j'écris le texte que tu me demandes, lui dis-je, il sera à l'image de ces sculptures, jamais *je ne me laisserai aller à la facilité par trop fréquente dans ce domaine.* — Ça, ça te regarde, *Noémie,* me dit-il. Je sais que ce n'est pas facile, il y a tant de sang dans mes souvenirs qu'*on se sent parfois coupable* d'y mettre des limites ..." (107, je souligne).

Le narrateur se sent encore *coupable de littérature,* et c'est à ce moment précis que le texte autobiographique — le témoignage — bascule dans la fiction, que Cortázar devient Noémie, nous obligeant à re-lire le texte depuis le début en conséquence.

> "Il m'avait parlé de ses travaux, une série de petites sculptures sur le thème de la violence sous toutes les latitudes politiques et géographiques [...] il commença à apporter les sculptures qu'il plaça sous un éclairage calculé [...] elles avaient la parole [...] petites et filiformes, d'argile ou de plâtre [...] les sculptures me semblaient à la fois naïves et subtiles" (106-107).

On est loin, à l'évidence, de la vénération de l'argentin Somoza face à l'idole cycladique *pré-historique,* mais en même temps, en s'identifiant comme fiction, le récit de Cortázar revendique une généalogie littéraire qui rapproche deux expositions de sculptures et deux *passages outre* :

> "Je continuais de contempler la dernière sculpture [...] je perçus le tic-tac d'un pendule [...] ; tentative pour maintenir vivant le *temps* à l'intérieur de cette *brèche* dans laquelle nous étions comme enfoncés tous les deux, de cette durée qui renfermait à la fois une pièce de Paris et un quartier misérable de Buenos Aires, qui abolissait les *calendriers* et nous laissait face à face avec *cela,* avec ce que nous ne pouvions appeler que *cela,* toutes épithètes étant galvaudées" ("Coupures de presse", 109).

---

politique —, on dira que le torturé cortázarien est victime d'un *tour de vis (turn of the screw)* : il est soumis à la question, pressé, vissé, puis disparaît dans la spirale (vis) de la répression.

"Croire qu'une grande intimité avec l'un de ces vestiges pouvait vous ravir, altérer le *temps* et l'*espace,* ouvrir une *brèche* pour accéder à ... [...] ce qu'il disait était toujours plus ou moins que *cela,* une sorte de *langage allusif,* conjuratoire qui venait d'un lieu irréductible à la raison" ("L'idole des Cyclades", 125-126, je souligne).

Cette mise en regard de l'idole pré-historique et des sculptures contemporaines s'associe sous le signe du *déchaînement de la violence,* et se dissocie à partir de la mythologie de cette violence : d'un côté, la mythologie archaïque de la mise à mort rituelle valorisante ; et de l'autre, la mythologie contemporaine de "la guerre sale", le système étatique des disparitions, le spectre de l'Histoire et son entreprise systématique de pétrification.

"Ce qui *restait* de son corps ne pouvait être rendu, c'était un secret militaire [...] ce qu'il *restait* d'elle car *on ne pouvait appeler corps* ce qu'on leur avait remis [...] j'ai été horrifiée de me rendre compte de la manière dont plus de cent personnes, parmi lesquelles se trouvait ma fille, avaient été assassinées et enterrées" (109-110, je souligne).

Le texte de Noemie — racontant comment on lui passe commande d'un texte — est entrecoupé d'extraits de journaux, de témoignages sur les crimes des militaires argentins : Noémie en attendant d'écrire le texte *sur* ces sculptures, *sur* la violence, donne à lire à l'autre artiste argentin une coupure de journal qui, à sa manière, parle de la violence et qui est constitutive du *texte entrecoupé* que nous lisons. Ainsi nous passons à l'intérieur d'un même texte littéraire, de l'autobiographie à la fiction et de la fiction aux faits ; le changement de typographie séparant du *reste* les coupures de journal. A l'évidence, l'article relatant l'horreur de la répression militaire provoque un *coup* chez Noémie :

"On m'a seulement proposé de voir ses mains qui avaient été *coupées* et placées dans un bocal portant le numéro 24, on m'a seulement proposé de voir ses mains qui avaient été *coupées,* et brusquement je réagis contre cette marée récurrente [...] je ne sus jamais pourquoi je me retrouvai sur le trottoir d'en face sans nécessité aucune [...] prendre par un trottoir ou par l'autre revenait au même ; j'avais *traversé* comme ça, parce que, parce que je n'avais même plus la force de me demander pourquoi je le faisais" (114, je souligne).

Obsédée par la coupure de presse d'*El País* — l'image de cette fille sacrifiée sur l'autel de la "Sécurité Nationale" et au corps disloqué —, Noémie change de trottoir — ce qui s'appelle *traverser* — par un mouvement inconsidéré qui aura des conséquences inconsidérables. Un petit pas pour Noémie mais un grand pas pour l'écriture constitutive de cette distance monstre, de ce *passage à niveau* dans et par la fiction : changer de trottoir dans cette ville qui rappelle les visions urbaines et lunaires de Paul Delvaux, c'est *traverser en dehors du passage protégé,* couper la voie et le texte.
Noémie, de "l'autre côté", se retrouve plongée dans une nuit agitée : elle est désorientée. Elle découvre une fillette en pleurs qui la conduit dans un appartement où son père torture sa mère ; Noémie assomme l'homme, libère la femme et toutes les deux, inversant les rôles, supplicient le bourreau, deux femmes folles (*menadès),* deux femmes lunatiques déchirant un homme qui

"Se tord sous les tortures des femmes [...] le tuant sans le tuer, exquisement raffinées dans chacune de leurs nouvelles variantes" (119)

Implicitement, le supplice des militaires écorchant les sacrifiés puis disloquant leurs cadavres, et la furie féminine qui fantasmatiquement inverse les rôles, renvoient négativement à la mythologie primitive du sacrifice sanglant et du corps disloqué des "Ménades".

Cet "autre côté" où Noémie regarde un supplice avant d'être elle-même du spectacle, est à l'évidence un autre texte : un espace d'écriture indescriptible fondamentalement déphasé par rapport au reste. C'est le texte de commande que nous reconnaissons après coup, en l'absence de signes d'identification. Le passage de l'autre côté est coupé et le fantastique s'articule encore sur ces *coupes sombres,* cette syncope de l'espace dans l'écriture et de l'écriture comme espace, qui désigne un passage non protégé :

"Inutile de se demander à présent pourquoi j'étais *dans cela,* quel était mon droit, mon rôle, dans ce qui se déroulait sous mes yeux qui sans nul doute ont vu [...] qui sait, était-ce seulement la maman ou une fois de plus *les rafales de la nuit,* des fragments d'images renvoyées par une *coupure* de presse, les mains *coupées* et placées dans un bocal [...] Comment savoir combien cela avait duré, comment s'expliquer que moi aussi, moi aussi qui me croyais pourtant du *bon côté* moi aussi, comment admettre que moi aussi là, de l'*autre côté* des *mains coupées* et des fosses communes [...] j'appelai le sculpteur [...] et lui racontai ce qu'il m'était arrivé [...] *c'est ça le texte.* Je te l'enverrai dès que je l'aurai retapé ..." (119-121, je souligne).

Problème : de quel côté *être* ? Hétérotopie du fantastique. *De l'autre côté* et *de ce côté ci* ; la coupure de presse entrecoupée d'images oniriques ; les mains coupées (un nouveau pont avec la ville cauchemardesque de "Siestes" et les phases de la lune de Delvaux...) ; et *de tous les côtés* l'écriture : "une chose [...] vécue de manière indicible mais non vue, le *passage* d'une nouvelle de Jack London" (119), ou d'une nouvelle de Cortázar ou de Noémie, ou ... d'une *coupure* de presse : le sculpteur écrit à la narratrice pour accuser réception du texte commandé et lui envoie un autre texte :

"L'autre soir j'ai cru un bon moment que tu me racontais quelque chose qui t'était véritablement arrivé, et puis je suis tombé par hasard sur le *France-Soir* dont je me permets de *découper* à ton intention la source de ta remarquable expérience personnelle [...] nous sommes de trop bons amis pour que tu te sois crue obligée de me conditionner par avance à ton texte [...]. Je jetai un coup d'oeil à l'article et je vis que je l'avais *déchiré* par inadvertance ..." (121-122, je souligne).

Ce que nous croyions être une aventure insolite "réellement" arrivée à Noémie, apparaît successivement, bout à bout, comme un cauchemar, puis une réminiscence d'une nouvelle de London, puis le texte de commande, et (enfin ?) la paraphrase d'une nouvelle *coupure* de presse ... Une nouvelle fois, ça écrit sans qu'on sache durablement *qui* écrit et d'*où* ça écrit. L'écriture fantastique rapiécée est faite de citations disloquées, l'écriture par sa propre structure, met en abyme la dilapidation du sens et la dislocation des corps.

"En mouillant un peu trop le bord de l'enveloppe, le sculpteur avait fait la même chose que Jack London et que ma mémoire" (122)

Les trous de mémoire et les trous du texte — les coupes sombres — font osciller le récit entre le *trop* et le *trop peu*. La bavure, la salive sur l'enveloppe du texte, est encore génératrice d'une écriture faite de saillies : la bave du sculpteur enveloppe un nouveau texte ("un drame atroce dans un faubourg de Marseille", 122) qui est *de trop* (il répète le texte de Noémie) et qui est aussi *en moins* : c'est une coupure de presse et c'est une coupure coupée, illisible en partie à cause de ce *trop de bave*. Cette double coupure venant après les trous de mémoire, génère la mise en coupe réglée de l'écriture, et exhibe sa structure syncopée.

On se souvient que Johnny, dans "L'homme à l'affût", est pareillement obsédé par "ce qui est dans les mots, cette espèce de colle, de bave ...", et le narrateur dans "Les fils de la Vierge" (*Las babas del diablo*) est de même paralysé par un "échaffaudage de bave".

Noémie comprend qu'elle a écrit sur le mode littéraire (en mêlant fantasmes, souvenirs, lectures) une scène qui s'est passé "réellement" et parallèlement à Marseille, et qui se trouve écrite dans *France-Soir* dans le style du journalisme à sensations ("la nouvelle était digne de *France-Soir* et de son style", 122). Entre la rue Riquet de Paris et la banlieue de Marseille, entre la nouvelle de Noémie et la nouvelle de *France-Soir*, c'est la nuit et le jour : Noémie revient sur les lieux mais "en plein jour cela n'avait rien à voir avec [son] souvenir [...] la lumière tombait sur les choses tel un *masque* infini" (123). A l'image du héros de "L'autre ciel", Noémie ne peut plus accomplir cette traite fantastique qui fait de Paris et Marseille les deux trottoirs de la rue Radiguet. La nouvelle de Cortázar devient une nouvelle fantastique bien que la place accordée à l'actualité politique soit fondamentale : ce *coup d'écriture* (Cortázar dans ces dernières nouvelles le répète avec bonheur) continue la tradition littéraire du fantastique américain[1] ouverte par W. Irving au début du XIX^{è} siècle.

---

[1]   C'est là une évolution sensible par rapport à ma thèse sur le fantastique cortázarien, où j'avançais que ces liens entre l'Histoire et le fantastique étaient spécifiques à l'auteur et constituaient une évolution du genre ; voir B. TERRAMORSI, *Rites, jeux et passages ...*, *op. , cit.*, p. 364 et *passim*.

Nous l'avons observé tout au long de ce dernier chapitre : la mythologie littéraire cortázarienne s'articule dans les derniers recueils sur une mythologie politique moderne immédiatement référentielle pour le lecteur. Une manière dit Cortázar de continuer à

> "Écrire en tant que forme spécifique d'action, mais, désormais à partir de perspectives plus ouvertes, d'angles de tir nouveaux et plus efficaces"[1].

La mise en regard de la mythologie littéraire de l'*oppression du cauchemar* et de l'*oppression politique* ("Quelqu'un qui passe par là", "Cauchemars", "L'école, la nuit") ; des jeux poétiques et des rituels politiques ("Graffiti", "Satarsa") ; du mort-vivant et du "disparu" ("La deuxième fois", "Coupures de presse"), fait apparaître un élément totalement absent du fantastique jamesien mais fondamental dans les premières fictions fantastiques américaines : la *coïncidence de la Surnature et de l'Histoire, de la terreur fantastique et de la terreur politique.*

Le processus historique qui aliène et opprime le héros fantastique n'est pas plus que le Mythe ou la Folie, un axe résolutif du récit fantastique cortázarien : quand au "Sens de l'Histoire" se substitue l'insensé de l'Histoire, quand des faits singuliers ont lieu en dehors de tout procès historique, l'Histoire apparaît comme une force arbitraire d'éviction — le héros fantastique est isolé de tout collectif — ; un vecteur d'angoisses et de violences qui se produisent sans raison, sans causalité historique.

L'Histoire est ici la figure textuelle moderne de l'Innommable et de l'Irreprésentable. Le *Spectrum* du récit fantastique cortázarien — pour reprendre la terminologie de Barthes —, c'est son référent historique *et* macabre : le *Studium* désignerait ce champ culturel très codé qui renvoyait d'abord chez Cortázar aux troubles intérieurs d'une psyché — à la manière de James —, et qui finalement renvoie aux troubles politiques contemporains ; le *Punctum* du récit — "piqûre, petit trou, petite tache, petite coupure"[2] — vient bouger le *studium* : c'est précisément le fantastique du récit, ce qui nous *point*, nous pique au vif viscéralement et intellectuellement. Le *punctum* est la coupe sombre du récit fantastique, ce qui échappe mais retient par là même. Le fantastique c'est en partie ce grain du texte qui va gripper le mécanisme de la Représentation, cette macule, ce reste à lire.

1   CORTÁZAR, J. "Amérique Latine : exil et littérature", *op. cit.*, p. 122.
2   BARTHES, R., *La chambre claire, op. cit.*, p. 49.

Le *punctum* est point de détail fulgurant qui, durablement, fait du récit un récit fantastique. Car le texte n'est pas épuisé — comme une énigme ou une farce — par sa lecture ; le récit fantastique est fantastique notamment parce que cette prise de connaissance est retournée, et devient une connaissance prise à son propre piège. Ce point de détail dont nul regard, nulle lecture ne peut s'accommoder, est ce qui résiste dans le texte, ce qui le fonde comme texte et donc comme résistance à la lecture. "Ce que je peux nommer ne peut réellement me poindre. L'impuissance à nommer est un bon symptôme de trouble" dit Barthes[1].

Cortázar, dans le cadre de ce que j'ai appelé sa littérature apocalyptique, a toujours cherché à relier la machine à écrire et l'appareil photographique :

> … "Une photographie réussie présuppose une étroite limitation préalable, en partie imposée par le champ réduit qu'embrasse l'appareil et par la façon dont le photographe en use à des fins esthétiques. Je ne sais pas si vous avez déjà entendu un photographe professionnel parler de son art ; j'ai toujours été surpris de le voir s'exprimer en bien des points comme pourrait le faire un conteur. Des photographes de la valeur d'un Cartier Bresson ou d'un Brassaï définissent leur art comme un apparent paradoxe : celui de découper un fragment de la réalité, lui fixant des limites déterminées, mais de sorte que cette découpe agisse comme une explosion qui ouvre de part en part une réalité beaucoup plus vaste, comme une vision dynamique qui transcende spirituellement le champ embrassé par l'appareil [...] ; le photographe ou le conteur se voient obligés de choisir et de limiter une image ou un événement qui soient significatifs, qui ne valent pas uniquement pour eux-mêmes, mais qui soient capables de créer chez le spectateur ou le lecteur une sorte d'ouverture …"[2].

Le récit fantastique cortázarien nous situe à ce moment charnière, cette voie de passage où le sujet n'est ni sujet ni objet, mais un sujet qui devient objet. Et d'abord l'objet de pressions : d'où la confusion savamment dosée, des terreurs primordiales et du régime politique de la Terreur sous le même *masque de terreur*. Cette vision récurrente de la face mortifiée à travers le cérémonial de l'écriture — rites, jeux, passages —, produit l'épiphanie obsessionnelle du *spectre de l'Histoire*.

De "Apocalypse de Solentiname" à "Coupures de presse", en passant par "Cauchemars", le héros fantastique se situe à l'articulation du temps mythique et de l'Histoire, dans le jeu d'une machination fantastique et politique. Ce qui nous point dans le récit, ce qui en fait un récit fantastique et non un documentaire ou une coupure de presse, c'est la rencontre dans un même cadrage narratif, du *studium* bien repérable de l'Histoire et du *punctum* insaisissable que constitue le moment où, durant un bref et terrible instant, le héros fantastique se détourne et nous regarde comme Mecha, droit dans les yeux. Croiser ce regard c'est voir la *Mort en face*.

A partir des années 70, le fantastique cortázarien tourne autour des *restes macabres d'une Histoire qui défigure et disloque, une Histoire défigurée et disloquée*. La figure mythique de l'oppresseur nocturne — l'incube ou le succube — est associée dans les derniers récits à l'image de l'oppresseur militaire, du *pouvoir fort* : non pas (et on n'insistera jamais assez sur ce point) pour expliquer, décoder une situation politique — Cortázar utilise alors la tribune des conférences ou les interviews —, mais au contraire pour la coder, pour la *littérariser*. Les troubles fantastiques — oppression par une force occulte,

---

1   *Ibidem*, p. 84.
2   CORTÁZAR, J., *Quelques aspects du conte*, op. cit. (inédit en français, je traduis).

épiphanie du masque de terreur, passage au-delà ... —, ne se déduisent pas des troubles politiques : le fantastique n'est ni informatif ni messianique, et si l'Histoire est omniprésente c'est qu'elle apparaît comme la nouvelle figure mythique d'une machination aliénante.

Les récits fantastiques dits "politiques" de Cortázar ne sont pas épuisés par leur enracinement socio-historique, car c'est plus l'Histoire qui les mine que la situation politique de l'Argentine entre 1976 et 1983. C'est pourquoi, quinze ans plus tard, alors que le souvenir de la "guerre sale" argentine s'est estompée, ces récits n'ont rien perdu de leur effet.

La difficulté répétée de la fiction à s'engendrer (qui est l'argument même des derniers récits) montre assez que le fantastique est un travail radical de la fiction et de l'écriture. La difficulté du récit à s'effectuer en tant que tel, est encore une inscription, dans et par l'écriture mise à mal, du poids oppressant du spectre de l'Histoire. Les récits cortázariens intériorisent ce spectre afin de lui faire subir le *tour de vis* (le travail) de l'écriture littéraire.

J'ai relevé à propos d'"'Apocalypse de Solentiname" et de "Coupures de presse" en particulier, que les dernières nouvelles fantastiques de Cortázar oscillent entre le *fictionnel* et l'*infictionnel*. Le texte commence par se nier comme fiction jusqu'au moment où le fantastique surgit par un point de détail et marque ainsi la dimension littéraire (et limite) du texte : le "je" narrateur qu'on identifie aisément comme l'auteur lui-même, hésite de plus en plus à être littéraire, mais quand il le devient c'est pour, du même coup, devenir fantastique. Autrement dit, dans ces récits, le fantastique coïnciderait avec un *retour en force de l'écriture littéraire* un moment menacée par la loi du silence de l'Etat prétorien et le manichéisme journalistique.

Dans la période 1960-1980, en Amérique Latine la littérature s'est engagée spontanément dans l'exploration de la réalité sociale, et Cortázar note lui-même dans sa préface aux nouvelles de Felisberto Hernández :

> "L'appellation "littérature fantastique" m'a toujours paru fausse et même cavalière en ces temps latino-américains où la part la plus exigeante des lecteurs et des critiques réclament de plus en plus un réalisme combatif. En relisant Felisberto, je suis arrivé au point maximum de ce refus de l'étiquette "fantastique" ; c'est qu'il n'a pas son pareil pour le dissoudre en un incroyable enrichissement de la réalité totale"[1].

La tragédie des peuples latino-américains victimes des juntes militaires est une réalité concrète, dans les années 70 comme dans les années 90, par rapport à laquelle tout citoyen, tout intellectuel se définit et s'éprouve. Ces récits fantastiques ont été publiés dans les années 70 : "l'engagement" était encore une des dynamiques de la vie socio-culturelle en Occident, ils ont été écrits et lus dans un contexte idéologique conflictuel où ils ont bénéficié de l'adhésion des intellectuels majoritairement opposés, après la guerre du Vietnam, aux dictatures soutenues par les Etats-Unis. La réception de tels récits dans les années 1990, alors que le modèle politique américain s'est imposé en Occident et que les intellectuels valident majoritairement cette *doxa*, est totalement différente.

Donnons simplement un exemple : le spectre de "Quelqu'un qui passe par là" constituait pour Cortázar un mort-vivant vindicatif ou un double vengeur, venant persécuter celui qui est venu, en traître, semer la terreur à Cuba victime du blocus

---

1   HERNANDEZ, F. *Les Hortenses,* trad. L. Guille-Bataillon, préf. de J. Cortázar, Paris, Denoël, Les Lettres Françaises, 1975, p. 7.

des Etats-Unis. Cela présuppose, de la part de l'écrivain et du lecteur, un point de vue idéologique concevant le Cuba de "Fidel" (*op., cit.*, 162) comme une île oppressée par la Super-Puissance ya ne. Aujourd'hui la *doxa* veut que Cuba soit, selon le formulaire des médias occidentaux, "un goulag tropical" : l'agression américaine — le blocus économique, la pression idéologique, l'intimidation — est légitimée comme une aide à la population cubaine opprimée. Dans cette perspective — à l'opposé de l'idéologie du texte et dans le texte —, le spectre ne persécute plus un traître mais un sauveur : "l'étranger" devient la figure démoniaque d'un pouvoir totalitaire, il est l'équivalent des forces policières argentines de "Cauchemars", "Satarsa", "La deuxième fois"… Or, le récit résiste à une telle lecture, Jimenez figure un persécuteur venu des Etats-Unis qui, selon le scénario fantastique du chasseur-chassé, va être persécuté ; en termes jamesiens (on pense à la chasse au double bestial dans "Le coin plaisant"), Jimenez est la bête dans la jungle, le tigre à l'affût, qui par un renversement brutal — une révolution — va être traqué par "une menace comme à l'affût" ("Quelqu'un…", 161).

L'écriture fictionnelle en abordant obliquement la description de la réalité sociale contemporaine bute sur des difficultés évidentes : le *je* littéraire ne peut suivre un parti, ne peut entrer dans l'*échiquier politique,* sous peine de générer une littérature de la certitude épuisée par son fondment idéologique. Tout un contexte politique commande l'écriture avant que celle-ci ne lui donne une dimension plus grande que "les télex ou les analyses des spécialistes" dont parle Cortázar.

Le fantastique, en radicalisant la dimension fictionnelle de l'écriture, dit le problématique de manière problématique : littéraire. Ce faisant, il dépasse les formes discursives doxologiques et manichéistes que sont les coupures de presse, les essais et les formulaires. L'article de presse, documentaire ou pamphlétaire, tourne court : il n'est toujours qu'une *coupure* du monde en deux camps antagonistes, et relève d'un schéma idéologique dualiste posant une vérité contre une erreur à partir d'oppositions mécaniques. La nouvelle fantastique en tant qu'expérience des limites de la représentation, permet *ici et maintenant* de suggérer des axes d'interrogations non dominés.

> "Le cronope ou le poète savent que *leurs contradictions ne vont pas contre la nature mais qu'elles sont pour ainsi dire surnaturelles* […] Je parle d'éponges, de pouvoirs d'osmose, de sensibilité barométrique, d'un détecteur qui capte les ondes et les ordonne et les choisit d'une façon qui n'a rien à voir avec les réglements de l'Union Internationale de Communications. […] Ce sentiment d'éponge cette insistance à signaler un manque d'identité […] rappellent ce caméléonisme spécial que les coléoptères carapaçonnés ne peuvent jamais comprendre. Si connaître une chose suppose d'y participer, la connaissance poétique se désintéresse considérablement de ses aspects conceptuels et caparaçonnables ; elle procède par irruption, par assaut"[1].

En montrant l'apparition concomitante de la Surnature et de l'Histoire, Cortázar emboîte deux interrogations se métaphorisant réciproquement : la *Sur-Histoire.* L'Histoire, dans ces derniers récits fantastiques, a lieu sans raison, pour rien. C'est une Chose monstrueuse qui s'anime et arrive malgré tout, qui ne semble pas pouvoir être reliée à une cause ; l'Histoire apparaît singulièrement, circonstanciellement, c'est-à-dire sans procès, sans prolongement, sans déduction.

---

1   CORTÁZAR, J. "Case du caméléon", in *Le tour du jour* …, p. 158 et p. 162. Sur ce thème récurrent du statut de l'écrivain et du caméléonisme (à rapprocher du champ de la *métis*) voir John KEATS et cette lettre du 27 octobre 1818 adressée à Woodhouse que Cortázar aimait citer.

Ainsi, le récit fantastique cortázarien retrouve l'intuition de W. Irving et W. Austin au début du XIXe siècle aux Etats-Unis : l'Histoire est la figure actualisée de l'errance et de l'erreur, il n'y a pas de source historique au processus victimaire constitutif de ces récits, il est impossible de remonter le cours de l'Histoire comme il est impossible de remonter à la source du fleuve pétrifié de "La lointaine". Le fantastique nous fait glisser dans un méandre de l'Histoire : on déserte le sens et ses procès, on bifurque, on erre en des lieux écartés — des trous —, on revient à des choses et des sensations mêlées qui coupent la parole. *Rites, jeux et passages* ou l'Histoire dévoyée.

On a dit que les thèmes de la terreur étatique, de la *Guerra Sucia*, des "disparus", marquaient moins un renouvellement sémantique du genre fantastique qu'un retour de la peur de l'Histoire ; rappelons en effet que la guerre et ses horreurs furent pour le fantastique du folklore et de la tradition orale, des thèmes essentiels. L'historien des mentalités Jean Delumeau, a bien montré qu'au même titre que la Nuit ou le Satanisme, la Guerre et les crises collectives appartiennent au folklore de la peur en Occident. Il existe traditionnellement un fantastique historique à côté du fantastique démoniaque (sorcellerie, spectres ...) et du fantastique étiologique (génies, nains et géants attachés à un lieu).

Les "Apocalypses" de Cortázar se rattachent ainsi explicitement aux Cavaliers de l'Apocalypse : la Mort, la Guerre, la Famine, la Peste. La Mort, souvent sacrificielle et emblématique du *passage,* est omniprésente dans ce paysage narratif et entretient une nécrophobie ; la Guerre, d'abord ritualisée (jeux du cirque, "guerre fleurie"), apparaît finalement comme "la sale guerre" des militaires argentins ; la Famine c'est la voracité des choses et les fantasmes liés à l'oralité ; la Peste, par delà une inquiétude hypocondriaque latente, c'est la maladie mentale, sorte d'infection du rapport au réel. En ce sens le récit "Satarsa" qui réunit tous ces thèmes, est emblématique de l'intéraction du fantastique historique traditionnel (la guerre, la famine, les rats) et du fantastique cortázarien avec ses thèmes spécifiques (phobies animales, masque de terreur, dislocation du langage ...).

Dans le contexte de l'univers uniformisé issu des *coups d'Etat* néo-fascistes, le récit fantastique est constitutif de *coups d'écriture,* de coupes sombres dans le procès historique, qui ne rétablissent aucune vérité historique. L'écriture fantastique dilapide un discours politique aux causes totalisatrices ; elle ne fait pas croire à une autre vérité jusque là voilée et désormais dévoilée. L'écriture fantastique ne fait croire à plus rien et entretient l'attente du pire : la chose sans cause qui se produit, sans faire (d')Histoire.

Les coupures opérées par des récits problématisant à l'extrême leur propre effectuation, font *passer* vers un *état des choses qui échappe à l'Etat.* Les "disparus" de Cortázar sont des personnes *lointaines,* écartées, qui reviennent ; ce sont des revenants, non plus des sujets mais des objets sculptés par la mort. L'apparition parlante et agissante qui surgit au coin de la rue, qui n'était plus ici et revient *là mais où comment.* Nouvelles statues terrifiantes remontées du trou noir et dressées sur le site : les disparus-revenants fixent les lieux fantastiques comme les idoles ensanglantées du paganisme. Là est la statue, là est l'apparition phénoménale : hors de la carte d'état-major, à l'écart du territoire national, la Chose venue d'ailleurs a lieu là mais où, comment ? La Chose fantastique se réduit au lieu, au *gîte* où se produit une violence sans raison d'Etat. Il n'y a plus de bonne ou de mauvaise cause (à servir) : le récit fantastique opère hors du tribunal de l'Histoire. Des faits ont lieu : sans plus. Quelle horreur !

Debout les morts ! Accusés levez-vous ! ... L'Etat prétorien voit se dresser une armée d'ombres échappant aux tribunaux militaires, aux déductions policières, à la raison d'Etat. On a dit que la Chose qui a lieu inexplicablement est hors cause, c'est-à-dire : hors *pronunciamiento,* hors tribunal militaire, hors la loi, hors Etat. La Chose hors Etat (*status*) est pourtant là debout (*status*), en l'état. L'état des choses (*status rerum*) est antérieur aux choses de l'Etat, à la *res publica* ... Dans le fantastique cortázarien la Chose (*res*) est un réel hors de la *res publiça* accusatrice, procédurière ; la Chose hors de cause est là en l'état, forcément pour rien. Pour y être. Voilà des faits sans Histoire : les choses se font, se produisent, c'est la dé-faite du langage et de ses tribunaux. Les faits nécessairement singuliers et imprévisibles, l'emportent sur le jugement.

On repère ainsi sous un autre angle, la rupture de l'espace isotrope de l'étatisme, le recul du monothéisme et de la religion d'Etat ; on appréhende mieux les *passages* sporadiques vers l'espace polymorphe et ilotique du paganisme, vers un pluralisme irréductible. Les *extrema* du fantastique — îles, ponts, lieux écartés, passages —, sont des espaces locaux et variés. A l'écart de l'uniforme et du général ils privilégient des catégories mêlées comme l'espace entre, la limite, le trou ... *Là mais où comment* ? se lit la crise du général et de l'impérialisme, le surgissement du spécifique et du singulier.

La dynamique du fantastique cortázarien ce n'est pas le moteur de l'Histoire, mais la force des choses et sa puissance d'atomisation de l'espace (et) du savoir. L'exception à la règle.

BIFURCATIONS FINALES

"Le gisant local précède la jactance globalisante"

Michel SERRES, *Statues.*

"Le reste était absolument impensable"

Julio CORTÁZAR, *"Lettres de maman".*

OÙ L'ON EN REVIENT À LA CHOSE ...

Au début était "Maison occupée" : de l'*être* sans autre caractéristique que d'avoir lieu incompréhensiblement. Afflux de l'être, *entrée en matière* de ce qui nous sort des yeux. Au début des galeries textuelles cortázariennes, sont les choses sans fondement, invisibles mais là : parasite, bruit, larve. Au début était Pan, la figure païenne de l'inexplicable, du phénomène bruyant qui n'a pas de cause. "La voix de statue d'Irène" est comme l'écho de rien ; elle ne trouve pas les mots mais elle trouve les choses, un réel proche qui se loge là, déloge. Le gîte est découvert. Nul tribunal ne se réunira pour accuser une telle chose, pour condamner ce tapage infernal ; aucune police, aucune juridiction ne tentera de mettre en cause la chose bruyante dès lors à demeure ; elle y est, elle y reste. A posteriori, on peut comprendre que le premier récit fantastique de Cortázar annonçait la panique devant l'approche de la chose hors de cause, devant le réel hors langage et hors tribunal. Les récits ultérieurs ont permis répétitivement de le démontrer : le fantastique est une forme paradoxale de la littérature réaliste qui fait apparaître un réel hors de la *res* (hors procès), et met en avant *la chose qui est là en toute méconnaissance de cause*. Le fantastique est une littérature conflictuelle qui place le conflit hors tribunal, convoque les impressions, les effets, les sens, et invalide les déductions, le jugement, le sens. Le fantastique ne nous informe pas, il nous saisit : voilà une littérature réaliste de la préséance des sensations et des choses sur les idées et les représentations, une littérature qui ne parle pas de la chose mais la fait avoir lieu.

Comme dans le *Bartleby* de Melville — dont "Maison occupée" est comme un écho[1] —, un être sans généalogie arrive sur le seuil puis *est là* sans raison. Le récit fantastique n'est pas gnoséologique — il ne donne à croire en rien et fait perdre connaissance —, il est une variété de la littérature d'aventure : (*advenire*) : la venue de la chose, la chose revenant de loin, approche, *est là* pour rien, comme une statue instable. Le fantastique est une littérature de la circonstance (*circum-stare*), ce qui se tient autour, localement. Les choses, circonstanciellement, viennent, dérivent, tandis que les causes se pétrifient. Le réalisme des récits fantastiques de Cortázar est de répéter l'advenue du réel tel qu'il est : excentrique, unique, inconnaissable sinon en tant que tel. On voudrait que la raison soit toujours déjà là et déduise ses propres fondements : or cruellement,

---

1   TERRAMORSI B., "*Bartleby* or the wall" *Europe*, n° 744, avril 1991.

dans le fantastique il n'en est rien. Il n'y a pas ici de sens préalable à l'être, à l'apparition de la chose ; la fiction fantastique est une fiction abyssale à elle-même car elle est travaillée par l'impossibilité de rendre compte de ses propres conditions de possibilité. La plupart des récits de Cortázar sont hantés par l'impossibilité d'écrire le réel et l'impossibilité d'échapper à ce qu'ils veulent vainement écrire.

La littérature fantastique, dont les récits cortázariens sont une variété originale, refuse les concepts intégraux (univers, genre) et valorise le différentiel, la coupure. J'ai souligné que l'espace *dans* ces récits et *de* ces récits, n'est pas homogène et intégré ; les nouvelles de Cortázar demeurent un agrégat de singularités contradictoires rarement convergentes ; il n'y a pas d'univers fantastique cortázarien, il n'y a que des nouvelles fantastiques disloquées comme les corps des sacrifiés grecs, aztèques et argentins.

Les deux thèmes cortázariens obsédants que sont le *sacrifice humain par déchirement (diasparagmos* grec ou *tecpatl* aztèque) et l'apparition du masque gorgonéen, sont des mises en abyme d'une part, de la dislocation (atomisation) de l'écriture, et d'autre part de sa dimension inarticulée, bruyante et inesthétique. Si "le fantastique est une tête de Méduse"[1], c'est qu'il fait être une chose in-envisageable, informe, car coupée de toute cause, de tout fondement. La tête de mort grecque ou aztèque, la lapidation/dilapidation de celui qui l'a en face ..., renvoient à un effroi sacré, à une esthétique viscérale qui voudrait agir sur le cours des choses. Les jeux sacrificiels grecs et aztèques tentent par leur dimension rhegmatique de rompre l'équilibre, de créer un écart et de forcer ainsi le cours des choses.

Souvenons-nous que dès 1944, dans un essai intitulé "La urna griega en la poesía de John Keats", Cortázar montrait sa fascination pour une poésie dionysiaque, panique[2], qu'il opposait à l'apollonisme de Shelley. Au début de l'écriture cortázarienne il y a peut-être cette chose ; un vase grec destiné aux restes humains, une frise marmoréenne où Keats visione "l'extase sauvage", "le sacrifice", "le mystérieux officiant", "les guirlandes suspendues", "les flûtes et les tambourins" ... Le retour au paganisme et aux choses dans les récits fantastiques cortázariens, laisse entendre que le voyage à Athènes de 1959 (l'*omphalos* culturel occidental : des pierres sculptées et des îles) a été aussi "révélateur" que le premier voyage à Cuba en 1963, dans cette île latine qui s'est coupée de l'empire étatsunien pour devenir un lieu original contre le cours des choses politiques.

Le retour de l'élémentaire, esquisse un espace labyrinthique structuré comme une distribution de jardins ou d'îles. En ces localités polymorphes se dressent les idoles et les spectres (grecs ou aztèques) du polythéisme ; en ces lieux à l'écart de tout, se déchaîne une violence élémentaire permettant tous les écarts. Aussi, il n'y a pas de discours fantastique mais un tissu (texte) rapiécé — littéralement rhapsodique — où une prolifération de signes équivoques laisse *sentir* une menace sans nom. Les rites, jeux et passages cortázariens désignent une série d'empiétements, de morsures (d'un texte, d'un espace, d'une catégorie, sur l'autre) et définissent une structure chiasmatique. Lire le texte fantastique c'est alors promouvoir la figure du *chi* opérant comme graphe du recousu, du carrefour, de la bifurcation. On a dit que le récit fantastique en oeuvrant à couper, décomposer, découdre vaut une analyse — un *diasparagmos* — ; les connexions sporadiques que la lecture compose par recoupements — le *chi* —, sont toujours

1   BOZZETTO R., CHAREYRE-MEJEAN A., PUJADE R., "Penser le fantastique", *Europe* (611), mars 1980, p. 31.
2   CORTÁZAR J., "La urna griega en la poesía de John Keats", *Revista de Estudios Clásicos*, Université de Cuyo, Mendoza, Argentina, t. I, 1944, p. 56.

rares et singulières Lecture "singulière" qui entre dans le détail, privilégie les exceptions, et abandonne la lecture "impérialiste" qui cherche la loi générale, le principe unificateur. Le fantastique nous pousse à une lecture informelle : une in-esthétique pointant les effets de l'Informe, d'une "forme qui ne serait pas en forme"[1] selon la formule de Jean Bellemin-Noël.

A côté de Pan et de Méduse, la figure d'Hermès signale les *Rites, jeux et passages* et un parcours plus exodique que méthodique :

> "Hermès, souvent, sur son chemin, bifurque. [...] Hermès trouve peu à peu sa langue et ses messages, bruits et musique [...]. Il se jette à côté, aux lieux, ici, où les sens bruissent et tremblent [...]. Il aime et connaît l'endroit où le lieu s'écarte du lieu pour aller à l'univers, où celui-ci s'écarte de la loi pour s'invaginer en singularité : circonstance"[2].

Je crois qu'il n'existe pas de théorie globale — monothétique — du fantastique, mais une théorie du singulier, une théorie idiographique, de la chose originale. Une théorie circonstanciée qui ne remonte pas linéairement à la source mais déserte, bifurque, fréquente les extrêmes : ces ponts, ces îles, ces trous où Cortázar nous fait passer, "là mais où, comment" ... Le Fantastique donne à la lecture qui abandonne ses prétentions normatives, l'intelligence du détail, le goût de l'excentricité.

ET TOUT LE RESTE EST FANTASTIQUE ...

Dans cette étude, j'ai souvent référé aux remarques stimulantes de Michel Serres :

> "La première fondation, celle de la collectivité, met en relation le sujet avec la mort. La deuxième fondation, dont nous ne savons pas si elle précède ou suit la première, en découle ou l'approfondit, met en relation la mort avec l'objet [...]. Ce gisement fondamental unit ce qui gît dessous, ce qui ci-gît, ce qui gît devant. [...] Comment le mort devient-il un objet par-delà l'état innommable ? [...] Qu'est-ce que l'objet ? C'est le corps revenu, le sujet ressuscité, ce qu'on appelle un revenant — une statue. Ou l'apparition. Phénoménale. [...] Qu'est-ce qu'une statue ? Un corps vivant recouvert de pierres" [...] Qu'est-ce qu'une statue ? La momie d'abord [...] avant telle sculpture, gît le cadavre, raidi"[3].

De fait, les nouvelles fantastiques de Cortázar ne cesse d'essayer de dire ce *passage* du sujet à l'objet, cette *revenance* impossible de l'objet et qui a lieu là, malgré tout, qui vient *peser* sur l'écriture comme un cauchemar ; ici, ce qui *pèse*, ne peut être *pensé*, soupesé, jugé ... Ce qui apparaît là, est en dehors de la balance du tribunal et de la raison pour qui penser signifie soupeser et juger. Ce qui *est* reste à penser : *là mais où, comment ?* Ce qui reste là ne peut être *arrêté* ; la chose inidentifiable et incomparable ne *veut* rien dire, elle *est*. Sans arrêt. Défaillance de

---

1 BELLEMIN-NOEL J., "Des formes fantastiques aux thèmes fantasmatiques" *Littérature* (2), 1971, p. 112.
2 SERRES M., *Les cinq sens, op. cit.*, p. 315.
3 SERRES M., *Statues, op. cit.*, p. 48 et passim.

la pensée qui pèse et arrête, défaillance de la critique causaliste qui juge ; plaisir (rare) de la lecture qui accompagne, surfile les apories textuelles.

Les statues cortázariennes, les revenants, les disparus, les restes ... arrivent dans et par une écriture qui ne peut plus rien arrêter. Il y a afflux de ces restes, de ces choses qui excèdent toute explication et stationnent là comme excédants ; des circonstances, des choses qui se tiennent autour et dont on ne peut faire le tour : des pierres dressées dans le jardin de la raison, des excentricités.

Nous l'annoncions en prélude, nous y aboutissons, ultime bifurcation : les restes fixent les lieux ; le *soma* (cadavre) se dresse comme un *sema* (pierre tumulaire), le gisant revenant signale les *gîtes* du fantastique cortázarien. Le fantastique c'est le reste : en cela, le fantastique est encore autre chose que ce que j'ai pu en dire.

LINÉAMENTS BIOGRAPHIQUES

LINÉAMENTS BIOGRAPHIQUES[1]

1914 :   le 26 août naissance de Julio Florencio CORTÁZAR à Bruxelles de parents argentins ; son père avait été incorporé dans une mission commerciale proche de la légation argentine en Belgique. La ville est occupée par les Allemands. La famille restera en Suisse jusqu'à la fin de la Première Guerre mondiale.

1918 :   la famille Cortázar rentre en Argentine et s'installe dans la banlieue de Buenos Aires, à Bánfield. Julio parle surtout le français. Il apprend l'espagnol et conservera toute sa vie un accent particulier pour un argentin.
Le père abandonne le foyer et la mère élèvera seule Julio et sa soeur. Vers 8 ans Julio découvre E. Poe, il est fasciné par la littérature fantastique anglo-saxonne et française. Enfant maladif (asthme, pleurésie) et mélancolique. 7 ans d'études à l'Ecole Normale de professeurs Mariano Acosta.

1938 :   première publication, un recueil de poème, *Presencia*, sous le pseudonyme de Julio DENIS.

1937-1944 :   professeur de collège dans la proche province, à Chivilcoy et à Bolívar. Vie solitaire, boulimie de lectures. Enseignant à l'Université de Cuyo à Mendoza : il laisse le souvenir d'un personnage de haute stature, à l'air étonnament juvénil, simple et modeste. Militant anti-péroniste, il renonce à ses cours lors de l'élection de Perón. Emploi à la Cámera Argentina de Libros de Buenos Aires, études de traducteur, collaboration à des revues littéraires.

1945 :   Perón est porté au pouvoir par les *descamisados*. Culte de la personnalité du couple Juan et Eva Perón ; régime populiste, nationaliste (1946-55). L'Argentine accueille des responsables nazis en fuite.

---

1   Julio CORTÁZAR est toujours resté très discret sur sa vie, préférant parler de son œuvre et de la réalité sociale latino-américaine. Nous rassemblons ici quelques données biographiques à partir de ses livres d'entretiens. Pour une biographie plus élaborée lire K. BERRIOT, *Julio Cortázar l'enchanteur*, Presses de la Renaissance, 1988.

1949 :	Premier retour en Europe de Julio. Publication de *Los Reyes* (Les Rois). Julio se surmène pour passer ses examens de traducteur, il écrit des nouvelles fantastiques, certaines sont publiées dans la revue de Borges *Los Anales de Buenos Aires* ; elles seront réunies dans *Bestiario*.
1951 :	il obtient une bourse pour partir à Paris : il a 37 ans. Publication à Buenos Aires de son premier recueil de contes *Bestiario*.
1953-1956 :	il se marie avec Aurora Bernárdez, entre à l'UNESCO comme traducteur, poursuit son œuvre littéraire avec *Final del juego*.
1959 :	triomphe de la révolution castriste, Cuba "premier territoire libre d'Amérique Latine". Boom de la littérature latino-américaine qui se prolongera jusque dans les annes 70. Intérêt de l'Europe pour la culture latino-américaine.
1963 :	Cortázar a 49 ans et il est désormais connu grâce au succès de son roman *Rayuela* (*Marelle*). Première traduction française de ses nouvelles : *Les armes secrètes*. Multiplications des foyers révolutionnaires en Amérique Latine, prise de conscience culturelle et politique dans le sillage de la révolution cubaine. Cortázar soutient le régime castriste et restera fidèle à cet engagement jusqu'à sa mort. La France sort de la guerre d'Algérie. La tension Est-Ouest grandit. Les Etats-Unis s'engagent au Vietnam. A Buenos Aires, Eichmann est enlevé par un commando sioniste, il sera jugé et pendu en Israël.
1966 :	coup d'état militaire en Argentine. L'année précédente les Etats-Unis sont intervenus à St Domingue ; l'année suivante mort de Che Guevara en Bolivie. Agitation estudiantine sur tout le continent. Cortázar publie *Todos los fuegos el fuego*.
1967-1970 :	Cortázar : *La vuelta al día..., Modelo para armar, Ultimo round* ... Traduction française d'une compilation de nouvelles de *Bestiario, Final del Juego, Las armas secretas* : *Gîtes*. Guerila urbaine en Argentine, mouvement *montonero* (péroniste de gauche), terrorisme ; coup d'état militaire au Pérou et en Equateur. Cortázar assiste à la prise de fonction de S. Allende au Chili et à l'installation du gouvernement d'Unité Populaire. Mouvement de mai à Paris et printemps de Prague.
1973-1975 :	Cortázar : *Libro de Manuel* (prix Médicis Etranger), *Octaedro* ; il participe au Tribunal Russel, défend le régime cubain, le sandinisme. Coups d'état au Chili, en Uruguay, en Bolivie. Les Etats-Unis perdent la guerre du Vietnam. Crise pétrolière.
1976 :	suite à la décomposition du régime péroniste et à la radicalisation des mouvements de gauche, coup d'état militaire en Argentine (le 7è en 50 ans). La "*Guerra Sucia*" : violente répression, système étatique des "disparitions". Cortázar ne peut plus rentrer librement en Argentine, censure de ses œuvres. En Espagne mort de Franco : après Paris dans les années 70, Madrid devient un foyer d'accueil pour les exilés latino-américains.

1977-1981 :   Cortázar, *Alguien que handa por ahí, Queremos tanto a Glenda, Los autonautas de la cosmopista*. Il obtient la nationalité française après l'investiture de F. Mitterrand, afin de se déplacer plus librement en Amérique Latine. Soutient au régime sandiniste et dénonciation des pressions américaines (financement des "Contras", minage des ports). L'Europe se désintéresse de l'Amérique Latine : création de Solidarnosc en Pologne, agitation dans les pays de l'Est, l'Eglise catholique canalise les revendications. R. Reagan succède à J. Carter à la présidence des Etats-Unis.

1982-1983 :   guerre des Malouines, la dictature militaire argentine s'effondre ; K. Barbie est extradé de Bolivie par la France. Le centenaire de K. Marx passe inaperçu. Débat en France sur "le silence des intellectuels de gauche". Lech Walesa prix Nobel de la Paix. Mort de Carol Dunlop la dernière compagne de Cortázar, publication du dernier recueil de contes *Deshoras*. García Márquez prix Nobel de Littérature. Cortázar, atteint par une leucémie depuis deux ans, très affaibli, rentre en Argentine le 29 novembre 1983, retrouve sa vieille mère et sa soeur ; le président de la nouvelle démocratie Raúl Alfonsín reçoit Borges et Sábato, mais ne recevra pas Cortázar trop marqué à gauche par son soutien au gouvernement sandiniste : il quitte Buenos Aires sans reconnaissance officielle.

1984 :   Identification du virus du SIDA. Mort de M. Foucault. Montée de l'extrême droite en France. Débat sur Heidegger et le nazisme. Cortázar est hospitalisé à son retour à Paris, il meurt le 12 février à l'Hôpital St Lazare. Il est enterré au cimetière Montparnasse auprès de sa dernière femme Carol Dunlop. Publications posthumes : *Nicaragua tan violentamente dulce, Salvo el crepúsculo, Argentina años de alambradas culturales*.

BIBLIOGRAPHIES

BIBLIOGRAPHIE DES NOUVELLES DE JULIO CORTÁZAR

DE L'ÉDITION ORIGINALE À L'ÉDITION FRANÇAISE[1]

CORTÁZAR, Julio :

— "Llama el teléfono, Delia" (Le téléphone sonne Délia), *El despertar* (Chivilcoy), 22 octobre 1942.
La nouvelle fut reprise dans *Clarín* (Buenos Aires) le 13 septembre 1979 sans l'autorisation de l'auteur.

— "Bruja" (Sorcière) *Correo Literario* (Buenos Aires), 15 août 1944.
La nouvelle fut reprise en espagnol dans *Caravelle* (31), 1978 ; puis dans *Co-Textes* (11), juin 1986.

— "Casa tomada", *Los anales de Buenos Aires,* (2), décembre 1946.
Accompagné d'un dessin de Norah Borges, la soeur de J.-L. Borges. La nouvelle paraîtra dans la seconde édition de l'*Antología de la literatura fantástica* (1965) de J.-L. Borges et A. Bioy Casares.

— "Bestiario", *Los anales de Buenos Aires* (11), septembre 1947.

— *Bestiaro,* Buenos Aires, édit. Sudamericana, 1951, contient :
  • "Casa tomada" ("Maison occupée", *Gîtes*)
  • "Lejana" ("La lointaine, *Les armes secrètes* ; et *Anthologie du Fantastique* de R. Caillois, 1966°
  • "Omnibus" ("Autobus", *Gîtes*)
  • "Cefalea" ("Céphalée", *Gîtes*)

---

1   Les éditions Gallimard ont publié récemment l'intégrale des nouvelles de Julio CORTÁZAR (Nouvelles 1945-1982 , préface de M. Vargas Llosa, Paris: Gallimard, 1993) : il nous a paru néammoins utile d'établir cette bibliographie des nouvelles de l'argentin car ce travail n'a jamais été mené systématiquement.

— *Las armas secretas*, Buenos Aires, éd. Sudamericana, 1959, contient :
- "Cartas de mama" ("Lettres de maman", *Gîtes*)
- "Los buenos servicios" ("Bons et loyaux services", *Les armes secrètes).*
- "Las babas del diablo" ("Les fils de la Vierge", *Les armes secrètes).*
- "Las armas secretas" ("Les armes secrètes", *Les armes secrètes).*
- "El perseguidor" ("L'homme à l'affût", *Les armes secrètes).*

— *Les armes secrètes*, Paris, Gallimard, 1963, 309 p. Le premier recueil de Cortázar en français mêle sans avertissement des récits de *Bestiario, Final del juego* et *Las armas secretas* :
- "La nuit face au ciel"
- "Axolotl"
- "Circé"
- "Les portes du ciel"
- "Continuité des parcs"
- "La lointaine"
- "La fin d'un jeu"
- "Les fils de la Vierge"
- "Bons et loyaux services"
- "Les armes secrètes"
- "L'homme à l'affût"

— *Final del juego*, Mexico, édit. Los Presentes, 1956.
2e édition augmentée, Buenos Aires, édit. Sudamericana, 1964.
L'édition mexicaine de 1956 comptait neuf récits et l'édition argentine dix huit récits :
- "Final del juego" ("La fin d'un jeu", *Les armes secrètes)*
- "Continuidad de los parques" ("Continuité des parcs", *Les armes secrètes)*
- "No se culpa a nadie" ("N'accusez personne", *Gîtes)*
- "El río" ("Le fleuve", *Gîtes)*
- "Los venenos" ("Les poissons", *Gîtes)*
- "La puerta condenada" ("La porte condamnée", *Gîtes)*
- "Las ménades" ("Les ménades", *Gîtes)*
- "El ídolo de las Cícladas" ("L'idole des Cyclades", *Gîtes)*
- "Una flor amarilla" ("Une fleur jaune", *Gîtes)*
- "Sobremesa" ("Dîner d'amis", *Gîtes)*
- "La banda" ("La fanfare", *Gîtes)*
- "Los amigos" (inédit en français)
- "El móbil" (inédit en français)
- "Torito" (inédit en français)
- "Relato sobre un fondo de agua" ("Récit sur un fond d'eau, *Gîtes*)
- "Después del almuerzo" ("La promenade", *Gîtes)*
- "Axolotl" ("Axolotl", *Les armes secrètes* ; et *Anthologie du Fantastique* de R. Caillois, 1966)
- "La noche boca arriba" ("La nuit face au ciel", *Les armes secrètes)*

222

- "La salud de los enfermos" ("La santé des malades", *Ibidem*).
- "Reunión" ("Réunion", *Ibidem*)
- "La señorita Cora" ("Mademoiselle Cora", *Ibidem*)
- "La isla a mediodía" ("L'île à midi", *Ibidem*)
- "Instrucciones para John Howell" ("Directives pour John Howell", *Ibidem*)
- "Todos los fuegos el fuego" ("Tous les feux le feu", *Ibidem*)
- "El otro cielo" ("L'autre ciel", *Ibidem*)

— *Todos los fuegos el fuego*, Buenos Aires, édit. Sudamericana, 1966. Edition française : *Tous les feux le feu*, Paris, Gallimard, coll. "Du monde entier", 1970, 200 p.
Reprise fidèle de l'édition originale :
- "La autopista del Sur" ("L'autoroute du Sud", *Tous les feux le feu*)
- "La Salud de los enfermos" ("La Santé des malades", *Ibidem*)
- "Réunion" ("Réunion", Ibidem)
- "La Señorita Cora" ("Mademoiselle Cora", *Ibidem*)
- "La isla a mediodía" ("L'île à midi", *Ibidem*)
- "Instrucciones para John Howell" ("Directives pour John Howell", *Ibidem*)
- "Todos los fuegos el fuego" ("Tous les feux le feu", *Ibidem*)
- "El otro cielo" ("L'autre ciel", *Ibidem*)

— *Gîtes*, Paris, Gallimard coll., "Du monde entier", 1968, 250 p.
Miscellanées de *Bestiario* (1951), *Las armas secretas* (1959) et *Final del juego* (1964) :
- "Lettres à une amie en voyage"
- "Maison occupée"
- "La promenade"
- "Récit sur un fond d'eau"
- "Les ménades"
- "Une fleur jaune"
- "Dîner d'amis"
- "Céphalée"
- "Le fleuve"
- "L'idole des Cyclades"
- "La fanfare"
- "N'accusez personne"
- "Les poisons"
- "Autobus"
- "La porte condamnée"
- "Lettres de maman"
- "Bestiaire"

— *Casa tomada*, Buenos Aires, éd. Minotauro, 1969. Edition graphique de la nouvelle, réalisée par Juan Fresán.

— *Octaedro*, Buenos Aires, éd. Sudamericana, 1974. Edition française, *Octaèdre*, Paris, Gallimard, coll. "Du monde entier", 1976, 174 p.
Reprise fidèle du recueil original :
- "Liliana llorando" ("Liliane pleurant", *Octaèdre*)
- "Los pasos en las huellas" ("Les pas dans les traces", *Ibidem*)

- "Manuscrito hallado en un bolsillo" ("Manuscrit trouvé dans une poche", *Ibidem*)
- "Verano" ("Eté", *Ibidem*)
- "Ahí pero donde, cómo" ("Là mais où, comment", *Ibidem*)
- "Lugar llamado Kindberg" ("Lieu nommé Kindberg", *Ibidem*)
- "Las fases de Severo" ("Les phases de Severo", *Ibidem*)
- "Cuello de gatito negro" ("Cou de petit chat noir", *Ibidem*)

— *Los Relatos*, 1ère éd. Buenos Aires, éd. Sudamericana, 1970, 1ère éd. espagnole Madrid, éd. Alianza, 1976, 3 vol., 672 p.
Cortázar a réuni ses nouvelles en 3 volumes "thématiques", *Rites* (1), *Jeux* (2), *Passages* (3). Ainsi se trouvent mêlés les recueils antérieurs suivants : *Bertiario, Final del juego, Las armas secretas, Todos los fuegos el fuego, Octaedro*.
- (1) "Ritos" [Rites] :
  "La nuit face au ciel" ; "Bestiaire" ; "Lettres à une amie en voyage" ; "Récit sur un fond d'eau" ; "L'idole des Cyclades" ; "Autobus" ; "Les ménades" ; "Liliane pleurant" ; "La promenade" ; "Circé" ; "La santé des malades" ; "Les poissons" ; "Les phases de Severo" ; "Mademoiselle Cora" ; "bons et loyaux services" ; "Lettres de maman" ; "La fin d'un jeu" ; "Manuscrit trouvé dans une poche" ; "Avec un légitime orgueil" ; "Le voyage".
- (2) "Juegos" [Jeux] :
  "Continuité des parcs" ; "La porte condamnée" ; "N'accusez personne" ; "Le fleuve" ; "Siestes" ; "Le fleuve" ; "Directives pour John Howell" ; "Séjour de la main" ; "Céphalée" ; "Torito" (inédit en français") ; "Los amigos" (inédit en français) ; "El mobil" (inédit en français) ; "Eté" ; "Les pas dans les traces" ; "Lieu nommé Kindberg" ; "Tous les feux le feu" ; "Dîner d'amis" ; "Silvia" ; "L'autoroute du Sud".
- (3) "Passajes" [Passages] :
  "Maison occupée" ; "Axolotl" ; "La caresse la plus profonde" ; "La lointaine" ; "Une fleur jaune" ; "La fanfare" ; "Là mais où, comment" ; "Réunion" ; "Les portes du ciel" ; "Les armes secrètes" ; "Cou de petit chat noir" ; "Les fils de la Vierge" ; "L'île à midi" ; "L'autre ciel" ; "L'homme à l'affût".

— "La deuxième fois", *Le Monde Diplomatique*, mai 1977. La nouvelle paraîtra l'année suivante dans *Façons de perdre*.
— "Apocalypse de Solentiname", *Les Nouvelles Littéraires*, décembre 1977. La nouvelle paraîtra de même dans *Façons de perdre*.

— *Alguíen que anda por ahí*, Mexico, éd. Hermes, 1977. Ed. espagnole, Madrid, edic. Alfaguara, 1977. Edition française, *Façons de perdre*, Paris, Gallimard, coll. "Du monde entier", 1978, 185 p. Reprise fidèle des éditions en espagnol.
- "Cambio de luces" ("Eclairages", *Façons de perdre*)
- "Vientos alisios" ("Vents alizés", *Ibidem*)
- "Segunda vez" ("La deuxième fois", *Ibidem*)
- "Usted se tendió a tu lado" ("Vous vous êtes allongés à tes côtés", *Ibidem*)

- "En nombre de Boby" ("Au nom de Boby", *Ibidem)*
- "Apocalypsis de Solentiname" ("Apocalypse de Solentiname, *Ibidem)*
- "La barca o nueva visita en Venecia" ("La barque ou nouvelle visite à Venise", *Ibidem)*
- "Reunión con un círculo rojo" ("Réunion avec un cercle rouge", *Ibidem)*
- "Las caras de la medalla" ("Les faces de la médaille", *Ibidem)*
- "Alguíen que anda por ahí" ("Quelqu'un qui passe par là", *Ibidem)*
- "La noche de Mantequilla" ("Le soir de Napoles", *Ibidem)*

— "Graffiti", *Sin Censura* (o), novembre 1979.
La nouvelle dédiée à Antoni Tàpies sera aussi publiée dans la revue des éditions Maeght, accompagnée de lithographies originales du peintre catalan : *Derrière le miroir* (234), 1979.

—*Queremos tanto a Glenda y otros relatos,* Madrid, Edic. Alfaguara, 1980.
Edition française, *Nous l'aimons tant, Glenda et autres récits,* trad. L. Guille Bataillon et F. Campo, Paris, Gallimard, coll. "Du monde entier", 1982, 184 p. Reprise fidèle de l'édition originale :
- "Orentación de los gatos" ("Orientation des chats", *Nous l'aimons tant, Glenda et autres récits).*
- "Queremos tanto a Glenda" ("Nous l'aimons tant Glenda", *Ibidem*)
- "Historia con migalas" ("Histoire avec des mygales", *Ibidem)*
- "Graffiti" ("Graffiti", *Ibidem)*
- "Clone" ("Clone", *Ibidem)*
- "El tango del retorno" ("Le tango du retour", *Ibidem)*
- "Recortes de prensa" ("Coupures de presse", *Ibidem)*
- "Texto sobre un carnet" ("Texte sur un carnet", *Ibidem)*
- "Historias que yo me cuento" ("Histoire que je me raconte", *Ibidem)*
- "Anillo de Möbius ("Anneau de Möbius, *Ibidem)*

— *Le tour du jour en quatre-vingts mondes,* trad. L. Guille-Bataillon, K. Berriot, J.-C. Lepetit et C. Zins, Paris, Gallimard, coll. "Du monde entier", 1980, 312 p. ill. Miscellanées réalisées à partir de deux livres-almanach inédits en français : *La vuleta al día en ochenta mundos,* Mexico, edit. Siglo XXI, 1967, et *Ultimo round,* Mexico, edit. Siglo XXI, 1969. Nous citons deux nouvelles : "La caresse la plus profonde" (pp. 137-143) ; et "Siestes" (pp. 300-311).

— "Cauchemars", trad. F. Campo, *Le Monde Diplomatique,*octobre 1983.
La nouvelle qui paraîtra dans le recueil *Heures indues,* est accompagnée d'un dessin d'Antoni Segui.

— *Deshoras,* Madrid, edic. Alfaguara, 1982.
Edition française, *Heures indues,* Trad. L. Guille-Bataillon et F. Campo-Timal, Paris, Gallimard, coll. "Du monde entier", 1986, 167 p. Reprise fidèle de l'édition originale :

- "Botella al mar" ("Bouteille à la mer", *Heures indues)*
- "Fin de etapa" ("Fin d'étape", *Ibidem)*
- "Segundo viaje" ("Deuxième voyage", *Ibidem)*
- "Satarsa" ("Satarsa", *Ibidem)*
- "La escuela de noche" ("L'école, la nuit", *Ibidem)*
- "Deshoras" ("Heures indues", *Ibidem)*
- "Pesadillas" ("Cauchemars", *Ibidem)*
- "Diario para un cuento" ("Anabel", *Ibidem)*

— *Ahí y ahora. Los Relatos,* Madrid, édit. Alianza, 1985, vol. 4.
Parution posthume du quatrième volume de l'édition "thématique" des nouvelles, préparé par l'auteur avant sa mort.
- (4) "Ahí y ahora" [Ici et maintenant] :
  "Graffiti" ; "La deuxième fois" ; "Apocalypse de Solentiname" ; "Coupures de presse" ; "Satarsa" ; "Quelqu'un qui passe par là" ; "L'école, la nuit" ; "Le soir de Napoles" ; "Cauchemars"

— *Nouvelles (1945-1982),* Paris : Gallimard, Préface de M. Vargas Llosa, Traduction par L. Bataillon, F. Campo-Timal, F. Rosset, 1993.
Réunion des 11 volumes de récits parus (230 nouvelles), avec quinze nouvelles inédites en recueil et écrites entre 1937 et 1945.

NUMEROS SPÉCIAUX DE REVUES SUR JULIO CORTÁZAR :

— "Julio Cortázar", *Revista Iberoamericana,* Pittsburg, (84-85), 1973.
— "Julio Cortázar", *L'Arc,* Aix-en-Provence, (80).
— "Julio Cortázar en Barnard", *Inti, Revista de Literatura Hispánica* (10-11), 1979-80.
— "Julio Cortázar", *Cuadernos Hispanoamericanos,* Madrid, (364-266), oct. dic. 1980.
— "Variaciones sobre Julio Cortázar", *Araucaria* (26), 1984.
— "Julio Cortázar", *Casa de las Américas* (145-146), julio-octubre de 1984.
— "Julio Cortázar", *Co-Textes* (11), 1986, Université de Montpellier.
— "Dossier Cortázar", *Oracl,* Poitiers, (19-20), été 1987.
— "Julio Cortázar", *Drailles* (9), 1988.

LES FILMS RÉALISÉS À PARTIR DES NOUVELLES

— *La cifra impar* réalisé par Manuel ANTIN en 1971, à partir de "Lettres de maman". Avec Lautaro Murcia, Maria Rosa Gallo et Sergio Renán.

— *Circe* réalisé par Manuel ANTIN en 1964, avec Sergio Renán et Graciela Borges.

— *El perseguidor* réalisé par Osias WILENSKY en 1965 avec Sergio Renán et Inda Ledesma.

— *Intimidad de los parques* réalisé par Manuel ANTIN en 1966 à partir de "Continuité des parcs" et de "L'idole des Cyclades".

— *Blow Up* réalisé par Michelangelo ANTONIONI en 1967, inspiré des "Fils de la Vierge".

— *Week End* réalisé par J.L. GODARD en 1968. Une séquence du film est basée sur "L'autoroute du sud" dont L. Comencini se souviendra aussi dans *Le grand embouteillage.*

— *La fin d'un jeu* réalisé par Bruno WALTER (date non précisée).

— *Monsieur Bébé* réalisé pour la télévision par Claude CHABROL en 1974 à partir de "Bons et loyaux services".

BIBLIOGRAPHIE SUCCINTE SUR LE FANTASTIQUE

A)   OUVRAGES

BARRENECHEA, A.M., SPERATTI PINERO, E.S. *La literatura fantástica en Argentina,* Mexico : Imprenta Universitaria, 1957.

BESSIERE, I. *Le récit fantastique, La poétique de l'incertain,* Paris : Larousse, 1974.

BOZZETTO, R., *L'obscur objet d'un savoir.* Publications de l'Université de Provence, 1992.

CAILLOIS, R., *Anthologie du fantastique,* Paris : Gallimard, 1966, 2 vol. Etude préliminaire et notes.

CHAREYRE MEJAN, A., *Le réel et le fantastique.* Thèse de Philosophie. Université de Nice, 1991.

Collectif : *Du fantastique en littérature.* Presses de l'Université de Provence, 1990.

Collectif : *Europe* (707) mars 1988, "Le fantastique américain"

Collectif : *Europe* (611) mars 1980, "Les fantastiques"

Collectif : *Le Magazine Littéraire,* n°66, 1972, "Littérature fantastique".

Collectif : *Rio de La Plata* (1), 1985, Paris (CELCIRP), "Lo imaginario y lo fantastico".

DURAND, G. *Les structures anthropologiques de l'imaginaire,* Paris : Dunod-Bordas, 1ère éd. 1969, 10è éd. 1984.

FABRE, J. *Le miroir de sorcière. Essai sur la littérature fantastique*. Paris, Corti, 1992.

FINNE, J. *La littérature fantastique. Essai sur l'organisation surnaturelle*, Bruxelles : Edit. de l'univ. de Bruxelles, 1980.

FLESCA, H. *Antologiá de literatura fantástica argentina*. Etude préliminaire et notes, Buenos Aires : Edit. Kapelusz, 1970, T.1.

HAHN, O. *El cuento fantastico hispanoamericano en el siglo XIX*, Mexico : Edit, Premia, 1982.

LLOPIS R. *Historia natural del cuento de miedo*, Madrid : Jucar, 1974.

PENZOLOT, P. *The Supernatural in Fiction*, London ; P. Nevill, 1952.

PONNAU, G. *La folie dans la littérature fantastique*, Editions du CNRS, 1987.

RISCO, A. *Literatura fantástica de lengua espanola*, Madrid : Taurus, 1987.

ROSSET, C. L'objet singulier, Paris : Ed. de Minuit, 1979.

STEINMETZ, J.L., *La littérature fantastique*, PUF, "Que sais-je ?", 1990.

TERRAMORSI, B., *Le Nouveau Monde et les espaces d'altérité. Etude du Fantastique dans les nouvelles de Henry James et Julio Cortázar*. Thèse de Littérature Comparée. Université de Nantes, 1993.

TODOROV, T., *Introduction à la littérature fantastique*, Paris : Seuil, 1970.

VAX, L. *La séduction de l'étrange*, Paris : PUF, 1965, (nlle édit., 1987)

B) ARTICLES

BARRENECHEA, A.M., "Ensayo de una tipología de la literatura fantástica", *Revista Iberoamericana* (80), jul. -sept, 1972, pp. 391-403.

BELLEMIN NOEL, J., "Notes sur le fantastique", *Littérature* (8), 1972, pp. 3-22.

BOZZETTO, R., "De l'absence du même à la présence de l'autre. Notes sur le fantastique" *Revue Philosophique* 33/6, août-sept. 1983, pp. 38-40.

BOZZETTO, R., "Le fantastique moderne" *Europe* (611) mars 1981, pp. 57-64.

CHAREYRE MEJAN, "Les limites du descriptible" *Les Cahiers du CERLI* (Univ. de Toulouse), n°15, 1988, pp. 4-11.

CHAREYRE-MEJEAN, A. "La pléthore et le vide : sur le thème visuel dans le texte fantastique" *Revue philosophique* 33/6, août-sept. 1983 pp. 23-30.

JOSEF, B., "Le fantastique dans la littérature hispano-américaine" *Caravelle* (29), 1977, Univ. de Toulouse, pp. 7-23.

LEVY, M. "Approches du texte fantastique" *Caliban* (16), 1979, pp. 3-15.

LEVY, M. "Du fantastique" in *Du fantastique à la science-fiction américaine*, Collectif. Paris : Didier, 1973.

MOLINO, J. "Le fantastique entre l'oral et l'écrit", *Europe*, (611) mars 1980.

MOLINO, J. "Trois modèles d'analyse du fantastique", *Europe* (611) mars 1980.

REVOL, E.L., "La tradición fantástica en la literatura argentina" *Cuadernos Hispanoamericanos* (233), mayo 1969, pp. 423-439.

SERRES, M. "La Vénus d'Ille" : la source et la désertion, *Patio* (12), 1989, "L'archaïque et la mort"

SERRES, M. "Trois contes de Maupassant" in *Statues*, Paris : F, Bourin, 1987, pp. 133-176.

TERRAMORSI, B. "Des tenants et des aboutissants du fantastique" in *Du fantastique en littérature*, Collectif. Presses de l'Université de Provence, 1990.

TERRAMORSI, B. "La troisième rive du Rio de la Plata, Note sur l'Argentine et le fantastique" *Europe* (690), oct. 1986. pp. 27-34.

TERRAMORSI, B. "Le rêve américain. Note sur le fantastique et la renaissance aux Etats-Unis" *Europe* (707), mars 1988, pp. 12-26.

TERRAMORSI, B. "Maupassant, James : les tours du fantastique", *Europe* n°"Maupassant", 1993.

VERDEVOYE, P. "Tradición y trayectoria de la literatura fantástica en el Río de la Plata", *Annales de literatura hispanoamericana* (9), 1980, pp. 283-303.

INDEX DES NOUVELLES DE JULIO
CORTÁZAR CITÉES

234

(suite de la collection)

ORTIZ SARMIENTO M., *La Violence en Colombie*, 1990.

PAVAGEAU J., *L'autre Mexique, culture indienne et expérience de la démocratie.*.

PEREZ-SILLER J., (sous la coordination de) *La «Découverte» de l'Amérique ? Les regards sur l'autre à travers les manuels scolaires du Monde*, 1992.

PIANZOLA M., *Des Français à la conquête du Brésil au XVIIe Siècle. Les perroquets jaunes*, 1991.

POTELET J., *Le Brésil vu par les voyageurs et les marins français, 1816-1840*, 1993.

RAGON P., *Le récit et le monde (H. Quiroga, J. Rulfo, R. Bareiro-Saguier)*, 2ème éd., 1991.

RAGON P., *Les Indiens de la découverte. Évangélisation, mariage et sexualité*, 1992.

ROLLAND D., *Vichy et la France libre au Mexique, guerre, cultures et propagandes pendant la Seconde Guerre mondiale*, 1990.

ROLLAND D. *Amérique Latine, Guide des organisations internationales*, 1983.

SANCHEZ-LOPEZ G., (sous la direction de), *Les chemins incertains de la démocratie en Amérique latine*, 1993.

SEGUIN A., *Le Brésil, presse et histoire (1930-1985)*, 1985.

SINGLER C., *Le roman historique contemporain en Amérique latine. Entre mythe et ironie*, 1993.

TARDIEU J.-P., *Noirs et Indiens au Pérou. Histoire d'une politique ségrégationniste, XVIe Siècle*, 1990.

VIGOR C., *Atanasio. Parole d'Indien du Guatemala*, 1993.

WALMIR SILVA G., *La plage aux requins, épopée d'un bidonville de Fortaleza (Brésil) racontée par un de ses habitants*, 1991.

WUNENBERGER J.-J. (ed.), *La rencontre des imaginaires entre Europe et Amériques*, 1993.